한국사
전쟁의 기술

The Art of Korean Wars

| 한정주 지음 |

한국사의 판도를 바꿔 놓은 36가지 책략

다산
초당

한국사 전쟁의 기술
한국사의 판도를 바꿔 놓은 36가지 책략

초판 1쇄 발행 2010년 3월 19일
초판 1쇄 발행 2010년 3월 22일

지은이 한정주
펴낸이 김선식
PD 김상영
DD 최부돈
다산초당 김상영, 이하정
마케팅본부 민혜영, 이도은, 박고운, 권두리, 김하늘, 신현숙
온라인마케팅팀 하미연, 이소중
저작권팀 이정순, 김미영
홍보팀 서선행, 정미진
광고팀 한보라, 박혜원
디자인본부 최부돈, 손지영, 조혜상, 김태수, 황정민, 김희준
경영지원팀 김성자, 김미현, 유진희, 김유미, 정연주
미주사업팀 우재오

펴낸곳 다산북스
주소 서울시 마포구 서교동 395-27
전화 02-702-1724(기획편집) 02-703-1725(마케팅) 02-704-1724(경영지원)
팩스 02-703-2219
이메일 dasanbooks@hanmail.net
홈페이지 www.dasanbooks.com
출판등록 2005년 12월 23일 제313-2005-00277호

필름 출력 스크린그래픽센타
종이 신승지류유통
인쇄 · 제본 영신사

ISBN 978-89-6370-141-7 03900

전략과 역사가 만날 수밖에 없는
필연적인 이유

마키아벨리는 전략의 성공과 승리의 조건으로 '운, 정세, 정치적 능력'을 꼽았다. 운과 정세가 객관적 조건에 해당한다면 정치적 능력은 주체의 조건에 해당한다고 말할 수 있다. 이러한 사상을 《손자병법》에 대비해 본다면, '천시(天時), 지리(地理), 인사(人事)'라고 할 수 있다. 여기에서 천시와 지리는 객관적 조건이고 인사는 주체의 조건이다. 지도자 혹은 전략가는 이 객관적 조건과 주체의 조건을 두루 갖추고 있어야 한다. 즉 정세(운까지 포함한 현실 상황)를 꿰뚫어보고 정확한 판단을 하는 안목과 함께 자신의 감정을 전략적으로 통제할 줄 아는 능력을 겸비해야 한다. 이러한 안목과 능력은 냉혹한 현실 속에서 끊임없이 단련되면서 길러지는 것이다. 그러나 시간적·공간적 조건의 제약과 한계가 지도자나 전략가들이 이러한 안목과 능력을 충분히 습득할 여유를 제공하지 않는다는 문제가 있다. 그럼 어떻게 해야 하는가? 답은 하나다. 과거의 경험과 역사 속 사례를 통해 충분한 예행연습 혹은 예비 학습을 거친다면 현실적인 조건의 제약과 한계를 뛰어넘을 수 있다는 것이다.

이 책은 위와 같은 목적을 실현하기 위한 하나의 방편으로 쓰여졌다. 과거의 경험은 전략의 최고 고전이라고 할 수 있는《손자병법》을 통해서 찾았고, 역사 속 사례는 우리 자신의 사례, 곧 한국사 속의 사건과 인물 그리고 토픽을 통해서 찾은 결과물이다. 잘 알려져 있다시피《손자병법》은 동서양을 통틀어 가장 오랫동안, 그리고 널리 읽혀 온 병법서이다. 그 까닭은 무엇인가? 그것은 손자의 병법이 전쟁에서는 군사 전략이 되고, 정치에서는 정치 전략이 되고, 시장 경쟁에서는 경영 전략이 되고, 인간관계에서는 관계의 전략이 되고, 리더(지도자)에게는 리더십의 전략이 되고, 조직에서는 조직 운영의 전략으로 무궁무진하게 변할 수 있기 때문이다. 저자가《손자병법》을 선택한 까닭 역시 이 책을 통해 한국사 속에 등장하는 전략의 양상들을 다양하게 살펴볼 수 있었기 때문이다.

먼저 저자는《손자병법》을 36가지 주제로 나누었다. 이 대목에서 '36계 줄행랑'을 연상하는 독자가 있다면, 그것은 저자의 의도를 간파한 것이다. 즉, 이 '36계 줄행랑'에는 인간이 이용할 수 있는 모든 계책과 전략은 36가지

일 뿐이라는 옛 사람들의 지혜와 해학이 담겨 있다. 저자는 《손자병법》 역시 크게 보아 이 36가지 계책과 계략에서 벗어나지 않는다고 생각한다. 이 밖에 또 다른 무엇이 있다고 한다면, 그것은 '사족(蛇足)' 혹은 '옥상옥(屋上屋)'에 불과할 따름이다. 다음으로 저자는 이 36가지 주제를 우리 역사 속 사례와 결합시켜 독자들에게 이미 친숙하거나 익숙한 인물과 사건의 새로운 가치를 재발견할 수 있도록 했다.

예를 들어 본다면, 《손자병법》의 36가지 전략과 계책이 전하는 메시지 중에서 단연 으뜸은 '싸우지 않고서 승리하는 것 곧 적을 온전히 보전하고서 승리하는 것'이라고 할 수 있다. 저자는 후삼국 시대 천하 패권을 겨룬 왕건과 견훤의 사례에서 이 전략적 주제를 살펴보았다. 또한 전략가나 지도자는 자신의 능력과 상대방의 능력, 적의 심리 상태는 물론 자신의 심리 상태까지 꿰뚫는 '통찰력'과 아울러 자신을 다스릴 줄 아는 신중함, 인내력, 절제력, 침착함 등 '지혜력'을 겸비해야 한다. 이 통찰력과 지혜력을 두루 갖춘 우리 역사 속 인물로는 '광개토대왕의 황금시대'를 연 소수림왕-고국양왕-광개토대왕 등 고구려의 3대 임금의 사례를 소개했다.

전략의 기술과 지혜는 국가와 기업 경영은 물론 정치, 경제, 사회 전반을 아우른다. 물론 전쟁은 말할 것도 없다. '전쟁은 정치의 연속'이라는 클라우제비츠의 말을 빌려 표현한다면, 인간의 '삶과 생활 자체가 곧 전략의 연속'이라고 해도 틀리지 않을 것이다.

특히 현실적인 삶이 난관에 부딪히고 미래의 전망이 암담하고 어두울수록 사람들은 본능적으로 과거를 돌아다보게 된다. 그 과거가 현실과 미래의 암담함을 보상해 주는 '아름다운 추억'에 불과하다면 그것은 일시적인 의미 이외에 아무것도 아닐 것이다. 그러나 그것이 현실의 난관을 뚫고 미래의 빛을 들여다볼 수 있는 '창구'의 역할을 할 수 있다면 큰 의미가 있지 않을까? 이것이 '전략과 역사'가 필연적으로 만날 수밖에 없는 이유가 된다.

고전과 역사를 다루다 보면 몇 백 년 혹은 몇 천 년 전의 사람들 역시 현재 우리와 비슷한 고민과 도전 앞에 놓여 있었다는 사실을 쉽게 발견할 수 있다. 그런 의미에서 역사는 '과거가 아닌 현재'이고, '화석이 아닌 살아 약동하는 생명체'이다. 이 책에서 독자들이 현재로서의 역사, 살아 약동하는 생명체로서의 역사를 통해 현실을 타개하고 미래를 열어젖힐 '전략의 지혜'를 얻기를 기대해 본다.

2010년 2월 1일
한정주 씀

프롤로그-전략과 역사가 만날 수밖에 없는 필연적인 이유 3

제1장 전략의 조건

1. 깊게 생각하고 멀리 내다보라 14
－소수림왕과 이방원의 신중하고 치밀한 전략

2. 나의 적이 절대로 알지 못하게 하라 26
－광종의 와신상담과 인종의 전략적 패착

3. 승산이 없다면 섣불리 나서지 마라 36
－이성계의 회군과 묘청의 반격

제2장 전쟁의 방법

4. 빠르게 행동하고 빠르게 끝내라 48
－광개토대왕의 속전속결과 상인 임상옥의 속도 조절

5. 원정군과 장기전은 위태롭다 59
－을지문덕의 지연술과 고려군의 게릴라 전술

제3장 전쟁의 계책

6. 싸우지 않고 이기는 것이 최선이다 72
－왕건의 책략전과 견훤의 소모전

7. 적을 알고 나를 알면 백 번 싸워도 위태롭지 않다 83
－신립의 오판과 이순신의 연전연승

제4장 승리와 패배의 형세

8. 쉽게 이길 수 있는 곳에서 승리하라 96
－인내와 끈기로 최후의 승자가 된 정치 전략가 김조순

9. 완벽하게 승리할 형세를 갖추어 놓고서 적과 싸워라 106
　－한명회의 승부수와 여몽 연합군의 참패

10. 상황에 대한 통제권을 움켜쥐어라 116
　－고려 숙종의 은인자중, 선조의 양위 파동, 조선 숙종의 환국 정치

제5장 **군대의 세력**

11. 정공법으로 맞서고, 기공법으로 승리하라 128
　－조광조의 정면 승부와 태종의 기만술

12. 전투의 승패는 기세와 타이밍에 달려 있다 139
　－한니발의 포위 섬멸 작전과 김유신의 희생양 전술

제6장 **전투의 허와 실**

13. 안정되면 승리하고, 동요하면 패배한다 152
　－황금 대왕 최창학의 선접 전략과 김유신의 심리전

14. 누구도 예측하지 못한 곳을 공격하라 161
　－정중부의 기습과 진흥왕의 성동격서 전략

15. 적의 역량을 분산시켜 격파하라 171
　－고려 인종의 분열 전술과 유성룡의 후회

16. 전투 상황과 적의 형세에 따라 변화무쌍하게 행동하라 180
　－옥포 해전, 당포 해전, 부산 해전, 견내량 봉쇄 작전

제7장 **군사의 전투**

17. 전투와 행군은 서둘러서는 안 된다 194
　－부여 대소왕의 죽음과 왕건의 팔공산 패배

18. 시스템과 네트워크와 커뮤니케이션으로 승부하라 204
－개성상인의 용중지법과 장보고의 성공 비결

19. 상대방이 약해졌거나 힘을 쓸 수 없을 때 공격하라 213
－공민왕의 고토 회복과 정몽주의 무모한 공격

제8장 변화를 다루는 용병술

20. 후퇴와 패배도 전략이다 224
－천재 책사 최응의 기지와 흥선대원군의 연극

21. 이로움과 해로움을 섞어서 압박하라 235
－서희의 양면 협상 전략과 김유신의 포섭 전술

제9장 행군의 용병술

22. 나는 잘 보이지만, 적은 나를 볼 수 없게 하라 248
－견훤의 무모한 자신감과 일본군의 공포 심리

23. 상대방의 행동과 의도를 정확하게 살핀 다음 행동하라 257
－과거의 승리에 발목을 잡힌 고국원왕과 삼국 최고의 전략가 성충

24. 어떤 경우에도 적을 가볍게 여겨서는 안 된다 268
－동천왕의 오만과 장수왕의 이이제이 전략

25. 부하들을 내 몸처럼 대하되, 신상필벌을 확실히 하라 278
－김용의 반란, 홍국영의 몰락, 모본왕의 죽음

제10장 지리의 용병술 1 : 6가지 지형을 다루는 용병술

26. 형세에 따라 전술을 다르게 하되, 기본에 충실하라 290
－홍경래의 송림 전투와 임진왜란 임진강 전투

27. 패배하는 까닭을 헤아릴 줄 알아야 한다 301
  ─진성여왕, 광해군, 신돈의 실패한 개혁

28. 절반의 승리와 온전한 승리의 차이를 살펴라 313
  ─고려군의 퇴각 전술과 멸망을 피하지 못한 백제

제11장 지리의 용병술 2 : 9가지 지형을 다루는 용병술

29. 이롭다면 재빨리 움직이고, 이롭지 않다면 그만두어라 324
  ─노론의 왕세제 책봉과 공민왕의 부원 세력 제거 전략

30. 사지에 빠뜨려야 목숨 걸고 싸운다 335
  ─사지를 선택한 계백의 전략과 원술의 분투

31. 말보다 행동으로 하고, 해로움보다는 이로움으로 움직여라 346
  ─최영의 살신성인과 묘청의 여론 전략

제12장 화공의 조건과 방법

32. 피할 수 없는 싸움이라면 차라리 적의 숨통을 끊어 버려라 356
  ─화약 무기와 전술의 신개념을 연 최무선

33. 얻는 것이 없다면 움직이지 말고, 위태롭지 않다면 싸우지 마라 364
  ─을파소의 신중한 출사와 성왕의 통제되지 못한 복수심

제13장 간첩의 이용과 반간책

34. 적의 정세와 실정을 먼저 아는 자가 승리한다 374
  ─김춘추의 용간책과 연개소문의 정보전

35. 적의 내부 깊숙이 간첩을 심어라 384
  ─삼국 최고의 첩자 도림, 금화와 성충의 내간책

36. 상대방의 간첩을 역이용하라 392
  ─도살성 전투와 송유진 반란 사건

제1장

전 략 의
조 건

I.
깊게 생각하고 멀리 내다보라
─소수림왕과 이방원의 신중하고 치밀한 전략

소수림왕과 고국양왕의 '심모원려'

손자의 병법과 전략의 제1 테제는 '심모원려(深謀遠慮)'라고 할 수 있다. 곧 전쟁이란 국가가 생존하고 멸망하는 갈림길이므로 '깊게 생각하고 멀리 내다보는' 전략이 없다면 결코 해서는 안 된다는 말이다. 그런데 이 '심모원려'의 테제에 충실하려면, 무엇보다 희로애락의 감정을 전략적으로 통제할 줄 아는 능력을 반드시 갖추어야 한다.

고구려가 가장 융성했던 시기는 광개토대왕과 장수왕의 시대였다. 그러나 광개토대왕과 장수왕 시대의 융성기는, 부왕인 고국원왕을 살해한 백제에 대한 분노와 복수심을 전략적으로 통제하면서 깊게 생각하고 멀리 내다볼 줄 안 소수림왕과 고국양왕의 탁월한 국가 전략이 있었기 때문에 가능했다.

　서기 371년 겨울, 고구려는 나라가 멸망할 수도 있는 중대한 위기를 맞게 된다. 백제의 정복왕 근초고왕의 공격 앞에 평양성이 함락당했는데, 그때 고국원왕이 백제 군사가 쏜 화살에 맞아 전사했기 때문이다. 더욱이 이 패배로 고구려는 황해도와 요서 지역에 대한 지배력을 잃고, 서해에 대한 제해권마저 백제에 빼앗겼다. 이러한 국가적 위기 상황에서, 전사한 고국원왕의 뒤를 이어 고구려의 임금이 된 사람이 바로 소수림왕이었다. 소수림왕은 부왕 고국원왕을 잃은 슬픔과 치욕에 몸서리를 쳤다. 고국원왕은 제왕의 신분으로 고구려·백제·신라 삼국간의 전쟁터에서 최초로 전사한 불명예까지 뒤집어써야 했기 때문에, 소수림왕은 반드시 백제를 정벌해 부왕의 명예를 회복시켜야 했다. 당시 고구려의 백성은 물론 백제와 신라 모두 소수림왕이 즉각적인 보복 전쟁에 나설 것이라고 예상했다. 그러나 소수림왕은 개인적인 분노와 감정에 치우쳐 보복 전쟁을 일으키는 것은 국력이 극도로 쇠약해진 고구려의 상황으로 볼 때 자칫 나라의 멸망을 재촉할 수도 있다고 판단했다. 그는 무모하고 어리석은 백제 정벌에 나서는 대신, 고구려의 위기 상황을 극복하고 국력을 회복해 재도약할 수 있는 방법과 전략을 모색했다. 실제 당시 최강의 국력과 군사력을 자랑한 백제의 근초고왕을 상대로 섣불리 보복 전쟁을 일으키는 것은 짚을 지고 불길 속으로 뛰어드는 것이나 다름없었다.

소수림왕은 국력의 열세와 불리한 전세를 냉철하게 꿰뚫고 자신의 분노와 감정을 통제하면서, 백제를 압박하기 위해 먼저 주변 국가 곧 중국의 전진(前秦) 및 동진(東晉)과 외교 관계를 맺어 더 이상 고구려에 대한 공격에 나서지 못하도록 했다. 그리고 백제의 공격이 느슨해지는 틈을 이용해 내치, 곧 국력 회복과 정치 안정에 온 힘을 쏟았다. 특히 이때 소수림왕은 '문치주의'를 기본으로 한 세 가지 정책 즉, '불교 도입, 태학 설립, 율령(법령) 반포'를 통해 고구려를 왕권을 중심으로 한 중앙 집권 국가로 탈바꿈시켰다. 불교의 도입은 종교적 권위와 일체감을 활용해 왕권의 신성함을 강화시켰고, 중앙 교육기관인 태학의 설립은 왕을 보좌해 중앙 집권 체제를 이끌어 나갈 새로운 인재와 국가 관료를 체계적으로 양성할 수 있게 했으며, 율령의 반포는 나라의 법과 명령은 오직 임금에게서만 나온다는 사실을 밝혀 당시 강력한 힘과 권력을 행사한 유력 귀족 집단을 통제하는 수단으로 작용했다. 이 세 가지 정책으로 소수림왕은 왕권을 중심으로 한 고구려의 정치 안정과 민심을 회복할 수 있었다.《삼국사기》의 저자 김부식은 '고구려 본기' 소수림왕 편에서, 그가 '웅대한 지략'을 갖춘 제왕이었다고 평가했다. 이것은 김부식이 무모한 보복 전쟁에 나서 고구려를 끝 모를 위기 속으로 몰지 않고 오히려 착실하게 '외교와 내치'에 힘써 나라의 미래를 다진 소수림왕의 '전략적 지혜'를 높이 평가한 것으로 해석할 수 있다.

김부식이 높게 평가한 소수림왕의 전략적 지혜는 다음 보위를 이은 그의 아우 고국양왕(광개토대왕의 아버지) 대에 이르러서도 계속되었다. 신채호는《조선상고사》에서 "고국양왕은 곧 백제의 진사왕과 동시대 인물인데,

그는 부왕이 피살당한 원수와 강토를 빼앗긴 치욕을 갚기 위해 늘 백제를 벼르고 있었다"고 기록하고 있다. 그러나 그 역시 소수림왕처럼 백제에 대한 보복 전쟁에 섣불리 나서지 않았다. 오히려 말갈을 압박해 백제에 맞서도록 하면서 자신은 북쪽 국경을 위협하는 후연(後燕)을 방어하는 외교 전략을 구사하는 한편, 소수림왕의 내치 전략을 충실하게 수행했다. 그렇다면 소수림왕과 고국양왕이 2대에 걸쳐 분노와 치욕을 감수하면서까지 그토록 내치에 힘쓴 까닭은 무엇이었을까? 이 질문에 대한 답은 고국양왕의 뒤를 이은 태자 담덕(談德), 곧 광개토대왕의 시대에 이르러 마침내 밝혀진다.

"고구려는 천하의 중심 국가다"

서기 391년 임금의 자리에 오른 광개토대왕은 소수림왕과 고국양왕 때와는 전혀 다르게 즉위와 동시에 병마를 이끌고 백제를 공격해 10여 개의 성을 순식간에 함락시켰다. 이때 백제의 진사왕은 여러 차례 크게 패배해 마침내 한강 남쪽의 위례성으로 천도할 수밖에 없었다. 백제의 패배는 여기에서 끝나지 않았다. 한강 이북의 여러 주와 군은 물론 천혜의 요새인 관미성(지금의 강화)까지 차례로 고구려에 빼앗겼기 때문이다. 이후 광개토대왕이 이룬 위대한 정복 전쟁과 영토 확장은 모두 소수림왕과 고국양왕이 복구한 고구려의 국력, 그리고 열정을 쏟아 닦아 놓은 국가 체제와 정치 안정이 밑바탕이 되었기 때문에 가능했다. '깊게 생각하고 멀리 내다본' 소수림왕과 고국양왕의 국가 전략이 광개토대왕에 이르러 큰 결실을 맺었던 것이다.

그러나 소수림왕과 고국양왕의 '심모원려'한 국가 전략은 광개토대왕의 시대에서 끝나지 않았다. 오히려 광개토대왕의 아들인 장수왕의 시대에 이르러 더욱 찬란하게 빛났다. 장수왕 시대에 고구려는 명실상부하게 요동과 한반도 전역을 세력권에 둔 '패권 국가'로 자리 잡고서, 최고의 융성기를 구가했다. 장수왕은 꾸준하게 남하 정책을 추진해 한강 이남 지역까지 고구려의 영토를 확장했다. 삼국의 역사를 볼 때, 한반도에 대한 패권은 한강 유역과 밀접한 관련을 맺고 있다. 한강 유역을 장악한 시기에 따라, 서기 4세기는 '백제의 시대(근초고왕)'였고, 서기 5세기는 '고구려의 시대(광개토대왕과 장수왕)'였으며, 서기 6세기는 '신라의 시대(진흥왕)'였다. 이렇듯 장수왕은 한강 유역을 장악함으로써 신라와 백제를 확실하게 제압할 수 있었다. 특히 장수왕은 서기 475년 친히 군사 3만 명을 이끌고 백제 정벌에 나서 도성을 함락하고 개로왕을 사로잡아서 죽이는 전과를 올렸다. 고국원왕이 백제의 근초고왕에게 살해당한 지 100여 년 만에 이룬 '복수'였다.

장수왕 시대에 고구려가 누린 강국으로서의 위상에 대해 김부식은《삼국사기》에서 이렇게 증언하고 있다.

"(장수왕 72년 : 서기 484년) 위(魏 : 북위)나라 사람들은 고구려가 한창 강성하다고 말하면서, 수많은 나라 사절들의 숙소를 정할 때 제(齊 : 남제)나라의 사절을 첫 번째로 하고, 고구려의 사절을 그 다음으로 하였다."

이 기록은 고구려가 당시 중국 대륙을 양분하고 있던 북위 및 남제와 어깨를 나란히 할 만큼 강력한 국력을 만천하에 과시했음을 뜻한다. 이 때문에 당시 고구려 사람들은 스스로를 하늘로부터 선택받은 '천손(天孫 : 하늘의 자손)'이며 또한 '고구려는 천하의 중심 국가'라는 자부심으로 가득 차 있었다. 당장의 보복 전쟁보다는 먼 훗날을 기약하고 착실하게 준비한 소수림왕과 고국양왕의 '심모원려'한 국가 전략이 있었기 때문에, 고구려는 전쟁터에서 임금이 살해당하는 희대의 위기 상황을 극복하고 광개토대왕과 장수왕을 거쳐 '천하의 중심 국가'로 우뚝 솟을 수 있었던 것이다.

한순간의 감정에 휩싸여 전략적 목표를 무너뜨려서는 안 된다

전략가는 당면한 상황과 당장 상대해야 할 적을 자신이 완성하고자 하는 최종 목표의 일부분으로 다룰 줄 알아야 한다. 또한 행동에 옮기기 전에는 자신을 둘러싸고 있는 상황과 적의 상태를 모든 각도와 차원에서 깊이 있게 헤아리고, 자신의 행동이 가져올 결과에 대해 멀리까지 내다본 다음 행동에 나서야 한다. 그래야만 행동에 나선 다음 어떤 복잡한 상황이나 예측하지 못한 사건에 직면하더라도 애초 자신이 설정했던 전략적 목표를 잃지 않고 전진해 나갈 수 있다. 이때 가장 경계해야 할 것은 앞서 말했듯이 희로애락의 감정에 휩싸여 행동하는 것이다. 한순간의 감정과 분노 혹은 복수심을 통제하지 못하면, 자신의 전략적 목표 전체가 순식간에 무너질 수 있기 때문이다. 고려 시대 무신정권의 주역 중 한 사람인 최충수의 '무모한 행동'과 조선의 태종 즉 이방원의 '신중한 행동'을 비교해 보면, 권력 투쟁의 최후 승자가 되기 위해 순간적인 감정과 분노를 전략적으로 통제하는 것이 얼마나 중요한지 알 수 있다.

최충헌의 무신정권은 동생 최충수와 외조카 박진재가 협력해 세웠다고 할 수 있다. 특히 최충수은 스스로 선봉이 되어서 이의민을 살해하고 최씨 무신정권을 일으킨 일등 공신이었다. 최씨 형제는 명종을 몰아내고 신종을 새로운 임금으로 세워 모든 권력을 수중에 장악했는데, 이때부터 최충수는 권력욕의 화신으로 변모했다. 그는 형을 밀어내고 권력을 독차지할 욕심에 눈이 멀어 자신의 딸을 태자비로 삼으려는 계획을 세웠다. 그런데 이 사실을 안 최충헌이 그를 찾아와 만류하며 꾸짖자, "다른 사람은 내 행동에 아무도 간섭하지 못하는데, 형이 홀로 나를 통제하려고 하는 것은 그 수하에 사람이 많은 것을 믿기 때문이다. 내일 아침에 내가 마땅히 그 무리를 깨끗이 없애 버릴 것이다"라고 큰소리치면서 수하들을 다그쳤다. 그러나 최충수의 행동은 순간적인 감정과 분노에 휩싸여 저지른 너무나 무모하고 어리석은 짓이었다. 최충헌을 따르는 무리와 군사력이 온전하고 또한 외조카 박진재까지 최충헌에게 협력하고 있는 상황에서, 최충헌을 공격하는 것은 짚을 이고 불길에 뛰어드는 짓이나 다름없었기 때문이다. 결국 권력을 향한 욕망과 최충헌에 대한 순간적인 분노를 통제하지 못하고 저지른 군사 행동 때문에 최충수는 불귀의 객이 되고 말았다.

조선의 개국에 끼친 공로나 제왕의 자질, 그리고 정치적 능력 모두를 따져 볼 때, 태조 이성계의 뒤를 이어 임금이 될 사람은 이방원이었다. 그러나 조선이 개국한 해(1392년) 세자의 자리에 오른 인물은 태조의 총애를 받은 신덕왕후 강씨의 둘째 아들인 방석이었다. 강비와 정도전, 남은 등 개국 공신 등에 밀려 세자의 자리를 빼앗긴 이방원은 정치 일선에서도 쫓겨나는 처량한 신세가 되고 말았다. 아버지(태조)에 대한 배신감과 계모(강비)를 둘러싼 공신 세력들에 대한 분노가 치솟아 올랐지만 이방원은 ─ 최충수처럼 무모하고 충동적인 성향의 사람이 아닌 ─ 뱀의 지혜와 독기를 동시에 갖춘 '심모원려'형의 인물이었다. 그는 섣부른 행동이 오히려 자신을 몰락의 구렁텅이로 몰아넣을 수 있다는 사실을 인정하고, 당장에 군사를 일으켜 권력을 되찾자는 주변의 강권을 모두 뿌리치고 치욕과 수모를 기꺼이 감내했다. 그리고 은밀하게 세력을 다지면서 후일을 기약했다. 그로부터 4년 후(1396년) 이방원의 최고 정적이었던 신덕왕후 강씨가 갑작스럽게 병으로 죽고 태조 이성계마저 병을 얻어 눕게 되자, 세자 방석의 후견 세력은 급속하게 약화된다. 이때를 계기로 해서 이방원은 자신이 계획한 대로 정치적 재기의 발판을 다졌고, 다시 2년이 지나 정도전 세력이 자신을 겨냥해 '사병 해체'를 들고 나오자 군사 행동(제1차 왕자의 난)을 일으켜 단숨에 권력을 장악해 버렸다. 세자의 자리를 빼앗겼다는 순간적인 분노와 권력을 향한 끝 모를 욕망을 전략적으로 통제할 수 있었기 때문에, 이방원은 자신이 완성하고자 하는 최종 목표, 즉 임금의 자리를 마침내 차지할 수 있었다.

　비슷한 상황에서 극단적으로 대비되는 행동을 취해 전혀 다른 결과를 낳았던 최충수와 이방원의 사례를 통해서 알 수 있듯이, 자신을 둘러싸고 있는 상황과 적의 상태를 모든 각도와 차원에서 깊이 있게 헤아리고 자신의 행동이 가져올 결과에 대해 멀리까지 내다본 다음 행동에 나서는 것이야말로 전략가가 반드시 갖추어야 할 첫 번째 덕목이다.

I.
깊게 생각하고 멀리 내다보라

원문) 孫子曰 兵者 國之大事 死生之地 存亡之道 不可不察也 故經之以五 校之以 計 而索其情 一曰道 二曰天 三曰地 四曰將 五曰法 道者 令民與上同意也 故可與之死 可與之生 而民不畏危 天者 陰陽寒暑時制也 地者 遠近險易廣狹死生也 將者 智信仁勇 嚴也 法者 曲制官道主用也 凡此五者 將莫不聞 知之者勝 不知者不勝 故校之以計 而索 其情 曰 主孰有道 將孰有能 天地孰得 法令孰行 兵衆孰强 士卒孰鍊 賞罰孰明 吾以此知 勝負矣 將聽吾計用之 必勝 留之 將不聽吾計用之 必敗 去之 計利以聽 乃爲之勢 以佐其 外勢者 因利而制權也

해석) 손자는 말했다.

전쟁은 국가의 중대사이다. 백성의 삶과 죽음을 판가름하는 땅이요, 국가의 보존과 멸망을 결정짓는 길이다. 깊이 살피고 생각하지 않을 수 없다. 그러므로 전쟁의 승패를 다스리는 다섯 가지를 핵심 요소로 살피고, (일곱 가지) 계책으로써 정확한 상황을 분석 해 보아야 한다. 그 다섯 가지란 첫째가 도(道), 둘째가 천(天), 셋째가 지(地), 넷째가 장 (將), 다섯째가 법(法)이다.

도(道)라는 것은 백성으로 하여금 임금과 똑같은 뜻을 갖게 하는 것이다. 따라서 백성이 임금과 함께 살고 죽으며, 나라가 위태로움에 처해도 두려워하지 않게 되는 것이다.

천(天)이란 밝음과 어두움, 추위와 더위 등의 기후 조건, 그리고 계절의 변화 등과 같은 시간적인 제약을 말한다.

지(地)라는 것은 거리의 멀고 가까움, 지세의 험하고 평탄함, 넓고 좁음, 죽을 곳과 살 곳 등 온갖 지형 조건을 말한다.

장(將)이란 깊게 살피고 넓게 볼 줄 아는 지략(智), 부하들에 대한 믿음(信), 부하들을 아끼고 포용할 줄 아는 통솔력(仁), 전장에서의 용맹함과 결단력(勇), 군기를 엄숙하게 하고 규율을 통제할 수 있는 능력(嚴) 등으로 장수가 반드시 갖추고 있어야 할 덕목을 말한다.

법(法)이란 군대의 편성(曲制), 명령 계통(官道), 무기와 식량(主用) 등을 말한다.

이상 다섯 가지는 장수라면 누구라도 반드시 알고 있어야 한다. 이것을 잘 이해하고 제대로 아는 자는 승리하지만 그렇지 못한 자는 패배할 것이다.

그러므로 일곱 가지 계책으로써 적군과 아군의 실정을 비교 분석해 보면 전쟁의 정확한 상황을 파악할 수 있다.

첫째, 적군과 아군 중 임금의 정치와 리더십은 누가 더 나은가?

둘째, 적군과 아군 중 장수의 자질과 통솔력은 어느 편이 더 유능한가?

셋째, 적군과 아군 중 천시(天時)와 지리(地理)는 어느 쪽에게 더 유리한가?

넷째, 적군과 아군 중 군대의 법제와 명령은 어느 편이 더 엄격하고 공정하게 시행하고 있는가?

다섯째, 적군과 아군 중 병력과 무기는 어느 편이 더 강한가?

여섯째, 적군과 아군 중 병사의 훈련은 어느 편이 더 잘 되어 있는가?

일곱째, 적군과 아군 중 포상과 형벌은 어느 쪽이 더 공명정대하게 시행하고 있는가?

나는 이상의 일곱 가지 계책을 비교 분석함으로써 적군과 아군 중 어느 편이 이기고 질 것인지를 미리 알 수 있다.

장수가 나의 계책을 잘 듣고서 군대를 지휘한다면 반드시 승리하지만, 그렇지 않을 경우 반드시 패배할 것이다. 이로움을 살피고 헤아려서 그것에 따라 유리한 형세(勢)를 조성하고, 그 형세가 외부에서 돕는 보조 조건이 되도록 한다. 여기에서 '형세'라는 것은 이로움을 장악해서 상황 변화에 따라 주도권을 통제하는 것이다.

2.
나의 적이 절대로 알지 못하게 하라
—광종의 와신상담과 인종의 전략적 패착

전쟁과 정치의 본질과 법칙은 동일하다

손자는 병법이란 기만술, 곧 속임수라고 단언했다. 만약 전쟁의 현장에서 장수가 자신의 적을 물리치기 위해 기만술이 필수적이라면, 정치의 무대에서 정치가가 경쟁자에게 승리하기 위해서는 또한 기만술이 필수적이다. 전쟁의 현장과 정치의 무대에서 장수나 정치가가 자신의 생각과 전략을 '있는 그대로' 혹은 '솔직하게' 혹은 '스스럼없이' 드러낸다는 것은 곧 스스로 패배를 불러들이는 자살 행위나 다름없기 때문이다.

역사 속 인물들을 뒤지다 보면, 손자가 여기에서 말한 '기만술'이라는 문제와 관련해 크게 두 가지 유형의 인간을 만날 수 있다. 하나의 유형은 명분과 명예를 목숨보다 중요시하는 스타일로 선악의 '도덕과 윤리'에 따라 기만술을 철저하게 배척한 사람들이다. 이들은 스스로 역사적으로 패배자의 길을 걸었던 사례가 많은데, 정몽주나 조광조의 삶을 예로 들 수 있겠다. 또 다른 유형은 자신의 적이나 경쟁자에게 승리하기 위해 기만술을 선악의 이분법에 맡기지 않고 승리를 위한 전략적 지혜로 기꺼이 받아들인 사람들이다. 고려를 세운 태조 왕건의 아들로 태어나 제4대 임금의 자리에 오른 광종은, 우리 역사 속에서 자신의 뜻을 이루기 위해 기만술조차도 승리의 전략적 지혜로 기꺼이 수용한 가장 대표적인 인물이다.

호족 세력에게 포위당한 광종의 전략적 선택

고려는 개국 초기에 '왕권 국가'라기보다는 '호족 연합 국가'에 가까웠다. 통일신라 말기부터 후삼국 시대를 거치면서 특정 지역에 기반을 갖춘 유력 호족들이 막강한 힘과 권력을 행사하는 정치 세력으로 급성장했다. 왕건이 궁예와 견훤을 물리치고 후삼국을 통일할 수 있었던 이유 역시 혼인 동맹 전략을 적극 활용해 수많은 지방의 유력 호족들을 회유·포섭할 수 있었기 때문이다. 당시 왕건이 혼인 동맹을 통해 맞아들인 후비(后妃)만 모두 29명에 달했다. 정주의 류씨(柳氏), 평주의 유씨(庾氏), 경주의 김씨(金氏), 황주의 황보씨(皇甫氏), 충주의 유씨(劉氏), 의성의 홍씨(洪氏), 평산의 박씨(朴

氏), 신주의 강씨(康氏) 등은 왕권과 혼인 동맹을 맺어 고려 개국의 일등공신이 된 유력 호족이었는데, 이들은 왕건 사후 왕위 계승을 좌지우지할 만큼 커다란 정치적 영향력을 행사했다.

태조 왕건을 이어 제2대 임금이 된 혜종은 정치적 기반이 되어 줄 외척 호족 세력이 보잘 것 없었을 뿐만 아니라 병약했다. 이 때문에 왕위 계승 서열 2위와 3위를 차지하고 있던 왕건의 또 다른 아들 왕요(王堯)와 왕소(王昭)의 외척 호족인 충주 유씨 세력은 왕권 찬탈 음모를 꾀했다. 결국 혜종은 즉위 2년 4개월 만에 34세의 젊은 나이로 '의혹에 휩싸인 죽음'을 당하고, 뒤를 이어 왕요가 제3대 임금 정종으로 즉위한다. 당시 정종은 충주 유씨와 왕식렴을 중심으로 한 서경(평양) 호족 세력들을 정치적 기반으로 임금의 자리를 차지할 수 있었다. 혜종의 죽음과 정종의 즉위는 유력 호족 세력의 정치적 지원을 받지 못하면 임금의 자리를 보존할 수 없을 뿐만 아니라 임금의 자리에 오르기 힘들다는 사실을 만천하에 드러낸 사건이었다. 정종 시대에 들어와 호족 세력은 명실상부한 '권력의 주인'이 되었다. 그런데 정종은 즉위 4년 만에 27세의 나이로 요절하고 만다. 이때 유력 호족 세력이 선택한 다음 임금은 왕요의 친동생 왕소였다. 그들은 왕소라면 자신의 형인 정종의 뜻을 이어 누구보다도 호족들의 권력과 이해관계를 지켜 줄 것이라고 판단했다. 이렇게 해서 임금이 된 왕소가 바로 '고려사 최초의 개혁 군주'라고 불리는 광종이다.

그러나 광종은 임금의 자리에 오르기 이전까지 자신의 뜻을 철저하게 숨기고 있었을 뿐, 호족 세력의 꼭두각시 노릇을 하거나 혹은 그들과 권력을 나누어 가질 마음이 전혀 없었다. 오히려 그는 고려 왕조의 백년대계를 위해서는 '호족 연합 국가'를 '왕권 중심의 중앙 집권 국가'로 바꾸는 대대적인 체제 개혁을 감행해야 한다는 비전을 갖고 있었다. 그렇다면 임금의 자리에 오른 광종이 즉시 '개혁의 칼'을 뽑아 호족 세력에게 휘둘렀을까? 그렇지 않았다. 광종은 자신이 여전히 호족 세력에게 포위당한 '권력 없는 임금'에 불과하다는 사실을 누구보다도 냉철하게 꿰뚫고 있었다. 그는 호족 세력을 제압할 개혁을 성공하기 위해서는 '준비의 시간'이 필요하다는 사실을 이해하고 있었다. 그러나 만약 광종이 개혁을 계획하고 준비하고 있다는 사실을 호족 세력들이 눈치 챈다면, 그들은 즉각 광종에 대한 정치적 반격에 나설 것이다. 그렇게 되면 개혁은커녕 자칫 임금의 자리까지 위태로울 수 있는 상황으로 내몰릴 수 있다. 이러한 상황에서 광종이 선택한 전략이 다름 아닌 '기만술'이었다.

그는 손자의 병법처럼 '能而示之不能(능이시지불능)' 능력이 있어도 능력이 없는 듯이 보였고, '用而示之不用(용이시지불용)' 전략을 사용하면서 전략이 없는 듯 보였고, '利而誘之(이이유지)' 이로움을 주어서 적을 유인해 냈고, '卑而驕之(비이교지)' 비굴하게 자신을 낮추어 적이 교만해지도록 부추겼다. 광종은 즉위한 후 7년 동안 어떤 개혁 정책도 내놓지 않았다. 또한 호족 세력의 권력과 이해관계를 건드리기는커녕 국가 운영의 주도권을 내준 채 자신은 뒷전으로 물러나 있었다. 이 때문에 호족 세력은 혜종 때나 정종 때보다도 더 '태평성대'라고 쾌재를 불렀다. 그럼 이토록 자신을 철저하게 숨긴 기만 전략의 기간 동안 광종은 무엇을 했을까? 먼저 그는 정치적으로 호족 세력을 제압하고 민심을 획득할 수 있는 방법과 역량을 얻기 위해 정치 지도자 수업을 했다. 이때 그가 숙독한 서적이 《정관정요貞觀政要》이다. 이 《정관정요》를 토대로 삼아 광종은 훗날 시행할 개혁의 계획과 구체적인 행동을 면밀하게 세웠다. 이와 더불어 광종은 호족 세력들에게 정치적 힘을 제공하는 근본 배경, 곧 그들이 본거지로 삼고 있는 지역의 경제적 · 군사적 역량을 철저하게 조사했다. 이때 국가의 재정과 국방을 안정적으로 확보한다는 명분을 내세워 호족 세력들이 그 의도를 전혀 눈치 채지 못하도록 위장했다. 이 조사 자료는 훗날 호족 세력을 분열시키고 또 숙청하는 데 아주 중요한 역할을 했다.

광종은 이렇듯 섣부르게 '개혁의 칼날'을 휘두르기보다는 먼저 자신의 정치적 역량을 키우고 개혁의 전략을 면밀하게 세울 수 있는 '잠복 기간'을 가졌다. 그리고 이 잠복 기간 동안 그는 철저하게 자신이 호족 세력의 적이나 경쟁자가 아닌 협조자이고 동조자라는 사실을 드러내 보여주었다. 그는 호족 세력이 자신을 그들 권력의 '꼭두각시'로 취급하는 모욕까지도 훗날의 승리를 위해 기꺼이 감수했다.

방어할 엄두조차 낼 수 없는 곳을 공격하라

아무리 훌륭한 기만술이라고 하더라도, 그것만으로는 결코 승리를 얻을 수 없다. 그러므로 성공적인 기만술은 언제나 훌륭한 공격 전략과 짝을 이룬다. 그렇다면 훌륭한 공격 전략은 무엇일까? 그것은 적이 아군에 대한 경계심을 풀었을 때 혹은 그들이 자신의 능력을 과신해 스스로 허점이나 약점을 드러낼 때, 적이 전혀 눈치 채지 못하거나 방어할 엄두조차 낼 수 없는 곳을 곧장 공격하는 것이다. 손자는 이러한 공격 전략을 '攻其無備(공기무비) 出其不意(출기불의)', 곧 '방어할 생각을 하지 못한 곳을 공격하고, 전혀 눈치 채지 못한 곳을 찔러 나아간다'고 했다.

즉위 초기 7년 동안 체제 개혁의 계획과 준비를 완벽하게 갖춘 광종은 그 성공적인 기만술만큼이나 훌륭한 공격 전략을 구사했다. 그가 처음 호족 세력을 공격하기 위해 뽑아든 노비안검법(奴婢按檢法)은 그들의 경제적 기반과 군사력의 원천을 뿌리째 뒤흔든 개혁 조치였다. 노비안검법은 호족들이 불법적인 방법으로 소유한 노비들에 대해 심사를 거쳐서 양민 출신 노비들에게 본래의 신분을 회복시켜 주는 제도였다. 이 법은 두 가지 차원에서 호족들의 목줄을 죄었다. 그 하나가 호족들이 소유한 대토지를 가꿀 노동력을 축소시켜 경제적 기반을 급격하게 약화시켰다면, 다른 하나는 호족들의 사병 노릇을 하는 노비들을 줄여서 군사력을 크게 약화시켰다. 반면 광종은 호족들의 경제적 · 군사적 기반을 무너뜨리는 효과 외에도 자신의 개혁에 동조하는 민심을 얻을 수 있었다.

그러나 광종의 공격 전략은 이것으로 끝나지 않았다. 호족 세력들이 광종의 아내인 대목왕후를 앞세워 노비안검법을 좌초시키려고 애쓰는 동안 그는 또 한 번 아무도 눈치 채지 못하고 전혀 방어할 수 없는 곳을 공격했다. '과거 제도의 실시'가 그것이다. 이 제도는 호족 세력의 중앙 정계 진출과 권력 독점을 근본적으로 막아 버리는 개혁 조치였다. 과거 제도는 정치권력의 핵심을 장악하고 있던 호족 세력을 자연스럽게 퇴장시켰다. 또한 새롭게 조정에 나오는 신진 세력을 호족들과 전혀 연줄이 닿지 않는 인물들로 채울 수 있었다. 이 개혁 조치는 '노비안검법'으로 경제적·군사적 기득권을 잃은 호족들에게서 마지막 남은 정치적 기득권까지 빼앗은 공격 전략이었다. 뒤늦게 광종의 기만술을 알게 된 유력 호족들은 조직적으로 반발하고 심지어 반란까지 도모했지만, 광종은 마치 기다렸다는 듯이 대대적인 정치 숙청으로 호족 세력을 옥죄었다. 노비안검법과 과거 제도의 시행을 통해 권력 기반이 크게 약화된 호족 세력이 상대하기에 벅찰 정도로 이미 광종의 왕권은 막강해져 있었기 때문에, 호족들은 속수무책으로 당할 수밖에 없었다.

적군은 물론 아군도 속여야 진정한 기만술이다

기만술은 적을 제압하고 승리를 얻는 가장 효과적인 전략 중 하나이지만, 자칫 그것이 노출되면 자신을 옭아매는 치명적인 약점이 될 수 있다.

14살 어린 나이에 임금의 자리에 오른 인종(고려 제17대 임금)은 당시 권력을 전횡하는 이자겸을 제거해 왕권을 회복하려는 뜻을 지니고 있었다. 4년 동안 이자겸의 꼭두각시 노릇을 하며 반격의 기회만을 엿보던 인종은 18세가 되는 1126년 2월 25일 마침내 칼날을 뽑아들었다. 그러나 조정 안팎으로 이자겸 세력이 단단하게 뿌리를 내리고 있었던 탓에, 인종의 계획과 군사 행동은 이자겸의 문턱 앞에 이르기도 전에 그에게 전해지고 만다. 인종이 자신을 제거하려 한다는 소식을 접한 이자겸은 측근들을 불러 모아 의논한 다음 선제공격에 나서기로 결심했다. 이자겸의 지시를 받은 척준경의 군사들이 궁성을 포위하자 크게 위협을 느낀 인종은 '자신은 무고하다'면서 무장을 해제하고 물러나라고 했지만, 오히려 척준경은 이자겸의 허락을 받아 화공(火攻)을 가했다. 결국 인종의 계획은 이자겸 세력에 의해 좌절당했고, 목숨을 잃을 위기에 처한 인종은 이자겸에게 왕위를 넘겨주겠다는 조서까지 내리게 된다. 비록 이자겸이 조정 공론과 민심이 두려워 차마 왕위를 넘겨받지는 않았지만, 인종은 이자겸의 사택(私宅)에 갇히는 처량한 신세로 전락하고 말았다.

광종의 사례와 인종의 경우를 비교해 보면, 손자가 말한 '기만 전략과 공격 전략'을 사용할 때 유념해야 할 두 가지를 찾아낼 수 있다. 즉 기만술을 사용할 때는 적군은 물론 주변 측근들까지도 속일 수 있어야 한다는 사실이다. 기만 전략은 아는 사람이 적으면 적을수록 효과를 발휘하기 때문이다. 더욱이 실제 정치 현장에서는 누가 아군이고 누가 적군인지의 구분이 아주 모호할 때가 많다는 사실 역시 잊지 말아야 한다. 그리고 다른 한 가지는 기만술을 사용할 동안 공격 전략으로 전환할 계획과 준비를 철저하게 해야 한다는 점이다. 섣부른 조치와 행동은 속내를 드러내 오히려 적에게 반격할 기회를 줄 뿐이다. 의도를 숨기고 철저하게 계획하고 준비하면서 반드시 적이 분열되어 있거나 혹은 교만에 빠져 경계를 늦출 때 혹은 스스로 허점을 드러낼 때를 선택해 손쓸 틈도 없이 재빠르게 공격해야 한다.

따라서 손자의 지적처럼 이 기만술 전략을 사용할 때는 '不可先傳(불가
선전)', 곧 미리 다른 사람에게 전해지거나 알려져서는 절대로 안 된다. 만약
그렇지 못하다면 이 전략은 치명적인 상처와 패배만을 남길 뿐이다.

2.
나의 적이 절대로 알지 못하게 하라

원문) 兵者詭道也 故能而示之不能 用而示之不用 近而示之遠 遠而示之近 利而誘之 亂而取之 實而備之 强而避之 怒而撓之 卑而驕之 佚而勞之 親而離之 攻其無備 出其不意 此兵家之勝 不可先傳也

해석) 병법이란 기만술이다. 따라서 능력이 있지만 능력이 없는 것처럼 보이고, 병법을 쓰되 쓰지 않는 것처럼 보이고, 가깝지만 먼 것처럼 보이고, 멀지만 가까운 것처럼 보인다. 적에게 작은 이로움을 주어서 유인해 내고, 적을 혼란스럽게 해서 이로움을 취하고, 적이 충실하면 대비하고, 적이 강하면 피하고, 적을 분노케 하여 흔들어 놓고, 비굴한 몸짓으로 적의 교만심을 부추기고, 적이 편안하면 피로하게 만들고, 적의 내부가 친밀해 단단하면 이간질을 해 분열시킨다. 적의 방비가 허술한 곳을 집중 공격하고, 적이 전혀 생각하지 못한 의표를 찔러 공격한다. 이것이 병가(兵家)에서 승리하는 방법이다. 그러나 먼저 알려져서는 안 된다.

3.
승산이 없다면 섣불리 나서지 마라
—이성계의 회군과 융관의 반격

최영의 '요동 정벌론' vs이성계의 '전쟁 불가론'

전쟁을 해야 할 때와 해서는 안 될 때를 구분할 줄 아는 것은 전략가의 근본 덕목 중 하나라고 할 수 있다. 그렇다면 그것을 구분하는 기준은 무엇일까? 손자는 승산, 곧 '승리할 수 있는 계책의 유무와 다소(多少)'라고 말한다.

이때 손자의 기본 사상은 다섯 가지 전략적인 조건과 일곱 가지 계책으로 전쟁의 승패를 예측하되, 승산이 없거나 적다면 절대로 전쟁을 일으키지 말라는 것이다. 여기에서 다섯 가지 전략적인 조건은 '정치, 천시, 지리, 장수, 그리고 군대의 법제'이며, 일곱 가지 계책이란 '지도자는 누가 더 명분을 갖추었는가, 장수는 누가 더 능력이 있는가, 천시와 지리는 어느 쪽이 더 유리한가, 법령의 집행은 누가 더 제대로 하고 있는가, 군대는 누가 더 강한가, 병사들은 어느 쪽이 더 잘 훈련되어 있는가, 상벌은 어느 쪽이 더 명확하게 행하고 있는가' 등이다.

원나라와 명나라의 교체기에 요동 정벌을 둘러싸고 고려 조정 내부에서 벌어졌던 전략 논쟁과 그 후 전쟁의 진행 과정을 살펴보면, 승산 없는 전쟁을 서둘러 무리하게 추진하는 것이 전쟁의 결과는 물론 내부의 정치적 역학 관계와 국가의 생사존망에 얼마나 큰 영향을 미치는지 짐작할 수 있다.

명나라는 개국 초기 고려가 요동에 잔존하는 원나라 세력과 연합해 자신들을 공격할 것을 매우 염려했고, 그래서 사신 왕래를 제한하는 등 고려에 대해 강압적인 정책을 폈다. 더욱이 요동에서 원나라 잔존 세력을 정벌한 1387년부터는 요동이 자신들의 세력권이라면서 고려의 영토인 철령 이북을 예속시켜 철령위를 설치하려고 했다. 이에 대해 최영은 우왕과 더불어 '요동 정벌'을 비밀리에 의논하고 전국 5도의 성을 수축하라고 명령하는 한편, 군사를 서북 방면에 배치해 명나라의 급습에 대비했다. 또한 수도 개경의 방리군(坊里軍)을 동원해 남쪽 한양의 중흥성을 수축하도록 했다. 만약 명나라와 전쟁이 발생해 개경이 위험할 경우 왕실과 귀족들을 남쪽으로 보내기 위해서였다. 이렇게 최영과 우왕은 명나라의 공격에 대비하는 한편, '요동 정벌'을 은밀히 준비하면서 "철령 이북으로부터 공험진까지는 예로부터 고려의 땅"이라며 명나라에 당장 철령위 설치를 중단하라고 요구했다.

그러나 명나라는 요동도사를 압록강까지 파견해 철령위를 세우겠다는 뜻을 확실히 했고, 뒤이어 철령위를 설치했다는 사실을 고려에 통보해 왔다.

이제 전쟁을 피할 수 없다고 생각한 최영과 우왕은 문하찬성사 우현보에게 개경을 수비하라고 한 다음 5부(部)의 장정들을 징발해 군대를 편성하고, 표면상으로는 서북 방면(해주 백사정)으로 사냥을 하러 간다고 하고서는 친히 서해도로 나가 요동 공격을 준비했다. 이때 우왕은 최영과 이성계를 불러들여 요동 정벌을 명했다. 그러나 이성계는 명분과 시기 모두 적합하지 않다면서 '전쟁 불가론'을 들고 나왔다.

"지금 군대를 출병시키는 것은 네 가지 이유 때문에 불가합니다. 첫째, 소국이 대국을 거스를 수 없습니다. 둘째, 여름에는 군사를 동원할 수 없습니다. 셋째, 전국에서 군사를 징발해 원정군을 내보내면 그 틈을 이용해 왜적들이 공격해 올 것입니다. 넷째, 지금은 장마철이라 활의 아교가 풀어지고 군대에 전염병이 퍼질 우려가 있습니다."

이성계가 말한 '4불가론'은 첫째 이유를 제외한다면 철저하게 병법과 전략의 원칙에 따라 내린 판단이었다. 즉 여름철에 군사를 동원하면 농사철을 놓친 백성들의 민심 이탈과 군사들의 사기 저하가 우려되고, 전국에서 군사를 모아 요동 원정군을 동원한다면 지역 방비가 허술해져 왜적의 침입을 부를 수 있고, 장마철에 전쟁을 개시하면 아군의 전투력 약화는 물론 군대의 행군 역시 크게 어려움을 맞게 될 것이라는 주장이었다. 이성계가 이렇듯 네 가지 이유를 들어 반복해서 승산 없는 전쟁은 불가하다고 얘기하자, 우왕의 뜻 역시 일시적으로나마 크게 동요했다. 그러나 최영이 다시 우왕을 뵙고 '다른 말에는 일체 귀를 기울이지 말라'고 하자, 다음 날 우왕은 다시 이성계를 불러들였다.

"일이 이미 군대까지 동원했으므로 여기에서 중단할 수는 없다."

"전하께서 반드시 '요동 정벌'의 계획을 이루고자 하신다면 서경(西京 : 평양)에 머물러 계시면서 가을을 기다려 출병하시기를 간청합니다. 그럼 오곡이 들판을 덮을 것이니, 대군의 군량이 풍족해 계속 전진할 수 있을 것입니다. 그러나 지금은 출정할 시기가 아닙니다. 설령 요동의 성 하나를 함락시킨다고 한들 곧 장맛비가 내리면 군사들은 앞으로 나가지도 뒤로 물러서지도 못하게 될 것입니다. 그렇게 되면 군대의 사기는 떨어지고 군량미는 부족해 재앙을 재촉할 뿐입니다."

우왕과의 두 번째 대화에서 이성계는 '전쟁 불가론'의 입장에서 후퇴해 '가을 출병론'을 주장했다. 전쟁을 중단할 수 없다면 가장 '승산'이 많은 시기를 선택해 군대를 출정시키는 것이 옳기 때문이었다. 그러나 이성계의 전략은 최영과 우왕에게 받아들여지지 않았다. 결국 최영을 팔도도통사, 조민수를 좌군도통사, 이성계를 우군도통사로 하는 5만의 '요동 정벌군'은 평양을 떠나 요동을 향해 진격했다. 그런데 황당하게도 최영은 이성계가 우려한 장맛비와 행군 및 군량 보급에서 발생할 문제에 대해 아무런 대책도 마련하지 못했다. 단지 장맛비가 내리기 전에 '속전속결'로 전쟁을 끝내면 된다는 안이한 계책만이 있을 뿐이었다. 이 때문인지 최영은 요동 정벌군이 평양을 떠날 때 "이제 대군이 행군 도중 만약 열흘 혹은 한 달을 끌게 되면 큰 일을 성취할 수 없다"고 밝히면서 스스로 행군 속도를 단속하고자 했다.

최영은 백전노장이며 이성계를 능가할 만큼 전쟁터에서 이름을 드높인 고려의 최고 명장이었다. 그렇다면 평생토록 온갖 전투와 싸움터에서 전략과 전술을 갈고 닦았던 최영이 왜 이토록 무모하고 서투르게 전쟁을 서둘렀던 것일까? 이와 관련한 실마리가 이긍익의 《연려실기술》에 등장한다. 여기에서는 이성계의 공명(功名)이 날로 높아 가고 또한 이씨가 왕이 된다는 소문까지 퍼져서 최영이 그를 제거하려고 했지만 뚜렷한 명분을 찾을 길이 없었는데, 마침 명나라에서 철령위를 설치하자 이를 기회 삼아 이성계를 제거할 계획을 세웠다고 기록하고 있다. 즉 이성계에게 요동 정벌군의 지휘를 맡겨 명나라에 죄를 짓게 만든 다음, 그것을 핑계로 제거하기 위해 '요동 정벌' 계획을 세웠다는 것이다. 물론 세종 때 편찬한 조선의 공식 역사서인 《고려사 열전》에서, 최영과 이성계의 정의(情意)가 매우 두터웠고 특히 우왕에게 이성계를 모함하려는 자에게 최영이 분노하여 "이성계는 국가의 기둥이다. 만약 나라에 큰 일이 있다면 누가 그것을 감당하겠느냐?"고 기록한 것으로 보아 《연려실기술》에 실린 내용을 100% 신뢰하기는 어렵다. 그러나 최영처럼 전쟁으로 잔뼈가 굵은 장수가 국론의 분열과 민심의 이탈, 그리고 천시의 불리함까지 모두 무시한 채 전쟁을 감행했다는 사실도 쉽게 이해가 되지 않는다. 또한 우왕과 더불어 밀실에서 비밀리에 전략과 작전을 세웠다는 사실도 쉽게 설명이 불가능하기 때문에 《연려실기술》의 내용을 단순한 '모함'이라고 치부하기도 어렵다. 여하튼 《연려실기술》의 내용을 사실로 받아들인다면, 최영이 이후 당한 비극은 정치적 이해관계에 얽매여 병법과 전략의 기본 원칙을 저버리면서 자초한 결과라고밖에 말할 수 없다.

위화도회군과 고려 왕조의 몰락

동아시아에서 손자와 더불어 병법과 전략의 쌍벽을 이룬 또 다른 전략가는 오자(吳子), 즉 오기(吳起)이다. 손자가 전쟁의 전략적 조건으로 '도(道), 천(天), 지(地)'를 꼽았듯이, 오자 역시 '인화(人和), 천시, 지리'를 전쟁 개시의 필요충분조건이라고 했다. 그것은 곧 국론의 통일, 전쟁의 시기, 유리한 지형을 자세히 헤아리고 살펴서 전쟁을 시작해야 한다는 뜻이다. 이러한 시각에서 보자면, 요동 정벌은 어느 것 하나 제대로 갖추지 못한 전쟁이었다. 그렇다면 요동 정벌은 승리의 가능성이라곤 도대체 찾아볼 수 없었던 전쟁이었을까? 반드시 그렇지는 않다.

만약 속전속결로 적군의 전략적 요충지를 공격해 유리한 입지를 확보한 다음 '외교와 협상'을 통해 명나라를 압박했다면 최소한 그들의 침략 야욕을 물리치고 북방 국경을 안정시킬 수는 있었을 것이다. 즉 전쟁은 '제한적인' 수준에서, 그리고 외교와 협상은 '전면적인' 방식으로 요동 정벌 전략을 짰다면 고려에게도 충분히 승산이 있었다. 최영이 요동 정벌군이 평양을 떠날 때 스스로 행군 속도를 단속하려고 했던 의도 역시 여기에 있었다고 추측해 볼 수도 있다.

그러나 애초부터 여름철, 그것도 장마철에 군사를 동원하는 것은 불가하다는 입장을 확고히 취하고 있던 이성계는 요동 정벌군의 진격에 매우 소극적이었다. 설령 적군의 전략적 요충지를 공격해 점령했다고 해도 장맛비를 만나게 되면, 오도 가도 못한 상황에 갇힐 수도 있다는 것이 그의 판단이었다. 더욱이 친명파인 신진 사대부 세력과 정치적으로 밀착해 있던 이성계가 볼 때, 요동 정벌은 승산은 물론 명분도 뚜렷하지 않은 무모한 전쟁에 불과했다. 이 때문에 압록강에 가설한 배다리를 이용해 위화도에 상륙해 주둔한 이성계는 초기 선발 부대를 요동에 침입시켜 몇 차례 적진을 공략했을 뿐 본대의 진격을 서두르지 않았다. 그리고 장맛비가 시작되어 압록강 물이 불어나 오도 가도 못하는 상황에 처하자 강력하게 회군을 요청했다.

그러나 최영과 우왕이 회군을 허락하지 않고 진격을 명령하자 마침내 조민수와 더불어 쿠데타를 결심하고 군대를 돌려 개경으로 진군한다. 회군한 이성계의 군대가 파죽지세로 개경에 진입해 순식간에 최영을 무너뜨린 사실만으로도, 요동 정벌이 얼마나 조정 내부의 의견과 군대의 사기, 그리고 민심을 충분히 살피지 않고 무리하게 추진한 전쟁이었는지를 짐작해 볼 수 있다. 이성계가 진군하자 "성을 지키던 군사들이 아무도 반항하지 않고 개경의 남녀노소가 앞 다투어 술을 가지고 나와 환영하며 위로하고 장애물을 제거해 길을 열어 주었다"는 《고려사》의 기록에서 보듯, 여론과 민심은 이미 최영과 우왕을 떠나 이성계에게 쏠려 있었다. 결국 요동 정벌은 최영의 몰락과 이성계의 집권이라는 일대 권력 지각 변동을 불러왔고, 위화도회군을 계기로 고려 왕조는 헤어날 수 없는 멸망의 구렁텅이 속으로 떨어지고 말았다. 그것은 승산이 없는 전쟁이 빚은 너무나 혹독한 대가이자 참혹한 정치 비극이었다.

승리와 패배의 갈림길은 승산에 있을 뿐이다

　승리할 계책, 즉 승산을 갖춘 전쟁과 그렇지 못한 전쟁이 낳는 결과의
차이는 고려의 숙종과 예종 시대에 치러진 윤관과 여진 간의 전쟁을 보면
보다 더 뚜렷하게 확인할 수 있다. 고려는 서기 993년부터 1019년까지 거란
족이 세운 요나라와 모두 세 차례에 걸쳐 무려 30년 동안이나 전쟁을 치렀
다. 강감찬의 귀주대첩으로 결정적 승리를 거둔 고려는 그 후 100여 년 가까
이 안정과 평화의 시대를 누렸다. 그러나 숙종 대 말기인 11세기 말부터 여
진족의 한 갈래인 완안부가 여진을 통일하면서 강력한 세력을 형성해 고려
의 동북 방면(두만강 이남)을 위협하기 시작했다. 결국 1104년 오아속(烏雅
束)이 이끄는 여진 기병이 고려의 정주성 관문 밖까지 침입해 오는 사건이
발생했다. 당시 고려 조정은 이 사태를 심각한 침략 행동으로 간주하고 병
마사 임간에게 군대를 이끌고 정주성 밖으로 나가 여진족을 격퇴하도록 했
다. 그러나 이 행동은 여진족을 병법과 전략이라고는 모르는 '미개한 야만
인'으로 취급한 고려 조정의 전략적 실책임이 금방 드러났다. 고려군은 보
병을 중심으로 편성되어 있었던 반면 여진족은 기병 중심의 부대였다. 그런
데 정주성 밖의 드넓은 평야에서 전투를 벌였으니, 그 결과는 너무나 뻔한
것이었다. 여진족 기병의 기동력에 대형이 무너진 고려군은 병력의 대부분
을 잃고 처참하게 패배하고 말았다. 그나마 척준경의 활약으로 살아남은 병
사들이 정주성 안으로 겨우 몸을 피할 수 있었을 뿐이다.
　이렇듯 기병 중심의 여진족과 보병 중심의 고려군 간에는 전투력의 차

이가 확연했지만, 고려 조정은 임간에게 책임을 물어 파면하고 윤관을 여진 정벌의 총사령관으로 임명해 파견하는 것 외에는 어떠한 계책도 내놓지 못했다. 윤관이 아무리 당시 고려 최고의 명장이라고 해도 승산을 갖추지 못한 전쟁에서 승리할 수는 없었다. 여진족의 기병과 맞선 윤관은 병력의 절반 이상을 잃고 겨우 적병 30여 명을 죽였을 뿐이었다. 그러나 윤관은 고려 조정의 무능한 관료들과는 근본적으로 달랐다. 그는 전쟁의 패인이 '기병과 보병의 기동력과 전투력의 차이'에 있다는 사실을 즉각 간파했다. 여진족과의 전쟁에서 고려가 승리할 수 있는 계책은 오직 기병의 양성과 훈련에 있다고 확신한 윤관은 곧장 임금에게 상소를 올려 기병을 중심으로 부대를 편제한 '별무반(別武班)'이라는 일종의 특수 부대를 창설했다.

1107년 들어 여진족이 재차 고려의 동북 방면을 위협해 오자 고려 조정은 여진 정벌을 결정하고 윤관을 총사령관으로 하는 17만 대군을 출정시켰다. 그리고 여진족의 기병 부대에 맞서 효과적인 전투를 수행할 수 있는 부대 편제를 갖춘 윤관의 고려군은 연전연승을 거듭하면서 새롭게 동북 9성의 영토를 개척하는 빛나는 승리를 거두었다. 3년 전 제1차 여진 정벌이 승리할 수 있는 계책이 전혀 갖춰져 있지 않았던 전쟁이었다면, 제2차 여진 정벌은 고려가 승리할 수 있는 계책이 완벽하게 갖춰진 전쟁이었다. 당시 동북 국경 지대의 불안을 해소하는 차원을 넘어 새롭게 영토를 개척할 수 있었던 이유는 오로지 고려가 승산을 충분히 헤아리고 살펴 여진 정벌을 개시했기 때문이라고 할 수 있다.

이런 까닭에 손자는 승산의 유무와 다소를 살펴서 "어느 쪽이 승리하고 어느 쪽이 패배할지를 알 수 있다"고 한 것이다. 따라서 전략가는 전쟁이 시작하기 전에 이미 그 승산을 따져 보고 난 후 승리와 패배의 향방과 결과를 예측하고, 전쟁을 시작해야 할 때인지 혹은 섣불리 나서면 안 되는 시기인지를 결정할 수 있어야 한다.

3.

승산이 없다면 섣불리 나서지 마라

원문) 夫未戰而廟算勝者 得算多也 未戰而廟算不勝者 得算少也 多算勝 少算不勝 而況於無算乎 吾以此觀之 勝負見矣

해석) 대개 전쟁을 시작하기 전에 조정에서 전략을 세우면서 승리를 확신하는 자는 승리할 계책이 충분하고 다양하다. 그러나 아직 싸우기 전에 조정의 전략 회의에서 승리를 확신하지 못하는 자는 승리할 계책이 적기 때문이다. 승리할 계책이 다양하면 이기고, 승리할 계책이 적으면 이길 수 없다. 하물며 아무런 계책조차 없다면, 그 결과는 너무나 뻔하다. 나는 이것으로써 어느 편이 승리하고 어느 편이 패배할 것인지 미리 알 수 있다.

제2장

전　쟁　의
방　　　법

4.
빠르게 행동하고 빠르게 끝내라
−광개토대왕의 속전속결과 상인 임상옥의 속도 조절

광개토대왕, 속전속결의 귀재

세계사를 들춰 보면, 동서양을 막론하고 광활한 영토를 정복해 대제국을 건설한 정복왕들은 대개 속도전과 속전속결의 귀재였다는 사실을 알 수 있다. 그들은 항상 상대방이 상상할 수 없는 속도로 이동해 와서 미처 방비도 갖추기 전에 전혀 예상할 수 없는 방향으로 기습 공격을 가해 전쟁을 끝내 버렸다. 이것은 마케도니아의 알렉산드로스 대왕, 로마의 카이사르, 몽고의 칭기즈칸 등이 예외 없이 보여준 공통점이었다. '일단 전쟁을 개시했다면 절대로 시간을 끌지 말라.' 이것은 손자가 전하는 병법과 전략의 핵심 요소이기도 하다.

고구려 광개토대왕의 정복 활동을 살펴보면, 그가 동서양의 여러 정복 왕들이 즐겨 사용했고 손자가 전략의 핵심 덕목 중 하나로 지목한 속도전과 속전속결에 탁월한 능력을 갖추었다는 것을 어렵지 않게 확인할 수 있다.

광개토대왕은 18세의 어린 나이에 왕위에 올라 39세의 젊은 나이로 세상을 떠났다. 22년의 짧은 치세 기간 동안, 그는 우리 역사상 가장 광활한 영토를 개척했다. 광개토대왕이 즉위할 당시 삼국의 주도권을 장악하고 있던 나라는 백제였다. 특히 서기 371년 평양성 전투에서 백제의 근초고왕에게 고국원왕이 죽임을 당한 이후 20여 년이 넘게 고구려는 백제에 대한 패배의식을 떨쳐버리지 못하고 있었다. 그런 상황에서 18살 밖에 되지 않은 애송이가 임금이 되었으니 백제가 고구려를 어떻게 보았을지 짐작이 간다.

속도전의 핵심은 상대방이 미처 생각하고 준비하기도 전에 놀랄 만한 기동력으로 갑작스럽게 기습 공격을 가하는 것이다. 상대방보다 빠르게 판단하고 더 빠르게 행동하는 것, 이것은 속도전과 기습전의 최고 덕목이다. 광개토대왕은 속전속결의 대가답게 즉위한 지 두 달 만에 백제의 방심과 안일을 무참히 짓밟기라도 하듯, 거침없이 4만 명의 군사를 거느리고 백제로 쳐들어가 10개의 성을 함락하고 한강 유역까지 진격했다. 너무나 창졸지간에 당한 공격이었기 때문에 백제의 진사왕은 반격할 엄두조차 내지 못하고 속수무책으로 당할 수밖에 없었다. 예상치 못한 적으로부터 당한 공격과 패배는 훨씬 더 큰 충격과 혼란을 야기하는 법이다.

또한 광개토대왕은 북쪽의 거란을 공격해 남녀 500명을 사로잡고, 거란에

잡혀간 고구려 백성 1만여 명을 데리고 돌아왔다. 그리고 숨 돌릴 겨를도 없이 그 해 10월에 백제의 관미성을 또다시 공격해 함락시켰다. 특히 이 성은 사면이 깎아지른 절벽에 바다로 둘러싸여 있었기 때문에 점령이 불가능한 곳이라 여겨졌으나, 광개토대왕은 20여 일을 밤낮 없이 공격해 손에 넣을 수 있었다. 이렇듯 광개토대왕은 즉위하자마자 나이 어린 자신을 우습게보고 마음 놓고 있는 적국 백제와 거란을 전광석화처럼 기습 공격해 단숨에 제압해 버렸다. 특히 백제에 대한 두 번의 승리는 오랫동안 고구려를 괴롭혀 온 패배 의식과 백제 콤플렉스를 말끔히 씻어 내는 놀라운 효과를 발휘했다.

광개토대왕은 395년 거란과 그 다음해 백제를 다시 정벌했는데, 이때는 단순한 기습 공격에 그치지 않고 남쪽과 북쪽의 국경 지대를 안정시키기 위해 두 곳을 완전히 제압할 목적으로 전쟁을 수행했다. 특히 백제 정벌 때는 기마 군단과 수군의 양면 작전을 통해 수도 한성을 공격해 아신왕으로부터 '영원히 노객(老客)이 되겠다'는 항복을 받고 왕족과 대신을 비롯한 1,000여 명의 인질을 끌고 돌아왔다. 이 두 전쟁은 광개토대왕이 만주 일대의 광활한 영토를 개척하는 원정길에 본격적으로 오르기 위해 반드시 거쳐야 할 일종의 전초전이었다. 그 후 398년 숙신 정벌을 시작으로 정복 활동에 나선 광개토대왕은 불과 10여 년 만에 숙신과 후연, 그리고 동부여를 정벌하고 신라를 신하국으로 복속시켜 만주 일대와 한반도를 호령하는 대제국 고구려를 세웠다. 당시 광개토대왕에 맞서 싸운 적국의 왕과 장수들은 자신들이 예측한 속도보다 빠르게 움직이고 전혀 예상하지 못한 지점으로 공격해 들어오는 고구려 군사에게 번번이 무릎을 꿇어야 했다. 그렇다면 광개토대왕은 어떻게 적군보다 빠르게 행동하고, 적군이 예상할 수 없는 방향으로 공격해 들어갈 수 있었을까? 그 병법과 전략의 원천은 다름 아닌 고구려 기마 군단의 기동력과 기습 작전에 있었다.

속도전과 기습 공격의 대가들은 대개 소규모 병력으로 최대의 전투 효과를 얻는 능력이 탁월했다. 예를 들어 알렉산드로스 대왕은 4만 7,000명(보병 4만, 기병 7,000)의 마케도니아 원정군으로 이수스 전투에서 다리우스 대왕이 지휘하는 페르시아의 25만 대군(보병 20만, 기병 4만 5,000)을 물리쳤다. 전혀 예측하지 못할 속도로 정체불명의 적이 갑자기 들이닥쳐 자신을 공격한다고 상상해 보라. 아무리 숫자가 많고 잘 훈련된 군대와 병사들일지라도 미처 대형을 갖출 사이도 없이 창졸지간에 당할 수밖에 없다. 그런 상황에 닥치면 어떤 군대도 오합지졸이 될 수밖에 없다. 더욱이 자신보다 병력이나 전투력에서 열세라고 여겼던 적에게 급습을 당할 경우 그 패배는 더욱 치명적이다.

광개토대왕 역시 고구려 기마 군단의 속도와 기습 공격을 십분 활용해 소규모 병력으로 최대의 전과를 올리는 병법과 전략을 능수능란하게 다루었다. 그는 많을 때는 4만 내지 5만, 적을 때는 5,000 내지 7,000명의 병사만을 거느리고 다니면서, 자신이 지휘한 모든 전투에서 승리를 거두었다. 아마 연전연승과 무적불패의 기록으로 따지면, 우리 역사에서 광개토대왕은 이순신 장군과 쌍벽을 이루지 않나 싶다. 여하튼 391년 즉위와 동시에 불과 4개월 동안 남쪽으로 백제를 두 차례, 그리고 북쪽으로 거란을 한 차례 공격한 상황을 보면, 그가 일찍부터 속도전과 기습 공격의 '천재'였다는 사실을 알 수 있다(당시 광개토대왕의 나이는 불과 18세였다).

　광개토대왕 즉위를 전후해 거란과 백제는 고구려의 북쪽과 남쪽 변경을 끊임없이 위협하고 침입했다. 이에 광개토대왕은 백제 정벌을 계획하고 군사를 동원했는데, 문제는 백제를 공격하는 틈을 이용해 북방의 거란이 고구려를 침략할 수 있다는 점이었다. 그래서 그는 백제와 거란을 동시에 공격하기로 했다. 그리고 교란 작전을 구사했다. 즉 고구려 원정군이 거란을 공격할지 백제를 공격할지 알아챌 수 없도록 혼란을 일으키기 위해, 친히 군사를 거느리고 환도성을 떠나서 일부 병사는 백제로, 또 일부 병사는 거란으로 진군시켰다. 북쪽의 거란과 남쪽의 백제는 5,000여 리나 떨어져 있기 때문에, 두 곳을 비슷한 시기에 함께 공격한다는 사실은 어느 누구도 예측하기 힘들었다. 광개토대왕은 이 점을 십분 활용했다. 즉, 적이 전혀 예측하지 못한 상황에서 전쟁의 효과를 극대화하고자 한 것이다. 실제 백제는 광개토대왕의 교란 작전에 속아 아무런 대비도 갖추고 있지 않다가 기습 공격을 당해, 한강 북쪽의 10여 개 성과 수많은 마을들을 순식간에 빼앗겼다. 당시 급습을 당한 백제의 진사왕이 "담덕(광개토대왕)이 용병에 뛰어나다는 말을 듣고 나가 싸우지를 못했다"는《삼국사기》의 기록을 보더라도, 속도전과 기습 공격이 심리적으로 상대방을 얼마나 당황하게 만들고 위축시키는지 짐작해 볼 수 있다.

　속도전과 기습 공격은 적군이 아군의 진로와 속도, 그리고 공격 방향을 예측할 수 없을 때 가장 큰 효과를 발휘한다. 광개토대왕의 교란 작전은 병사들의 진로를 예측할 수 없게 만들었고, 기마 군단의 기동력은 속도를 예측하지 못하게 했다. 군대의 진로와 속도를 예측할 수 없다면, 공격 방향을 가늠할 수 없는 것은 너무나 당연하지 않은가? 그것은 전쟁과 전투는 '빠르게 행동하고 빠르게 끝내는 것'이 최고의 미덕이라는 손자의 메시지에 가장 충실한 병법이자 전략이었다.

속도전의 원리 : 천천히→천천히→빠르게→빠르게

속도전의 원리를 '빠르게 더 빠르게'라는 기동성에서만 찾는다면, 그 사람은 '하류의 전략가'에 불과하다. 최고의 전략가는 적군을 순식간에 제압할 수 있는 속도전을 구사할 때 반드시 체계적인 준비 태세를 갖춘 다음 상대방의 약점을 찾아서 재빠르게 공격해 끝낸다. 이와 같은 속도전의 전략은 '천천히→천천히→빠르게→빠르게'의 과정으로 나누어 살펴볼 수 있다.

먼저 첫 번째 '천천히' 단계에서는 공격의 전략적 목표를 결정하고 철저하게 준비해 움직인다. 두 번째 '천천히' 단계에서는 공격의 대상이 약점을 드러내거나 방심에 빠져 경계를 게을리할 때까지 기다리거나, 적군을 흔들어 동요하게 만든다. 세 번째 '빠르게' 단계에서는 상대방이 예상한 속도보다 훨씬 더 빠르게 기습 공격을 가해 혼란과 공포감을 조성한다. 마지막 네 번째 '빠르게' 단계에서는 전혀 예상하지 못한 방향이나 대규모의 군대를 휘몰아서 아주 신속하게 적군을 제압해 버린다(로버트 그린,《전쟁의 기술》 p273 참조).

이러한 속도전의 원리는 비단 전쟁에서뿐만 아니라 정치 혹은 상업(기업)의 현장에서도 다양하게 적용해 볼 수 있다. 특히 정해진 시간 이내에 상대방과 거래를 성사시켜야 하는 협상의 전략에서 속도전의 원리를 효과적으로 구사한다면 누구도 예상하지 못한 큰 결과를 얻을 수도 있다.

조선 시대 최고의 갑부로 알려져 있는 임상옥이 거상으로 청나라에까지 크게 이름을 날릴 수 있었던 까닭은, 그가 1821년 청나라 북경 상인들의 인삼 불매 동맹을 깨뜨리고 오히려 예전보다 훨씬 더 비싼 가격으로 인삼을 판매한 사건에서 비롯되었다.

당시 인삼은 북경 상인들이 가장 탐낸 조선의 특산품이었다. 그만큼 많은 이득을 안겨 주었기 때문이다. 따라서 청나라 상인들에게 '인삼'은 한 해 사업의 명운이 걸린 중요한 거래였다. 청나라 사신 길을 따라 사행무역에 나선 조선 상인들의 입장에서 볼 때도 인삼이 가져다주는 이득은 막대했다. 그것은 한 해 사업의 성패는 물론 자신의 상업 활동 전체를 좌지우지할 만큼 큰 거래였다. 임상옥은 이때 특히 대규모 거래를 성사시킬 목적으로 엄청난 물량의 최상품 인삼을 사들여 북경에 들어갔다. 그런데 북경에 막상 도착해 보니 청나라 상인들이 조선 인삼을 싼 값에 매입하기 위해 일제히 불매 동맹을 맺어 일체의 인삼 거래가 중단되어 있는 상황이었다.

청나라 상인들은 사행무역이 지닌 특수성, 곧 사신이 돌아갈 때가 되면 인삼을 다시 조선으로 가지고 갈 수밖에 없는 약점을 이용하고 있었다. 그것은 시간을 놓고 벌이는 보이지 않는 싸움이자 협상이었다. 누가 보더라도 상황의 주도권은 청나라 상인들이 쥐고 있었다. 인삼을 그대로 가지고 돌아가면 큰 손해를 입는 조선 상인들은 불리한 입장에서 거래에 응할 수밖에 없었다. 이 때문에 조선 상인들은 크게 동요했다. 그러나 임상옥은 사신이 돌아갈 시간이 다가올수록 조선 상인들 못지않게 청나라 상인들도 초조해 한다는 사실을 간파하고 있었다. 만약 조선 상인들이 인삼을 팔지 않는다면, 그들은 한 해 사업을 완전히 망치게 되고 결국 파산할 위기에 내몰릴 수도 있었다.

임상옥은 여기에서 속도전의 첫 번째 '천천히' 단계, 곧 공격의 전략적 목표를 설정하고 철저하게 계획을 세운 다음 준비해 나갔다. 그것은 조선 상인들의 뜻을 하나로 모아 청나라 상인들의 불매 동맹에 맞서는 것이었다. 그러나 큰 손해를 볼까봐 전전긍긍하는 조선 상인들은 어떻게든지 더 값이 떨어지기 전에 인삼을 팔 생각에만 빠져 있었기 때문에 임상옥의 뜻에 따라주지 않았다. 이에 임상옥은 아직 팔지 않은 조선 상인들의 인삼을 자신이 모두 사들여 버렸다. 이때까지 임상옥은 자신의 의도와 전략을 드러내 보이지 않았다.

청나라 상인에 대한 공격 준비를 모두 맞춘 다음 임상옥은 두 번째 '천천히' 단계로 넘어갔다. 그는 방심에 빠져 느긋해져 있는 청나라 상인들을 흔들어 놓을 목적으로 "모월 모일 모시에 인삼을 모두 불태워 버리겠다"는 말을 공공연하게 떠들고 다니며 유포시켰다. 임상옥의 이 말은 청나라 상인들의 심리를 크게 동요시켜 불매 동맹을 약화시켰다. 어떤 사람은 한 번 해 보는 협박이나 거짓말이라고 생각한 반면 어떤 사람은 자칫 잘못되는 것은 아닌가 하는 불안감에 휩싸였다. 이 순간에도 청나라 상인은 임상옥의 진정한 의도와 계획을 눈치 채지 못했다.

드디어 약속한 모월 모일 모시에 이르러서 임상옥은 세 번째 '빠르게' 단계, 곧 '설마 불태우겠어' 하는 심정으로 나타난 청나라 상인들을 상대로 실제 쌓아 둔 인삼에 불을 지르는 기습적인 공격을 가해 혼란과 공포감을 조성했다. 이제 임상옥이 내뱉은 말이 단순한 협박이나 거짓말이 아니라고 생각한 청나라 상인들은 완전히 혼란에 휩싸여서, 임상옥을 만류하며 불매동맹을 깨고 종전대로 거래를 하자고 제의해 왔다. 이때에 이르러서야 비로소 임상옥은 자신의 본심을 서서히 드러내기 시작했다.

그리고 임상옥은 네 번째 '빠르게' 단계, 즉 청나라 상인들이 전혀 예상하지 못한 거래 조건을 내놓으며 만약 자신이 제시한 가격에 인삼을 살 생각이 없다면 인삼을 모두 불태워 버리겠다고 위협했다. 이미 기세가 꺾일 대로 꺾여 버린 청나라 상인들은 임상옥이 내세운 조건을 무조건 수용할 수밖에 없었다. 이 거래로 천문학적인 이익을 얻은 임상옥은 황현이 《매천야록》에 남긴 기록처럼, 조선과 청나라 양국에서 이득을 얻어 쌓은 부가 왕실과 견줄 만했고, 북경 사람들이 오래도록 그의 이름을 회자할 정도로 명성을 떨칠 수 있었다.

대개 사람들은 "빠르게 행동하고 빠르게 끝내라"는 병법의 메시지를 해석할 때 '천천히' 단계를 생략한 채 '빠르게' 단계만을 살핀다. 그러나 '천천히'의 단계와 과정이 체계적이고 철저하게 준비되어 있지 않으면 '빠르게'는 오히려 자신을 덮치는 덫이 될 수 있다. 신중함이 전제되지 않는 빠른 행동은 충동과 무모함으로 얼룩지기 쉽기 때문이다.

4.
빠르게 행동하고 빠르게 끝내라

원문) 孫子曰 凡用兵之法 馳車千駟 革車千乘 帶甲十萬 千里饋糧 則內外之費 賓
客之用 膠漆之材 車甲之奉 日費千金 然後十萬之師擧矣 其用戰也 勝久則鈍兵挫銳 攻
城則力屈 久暴師則國用不足 夫鈍兵挫銳 屈力殫貨 則諸侯乘其弊而起 雖有智者 不能
善其後矣 故兵聞拙速 未睹巧之久也

해석) 손자가 말했다.

무릇 나라에서 군사를 일으켜 전쟁을 하려면, 치거(馳車 : 속력이 빠르고 가벼운 전차)
1,000대와 혁거(革車 : 운반용 수레) 1,000대와 대갑(帶甲 : 갑옷으로 무장한 병사) 10만 명을
동원해야 한다. 더욱이 1,000리 밖에 있는 군영에 식량을 수송하고 전쟁 물자를 보급해
야 한다. 이렇게 하려면 전방과 후방에 걸쳐 소요되는 비용, 빈객이나 사신의 접대와 교
섭에 쓰이는 비용, 무기와 장비를 수리하는 데 들어가는 재료, 수레와 갑옷을 고치고 보
충하는 데 쓰이는 비용을 합쳐서 하루에 천금에 이르는 막대한 금액을 써야 한다. 따라
서 하루에 천금을 사용할 수 있는 국력을 갖춘 후라야 비로소 10만 명의 군사를 동원할
수 있다. 따라서 전쟁을 일으켰다면 길게 끌어서는 안 된다. 전쟁을 질질 끌게 되면 병
사들은 둔해져 날카로움이 꺾이고, 적의 성을 공격하면 병력을 많이 잃게 되어 전력이
떨어진다. 또한 군대가 오랫동안 나라 밖에 있게 되면 나라 재정이 말라 버리게 된다.

무릇 병사들이 둔해지고, 날카로움이 꺾이고, 전력 손실이 심하고, 재정이 부족하게 되면 곧 이웃 나라의 제후들이 그 어려운 틈을 이용해 공격해 온다. 비록 제 아무리 지혜가 뛰어난 자라도 그 배후를 수습할 수 없다. 따라서 전쟁 준비가 부족하더라도 속전속결로 승리한 경우는 들었지만, 완벽하게 준비를 갖춰 놓고 장기전을 치러서 승리한 경우는 본 적이 없다.

5.
원정군과 장기전은 위태롭다
―을지문덕의 지연술과 고려군의 게릴라 전술

원정군의 약점을 최대한 이용하라

손자는 전쟁을 오래 끌어서 이로움이 된 사례가 없고 또한 군량미와 전쟁 물자를 먼 곳에 수송하는 부담이 커질수록 국가와 백성은 곤란해진다고 지적한다. 즉 원정군과 장기전은 나라의 안전과 백성의 생명을 위태롭게 하기 때문에 절대로 피해야 하는 것이 병가의 상사(常事)라는 얘기다. 만약 전쟁을 오래 끌어서 이로운 경우가 없다면, 적국의 침략을 방어하는 입장에서는 역으로 지연 전략을 구사하는 것이 가장 효과적인 방책이라는 말이 성립된다. 특히 전력이 압도적으로 열세인 상황이라면, 지연술이야말로 최고의 전략이 아닐 수 없다. 그것은 원정군의 약점을 최대한 이용한 전략이기 때문이다. 예를 들어 보자. 한니발의 공격 앞에 연전연패를 거듭해 역사상 최대 위기에 봉착한 로마를 구한 전략은 무엇이었는가? 그것은 파비우스의 '지연 및 게릴라 전략'이었다. 그는 한니발과의 정면 승부가 전혀 승산이 없다는 사실을 깨닫고, 병력과 군수품의 보급을 차단하는 후방 공격과 장기 소모전을 통해 한니발의 군사 전력을 야금야금 잠식하는 전략을 취했다. 파비우스의 전략 때문에 한니발과 병사들은 점차 지쳐 갔다. 비록 전투에서는 무적이었지만, 실상 로마와의 전쟁에서는 서서히 패배의 길을 걷고 있었던 셈이다. 이른바 '전투에서는 이기고, 전쟁에서는 패배한 신세'가 되고 만 것이다.

우리 역사 속에서 지연 전략과 게릴라 전술을 가장 효과적으로 잘 구사한 나라는 고구려였다. 고구려가 수차례에 걸쳐 중국의 강력한 통일 제국인 수나라와 당나라의 대군을 물리칠 수 있었던 이유는 '농성전과 청야전술(淸野戰術)'로 대표되는 지연술, 그리고 '유인술과 매복ㆍ기습 공격'으로 대표되는 게릴라 전술에 능수능란했기 때문이다. 고구려의 지연 전략과 게릴라 전술은 훗날 고려가 거란(요나라)의 대규모 침략을 효과적으로 방어하는 데도 큰 영감을 주었다. 원정군, 특히 대규모 병력을 동원한 전쟁은 오래 끌면 끌수록 위태롭다. 전쟁 물자와 비용을 감당하기 어렵기 때문이다. 또한 군량과 자원이 고갈될수록 군대의 전투력과 나라의 재정이 약해지는 반면 백성들의 원망과 저항은 강해지는 법이다. 이러한 원정군의 최대 약점을 주도면밀하게 타격해 위대한 승리를 이끈 고구려의 임금과 장군이 바로 영양왕과 을지문덕이다.

고구려의 전략과 전술 : ①농성전과 청야전술

수나라의 양제는 서기 612년(고구려 영양왕 23년) 정월 모두 113만 3,800
명의 대군을 동원해 고구려를 침략했다. 여기에 전쟁 물자 및 보급품을 나
르는 인원수가 병력의 두 배에 달했다고 하니까, 이때 수나라는 300여 만 명
에 이르는 인력을 전쟁에 투입한 셈이다. 《삼국사기》의 기록에 따라 당시 고
구려의 호수가 69만 가구였다고 할 때, 총 인구는 대략 350~400만 명 정도
로 추정할 수 있다. 또한 고구려가 가장 전성기였을 때 병력 수가 30여 만 명
정도 되었다고 한다. 그렇다면 수나라는 병력으로 치자면 4배, 전쟁에 동원
한 연인원으로 따지자면 거의 고구려 전체 인구에 맞먹는 인력을 고구려 침
략에 투입했다고 할 수 있다.

양제는 전력의 압도적 우세를 통해 고구려를 단숨에 무너뜨리겠다는 군
사 전략을 구사했고, 이 때문에 수나라는 그토록 엄청난 병력과 자원을 동
원해 고구려 원정길에 올랐다. 손자의 병법과 전략에 따른다면, 이러한 대
규모 원정군은 상대방을 압도하는 여세로 전쟁을 빨리 끝낼수록 좋다. 아버
지 문제 대에 30만의 군사를 동원하고도 고구려의 방어 전술과 장마가 겹쳐
이렇다 할 전과를 남기지 못한 과거를 잘 알고 있던 양제와 휘하 장수들 역
시 속전속결의 전략을 짰다. 그들은 요하를 건너자마자 요동에 자리하고 있

는 고구려의 여러 성들을 단숨에 점령한 다음 기세를 몰아 한달음에 평양성으로 진격할 계획이었다. 그러나 요하 도하 작전 때부터 고구려 군사의 강력한 저항에 부딪힌 수나라는 선봉장 맥철장이 전사하는 타격을 입는다. 겨우 도하에 성공한 후 고구려 군사 1만 명을 살상했지만, 살아남은 고구려 병사들이 요동성을 굳게 닫아걸고 전통적인 방어 전술인 농성전에 돌입하자 이렇다 할 전과를 내지 못했다. 2월에 시작한 요동성 공격이 4개월이 지나 6월이 다 되어 가도록 성과가 없자, 양제는 100만의 대군이 고구려의 성 하나도 함락시키지 못한다면서 분노하기 시작했다. 그렇다고 배후에 요동성을 비롯한 고구려의 여러 성들을 그대로 두고 곧장 평양성으로 진격하기에는 전략적인 부담이 너무나 컸다. 하지만 이대로 장마철을 만난다면 제1차 침략 때 겪은 악몽이 되풀이될 수도 있었다.

초조해진 수나라는 전쟁을 하루라도 빨리 끝내려면 평양성을 직접 공격할 수밖에 없다고 판단하고, 우문술과 우중문이 지휘하는 별동대 30만 5,000명을 선발해 고구려 깊숙이 진격해 들어갔다. 그러나 속도전과 기습 공격을 통해 고구려를 제압하겠다는 이 군사 작전은 치명적인 약점을 지니고 있었다. 후방의 보급로가 안정되어 있지 않은 탓에, 평양성을 점령하기 전에 '어떻게 식량과 병기, 그리고 전투에 필요한 물자를 확보하는가' 하는 근본적인 문제를 안고 있었던 것이다. 고구려가 즐겨 사용한 방어 전술인 청야전술의 효과를 익히 알고 있던 수나라 장수들은 반드시 이 문제를 해결해야 했다. 청야전술이란 사람은 물론 식량과 생활 도구를 모두 성 안으로 들여 놓고 식량과 물자를 적군이 탈취하지 못하도록 말끔히 없애는 전술이다. 농성전과 청야전술은 마치 톱니바퀴처럼 맞물려 움직였기 때문에, 고구려 영토에 발을 들여놓은 침략자들은 번번이 이 전술에 막혀 무릎을 꿇어야 했다.

그럼 당시 수나라 장수들이 찾은 해결책은 무엇이었을까? 그들은 병사와 말 모두에게 100일 분의 식량을 지급하고, 여기에 다시 갑옷, 단창, 장창, 옷가지, 전투 기자재, 장막을 지니게 했다. 이러다 보니 군사들은 도저히 그 무게를 감당할 수가 없었고, 결국 몸을 가볍게 하기 위해 식량과 전투 장비를 버리는 상황이 벌어졌다. "곡식을 버리는 자는 죽일 것"이라는 군령을 내려 엄하게 단속했지만, 수나라 병사들은 모두 장막 밑에 구덩이를 파고 묻어 버렸다. 이 때문에 평양성을 향해 절반쯤 행군했을 때 식량이 이미 바닥나 굶주릴 수밖에 없었다. 후방 보급을 기대할 수도 없는 상황이었고, 수나라의 별동대는 굶주림과 피로에 지친 상태에서 평양성을 향해 나아가는 수밖에 도리가 없었다. 이러한 모든 상황은 영양왕과 을지문덕이 농성전과 청야전술을 구사하면서 기대하고 있던 결과였다.

고구려의 전략과 전술 : ②유인술과 게릴라 전술

압록강변에 도착한 수나라의 별동대가 굶주림과 피로에 지쳐 있다는 사실을 꿰뚫은 영양왕과 을지문덕은 거짓 항복과 패배를 되풀이하는 '유인술'로 그들을 내지 깊숙이 끌어들였다. 그것은 전력의 우세에 대한 수나라 장수들의 과신과 오만을 교묘하게 이용한 일종의 심리전이기도 했다. 을지문덕은 전쟁을 빨리 끝내고 싶다는 초조함과 더불어 자신들이 계속 승리하고 있다는 착각을 수나라 병사들에게 불러일으켜, 그들이 깨닫지 못하는 사이에 고구려 영토 깊숙이 발을 들여놓게 만든 것이다. 결국 청천강을 건너 평양성 30리 바깥까지 왔을 때 수나라 군사들은 을지문덕을 추격하고 고구려 군사의 매복·기습 공격에 시달리느라 완전히 녹초가 되어 있었다.

손자는 병력이 열세일 때는 반드시 싸움터를 벗어나야 하고, 만약 상황이 뜻대로 되지 않아도 절대로 정면 승부를 해서는 안 된다고 했다. "병력이 열세인 상황에서 적군에 정면으로 맞선다면, 강력한 적의 포로가 될 따름이다." 이때는 성문을 닫아걸고 방어에 집중하되, 적의 치명적인 약점인 군량과 물자의 궁핍을 십분 활용해 후방 보급로를 공격하거나, 불규칙하고 예상할 수 없는 변칙 공격(매복·기습 공격)을 통해 적을 피로하고 초조하게 만들어야 한다. 이러한 상황에 놓이게 되면 대부분은 약점과 허점을 상대방에게 쉽게 노출하게 마련이다. 바로 이때가 아군이 전력을 집중해 적을 궤멸할 정확한 타이밍이다.

을지문덕은 이 타이밍을 결코 놓치지 않았다. 그는 선전포고나 다름없는 시 한편을 보내 자신의 유인술에 걸려든 수나라 장수와 병사들의 어리석음을 비웃었다. 결국 이러지도 저러지도 못할 상황에 빠진 수나라의 장수 우문술은 급하게 말머리를 돌려 철군을 시작했지만, 끊임없이 매복과 기습 공격을 가해 오는 고구려 군사에게 괴롭힘을 당하다가 청천강에 이르러 몰살당하고 만다. 30만 5,000명의 별동대 중 살아서 돌아간 자는 불과 2,700명이었다.

스스로 지쳐 물러나도록 만들어라

지연 전략과 게릴라 전술의 효과는 고려와 요나라(거란) 간의 전쟁에서도 확인해 볼 수 있다. 10세기에 들어서 동북아시아의 최강대국으로 급부상한 요나라는 모두 세 차례에 걸쳐 고려를 침략했다. 이 가운데 고려가 가장 커다란 피해를 입은 전쟁은 제2차 침략이었다. 당시 목종을 폐위하고 현종을 옹립한 강조의 정변을 구실 삼아, 40만 대군을 휘몰아 고려를 침략한 거란은 순식간에 개경을 함락시켜 불바다로 만들어 버렸다. 파죽지세로 밀고 내려오는 거란의 기세에 놀란 현종은 남쪽의 나주로 몸을 피해 겨우 화를 면할 수 있었다. 자칫 굴욕적인 항복이나 심하면 왕조의 몰락까지도 예상할 수 있는 상황이었다. 그렇다면 고려는 어떻게 이 위기를 극복할 수 있었을까?

거란은 강조가 이끈 30만 고려군과의 정면 승부에서는 승리했지만, 서경을 거쳐 개경으로 진격하는 동안 배후와 측면에서 끊임없이 괴롭히는 고려 장수들의 기습 · 매복 공격에 당해 낼 재간이 없었다. 특히 거란은 현종을 사로잡아 전쟁을 빨리 끝내겠다는 생각에 배후와 측면에 도사리고 있는 고려의 여러 성들을 미처 제압하지 못했다. 이곳에 주둔하고 있던 고려의 장수와 병사들은 발 빠르게 패잔병들을 다시 모아 거란의 배후와 측면을 기습 공격했다. 특히 양규와 김숙흥 두 장수의 끈질긴 게릴라 공격에 거란은 수많은 병사를 잃어야 했다. 개경을 점령한 이후 남쪽으로 피신하는 현종을 뒤쫓아 사로잡으려던 거란의 계획 역시 이 때문에 실현될 수 없었다. 결국 거란은 개경을 점령한 지 7일 만에 북쪽으로 군대를 퇴각시킬 수밖에 없었다. 후방에 대한 불안감과 고려군의 게릴라식 공격에 지쳐 더 이상 고려 영토 내에서 전쟁을 치를 수 없다는 판단 때문이었다. 이에 요나라 임금은 현종이 요나라로 직접 가서 신하의 예를 갖추고 강동 6주를 반환한다는 화친 조건에 거짓으로 합의해 주는 척하자, 이것을 명분 삼아 군사를 되돌렸다. 고려는 비록 거란군과의 정면 승부에서는 대패했지만, 후방 교란과 매복·기습 등의 게릴라 공격으로 거란의 침략을 물리칠 수 있었다.

이렇듯 거란은 패배했기 때문에 물러났다기보다는 '스스로 지쳐 초조하고 불안했기 때문에' 물러날 수밖에 없었다. 고려의 입장에서 보자면 '큰 패배' 이후 '작은 승리'가 거란의 침략을 물리칠 수 있었다고 하겠다. 반면에 거란의 입장에서 보자면 '큰 승리'가 아닌 '작은 패배' 때문에 전쟁에서 이길 수 없었던 셈이다. 병법과 전략이란 오묘해서 때로는 전투에서 계속 이기고도 전쟁에서 패배하는 경우가 적지 않고, 크게 패배하고 작게 승리해도 전쟁에서는 이기는 사례도 얼마든지 있다. 지연 전략과 게릴라 전술의 효과는 적을 궤멸시키는 것보다는 '적이 스스로 지쳐 물러날 때' 가장 극대화된다. 따라서 적에게 얼마나 큰 승리를 거두었는가, 적의 병력을 얼마나 살상했는가, 적의 전력에 얼마만큼 타격을 주었는가 하는 숫자 놀음은 이 경우에 전혀 중요하지 않다.

고구려와 고려가 강력한 적에 맞서 구사한 지연 전략과 게릴라 전술은 정치와 기업, 그리고 일상의 삶의 현장에서도 유용하게 구사해 볼 수 있다. 강한 적과 맞설 때는 정면 승부를 피해라. 방어에 집중하되 우회와 기습 공격을 통해 시도 때도 없이 경쟁자를 불안하고 초조하고 지치게 만들어라. 그러나 그 순간에도 자신의 실체와 전력을 상대방에게 절대로 드러내지 말라. 오히려 경쟁자인지 협력자인지 혹은 강자인지 약자인지 헷갈리게 만들어라. 그리고 초조함과 불안함에 지친 경쟁자가 자신을 통제하지 못하고 약점과 허점을 드러낼 때, 비로소 자신의 실체를 온전히 드러내고 전력을 집중해 궤멸시켜라. 만약 당신에게 공격할 힘이 남아 있지 않거나 아예 없다고 해도 걱정할 것은 없다. 그런 상황에 놓이게 되면 십중팔구 당신의 경쟁자는 스스로 지쳐 물러나기 때문이다.

5.
원정군과 장기전은 위태롭다

원문) 夫兵久而國利者 未之有也 故不盡知用兵之害者 則不能盡知用兵之利也 善用兵者 役不再籍 糧不三載 取用於國 因糧於敵 故軍食可足也 國之貧於師者遠輸 遠輸則百姓貧 近於師者貴賣 貴賣則百姓財竭 財竭則急於丘役 力屈財殫 中原內虛於家 百姓之費 十去其七 公家之費 破車罷馬 甲冑矢弩 戟楯蔽櫓 丘牛大車 十去其六 故智將務食於敵 食敵一鍾 當吾二十鍾 䓈秆 當吾二十石 故殺敵者 怒也 取敵之利者 貨也 故車戰 得車十乘已上 賞其先得者 而更其旌旗 車雜而乘之 卒善而養之 是謂勝敵而益強 故兵貴勝 不貴久 故知兵之將 民之司命 國家安危之主也

해석) 무릇 전쟁을 오래 끌어서 나라에 이로운 경우는 결코 없었다. 따라서 장수가 군대를 움직일 때 해로운 것을 다 알지 못한다면, 군대를 움직여서 이로운 것도 다 알지 못한다. 군대를 잘 지휘하는 장수는 두 번 거듭해서 사람을 징집하지 않고, 식량을 세 번 이상 나라 밖으로 실어 나르지 않는다. 군대에서 필요한 무기와 장비는 나라 안에서 취해 사용하지만, 식량은 적지에서 빼앗아 취한다. 그렇게 해야 군대는 식량을 넉넉하게 얻을 수 있다. 전쟁으로 인해 나라가 가난해지는 이유는 병사와 군수품을 먼 거리로 실어 날라야 하기 때문이다. 보급로가 길어져서 먼 거리로 실어 나르게 되면 백성은 가난해진다. 군대가 주둔한 주변 지역은 물건이 비싸게 팔리고, 물건이 비싸게 팔리면 백성들이 사용할 물자가 부족해진다. 이렇게 나라의 물자가 고갈되면 구역(丘役 : 백성들의 전쟁 부역)의 부담이 급격하게 늘어나게 된다. 군사력이 약해지고 나라의 재물이 모자라게 되면, 안으로는 백성들의 집이 텅 비게 되고 재물은 열에 일곱이 사라지고 만다. 더욱이 나라의 재정 또한 전차는 파괴되고 말은 피로하며 갑옷과 투구, 활과 화살, 창과 방패 등 전투 장비와 무기, 그리고 운송 수단은 열에 여섯이 못쓰게 된다. 그러므로 지혜로운 장수는 적지에서 식량을 빼앗기 위해 힘을 쓴다. 적지에서 식량 1종을 취하면 본국의 식량 20종을 얻는 것과 같고, 적지에서 말 먹이 사료 1석을 취하면 본국에서 20석을 실어 나르는 것과 같다. 병사들이 용감하게 적에 맞서 잘 싸우게 하는 것은 적개심이고, 적의 이로움을 잘 빼앗게 하는 것은 재물이다. 그러므로 전차 전투에서 적의 전차를 10대 이상 노획했다면 가장 먼저 그것을 빼앗은 자에게 상을 준다. 그리고 적의 전차의 깃발을 아군의 깃발로 바꾸어 달고 아군의 전차와 함께 섞어서 사용한다. 포로로 잡힌 적의 군사는 잘 대우해 주어 우리의 군사로 양성해야 한다. 이것을 일러 '적에게 승리할수록 더욱 더 강해지는 것'이라고 한다. 따라서 전쟁에서는 승리를 귀하게 여기되 오래 끄는 것은 피해야 한다. 이와 같은 용병의 지혜를 아는 장수는 백성들의 운명을 맡아 쥐고, 국가의 안위를 주재할 수 있는 능력을 갖춘 것이다.

제3장

전쟁의
계책

6.
싸우지 않고 이기는 것이 최선이다

—왕건의 책략전과 견훤의 소모전

피 흘리지 않고 승리하는 것이 '최선의 전략'이다

　왕건이 후삼국을 통일할 수 있었던 진정한 힘은 무엇이었을까? 필자는 그 힘은 다름 아닌 '피를 흘리지 않고 승리하는 방법'을 왕건이 진정으로 이해하고 있었기 때문이라고 생각한다. 왕건이 장수의 신분이 아닌 왕의 입장에서 후백제의 견훤과 더불어 천하의 패권을 다툴 수 있었던 것은 궁예를 태봉의 왕좌에서 축출한 다음부터였다. 이때 왕건은 자신의 손에는 피 한 방울 묻히지 않고 태봉의 호족과 조정 관료, 그리고 백성들의 추대 속에서 임금의 자리에 올랐다. 왕건은 궁예가 폭정으로 온 나라 사람들의 공적이 될 때까지 참고, 참고, 또 참았다. 그리고 마침내 때가 무르익어 나라 안의 유력 호족과 실력 있는 장수들이 자신에게 임금의 자리를 차지하라고 등을 떠미는 순간까지도, 왕건은 속내를 드러내지 않고 신중하게 온 나라 안의 여론이 자신의 편이 되도록 기다리고 또 기다렸다. 이러한 전략 탓에 왕건이 궁예를 축출하고 임금의 자리에 오르겠다고 결정했을 때는 이미 나라 안의 모든 사람이 궁예에게 등을 돌린 후였다. 이 때문에 왕건은 자신의 손에 피 한 방울 묻히지 않고 나라와 백성을 차지할 수 있었던 것이다. 만약 왕건이 때를 기다리지 않고 일찍 칼을 뽑아들어 궁예의 왕좌를 빼앗으려 했다면 조정 관료와 호족 세력, 그리고 민심은 왕건과 궁예 양편으로 나뉘었을 것이다. 이 때문에 설령 왕건이 승리를 얻었다고 해도 정치적 혼란과 민심의 동요를 피할 수 없었을 것이고 그것은 '상처로 얼룩진 승리'였을 것이다.

여하튼 태봉을 새로이 고려로 개명해 임금이 된 이후에도 왕건은 피 흘리지 않고 승리하는 전략을 놓지 않았다. 그는 무력으로 호족들을 제압하고 영토를 확장하기보다는 회유와 포섭을 통해 호족들을 굴복시켰다. 특히 이 경우 호족들과 혼인 동맹을 맺는 방식을 즐겨 사용했다. 그러나 피 흘리지 않고 책략과 외교만으로 상대방을 온전히 굴복시키는 왕건의 모공(謀攻)이 결정적으로 빛을 발한 사건은 바로 신라 경순왕의 자진 항복이었다.

소모전 – 무력을 앞세운 견훤의 신라 정복

왕건의 '모공'을 살펴보기에 앞서 무력을 동원해 신라를 정복했던 견훤이 어떤 전략적 실책을 저질렀는가에 대해서 먼저 알아보자. 왕건이 최선의 전략을 선택한 반면 견훤은 최악의 전략을 취했기 때문에, 이 두 사람을 비교하는 것은 '소모전(消耗戰)과 책략전(策略戰)'의 차이를 이해하는 데 큰 도움이 된다.

손자가 말했던 모공이란 책략과 계략, 혹은 외교와 협상을 통해 상대방을 굴복시키고 제압하는 전략을 말한다. 모공은 곧 책략전이다. 그렇다면 이 모공에 반하는 전쟁 전략은 무엇일까? 그것은 소모전이다. 소모전이란 "군대를 동원해 적군을 공격해 깨뜨려 굴복시키는 전략"이며, 또한 "적의 성을 공격하고 함락시켜 항복을 받아 내는 전략"이다. 이 경우 패배는 말할 것도 없고, 설령 승리한다고 해도 반드시 전쟁으로 인한 상처와 후유증이 발생하게 마련이다. 먼저 전투를 치를 경우 적군뿐만 아니라 아군의 희생 역시 피할 수 없다. 또한 무력으로 굴복당한 적국의 군사와 백성들은 굴욕감과 수치심 때문에 반드시 보복을 다짐한다.

후삼국 시대 왕건과 더불어 천하 패권을 겨루었던 견훤이 저지른 최고, 최대의 '전략적 패착'은 다름 아닌 신라를 무력으로 정복하고 그것도 모자라 함락당한 왕성에서 온갖 추잡한 악행을 일삼아 신라 사람들에게 돌이킬 수 없는 치욕을 안긴 것이다.

견훤은 서기 927년 9월 신라를 공격해 그 해 11월 왕성인 서라벌에 들이닥쳤다. 당시 신라의 경애왕은 포석정에서 잔치를 벌이고 있었다. 그는 견훤의 군사가 들이닥치자 황급하게 왕비와 함께 후궁으로 달아나 몸을 피했다. 그러나 그 자리에 있던 귀족과 관료, 궁녀와 악공들은 모두 견훤의 군사에게 붙잡혔다. 그들은 살려 달라고 애원했지만, 견훤은 사정을 봐주지 않고 무차별적인 살육을 감행했다. 그리고 군사들을 풀어 나라의 재산이든 개인의 물건이든 가리지 않고 재물을 약탈하도록 했고, 신라의 궁궐을 차지하고 앉아 경애왕과 왕비를 찾게 했다. 결국 후궁에 몸을 숨기고 있던 왕과 왕비가 군중(軍中)으로 잡혀 오자, 견훤은 경애왕에게 온갖 욕설과 핍박을 가해 자살하도록 강요했고 왕비를 강간했다. 그런 다음 경애왕의 족제(族弟)인 김부(경순왕)를 왕위에 앉히고, 왕실 창고에 있는 온갖 보물과 병장기는 물론 왕족과 솜씨 있는 기술자들을 인질로 데리고 돌아갔다.

견훤은 이 날의 승리로 마침내 신라를 복속시키는 대망을 이루었다고 생각했다. 그러나 신라 사람들은 이 날을 천년 역사상 가장 치욕스럽고 불명예스러운 날로 기억했다. 아무리 무력을 앞세워 적을 짓밟더라도 진정으로 승복하게 만들려면 절대로 상대방에게 수치심과 모멸감을 안겨 주어서는 안 된다. 견훤은 단숨에 신라를 뒤엎어 신라 사람들에게 공포와 두려움을 심어 주고 싶었을 것이다. 그러나 견훤이 신라에 들어가 저지른 포악무도한 행동은 공포와 두려움을 넘어서 증오를 낳았다. 막대한 군사와 전쟁 물자를 동원하고서도 견훤이 신라에서 얻은 것이라곤 고작 증오뿐이었다고 해도 틀리지 않다.

책략전 – 왕건의 계략과 외교술

많은 사람들이 《손자병법》을 전쟁과 전투 혹은 싸움에서 승리하는 전략과 병법의 기술을 가르치는 고전으로 알고 있다. 그러나 실제로 《손자병법》이 전하는 핵심 전략은 '싸우지 않고 승리하는 방법'이라고 할 수 있다. 싸우지 않고서도 적을 제압하고 굴복시키는 것, 이것이야말로 손자가 말하는 최고의 전략이자 병법이다. "전쟁의 법칙을 잘 아는 사람은 적군을 굴복시키되 싸우지 않고서 무너뜨리고, 적의 성을 함락시키되 공격하지 않고서 무너뜨리고, 적국을 항복시키되 오래 끌지 않는다. 반드시 적국의 성과 군대를 모두 온전히 두고서 천하의 패권을 손에 쥔다. 이 때문에 아군은 해로움을 입지 않고 이로움만을 온전히 취할 수 있다." 따라서 손자에게 최고로 가치 있는 전략적 행동이란 무력행사에 의존하지 않고 책략과 외교술을 구사해 승리하는 것이다. 물론 계략과 외교술에 의존한 책략전이라고 하더라도, 무력 사용을 완전히 배제해서는 안 된다. 그러나 이때도 무력행사는 계략과 외교술로 적을 항복시키기 위한 보조 수단으로만 이용되어야 한다. 곧 무력은 지극히 '제한적인' 수준과 방식으로 사용되며, 그것은 적을 굴복시키기 위한 일종의 무력시위에 그쳐야 한다. 계략과 외교술의 사용은 때로는 힘없는 자의 비굴함으로 비칠 수도 있기 때문에 적절한 무력행사와 힘의 과시는 유익하다.

왕건은 이러한 무력시위와 책략전의 관계를 정확히 간파한 인물이다. 그는 신라와 우호적인 외교 관계를 맺고 있던 동안에도 끊임없이 신라의 장수와 주변 호족들을 포섭·회유해 투항시키는 방식으로 신라를 압박했다. 그는 호족들을 제압해 굴복시킬 때도 무력행사와 포섭·회유 전략을 적절하게 섞어 구사했다. 항복하면 모든 기득권을 보장할 뿐만 아니라 출세 길까지 보장해 주겠지만, 그렇지 않을 경우 무력을 행사해서라도 굴복시키겠다는 메시지를 끊임없이 주변에 퍼뜨렸다. 이 때문에 신라의 국론과 민심은 동요할 수밖에 없었다.

왕건은 신라의 국론과 민심의 향방이 자신에게 급속하게 기울고 있음을 꿰뚫고, 서기 931년 2월 대대적인 정치 이벤트를 기획·연출해 천하 패권의 결정적 승기를 손에 거머쥐었다. 당시 왕건은 고작 50여 명의 기병만을 거느리고 서라벌을 찾아와 경순왕을 만났다. 특히 임해전에서 열린 환영 잔치에서는 자신이 신라가 견훤에게 당한 치욕을 함께 아파하고 있다는 사실을 눈물로 보여주었다. 그리고 수십 일을 머무는 동안 자신을 따라온 고려의 군사들이 엄숙하고 공정하게 행동하도록 했다. 이는 자신의 군사가 견훤의 군사와는 질적으로 다르다는 정치 이미지를 심기 위한 것이었다. 흔히 약자가 강자에게 베푸는 호의는 나약함과 비굴함의 표현으로 보이지만, 강자가 약자에게 베푸는 호의는 배려와 은혜로 받아들여지게 마련이다. 왕건이 서라벌을 직접 찾아가 벌였던 정치 이벤트의 효과가 바로 그것이었다.

왕건은 견훤처럼 강자였지만 전혀 다른 이미지로 신라 백성들에게 받아들여졌다. 견훤은 자신들의 자존심을 무참하게 짓밟고 언제 또다시 목숨을 빼앗으러 올지 모르는 공포와 증오의 대상이었지만, 왕건은 천년 신라의 자존심을 살려 주고 자신들이 겪고 있는 고통과 혼란을 어루만져 줄 어진 군주로 다가왔다. "옛날 견훤이 왔을 때는 승냥이와 호랑이를 만난 것 같더니, 오늘 왕공(王公)이 오니 마치 부모를 뵙는 것 같구나."《삼국사기》 경순왕 편) 이렇듯 왕건은 책략을 통해 신라 사람들의 마음을 온통 빼앗아 버렸다. 이 때문에 그로부터 5년 후 경순왕이 나라를 온전히 왕건에게 바쳤을 때, 신라 사람들은 아무런 저항 없이 기꺼이 왕건의 백성이 되었다. 적국의 군대와 자원과 백성을 '온전히 보존하고서 굴복시켜라'는 손자의 메시지를 이보다 더 철저하게 실천한 전략이 있을까?

백 번 싸워 백 번 승리하는 것은
싸우지 않고 승리하는 것만 못하다

책략전과 소모전의 진정한 차이는 무엇일까? 그것은 책략전이 '최소 비용으로 최대의 효과'를 거두는 전략이라면, 소모전은 '최대 비용으로 최소의 효과'만을 얻을 수 있는 전략이라는 점이다. 또한 책략전은 전쟁의 과정과 결과 모두 중요하고 신중하게 다루는 반면, 소모전은 전쟁의 결과만을 중요하게 취급한다는 것이다. 소모전은 자원과 비용을 낭비하고 인명을 살상하더라도 전쟁에서 승리만 하면 된다는 전략이다. 그리고 한 나라를 파괴하고 그 나라 백성들의 삶을 짓밟더라도 적국을 제압하고 굴복시키기만 하면 된다는 전략이다.

전쟁이나 정치의 현장에서 공포와 두려움의 효과를 능수능란하게 다룰 줄 아는 심리전의 대가들은 증오를 수반한 공포와 두려움은 저항의식을 불러일으킬 뿐이라고 말한다. 왕건과 견훤은 모두 당시 신라의 군신(君臣)과 백성들에게 공포와 두려움의 존재였다. 그러나 그들이 왕건과 견훤에게 느낀 감정의 결은 완전히 달랐다. 견훤이 서라벌을 무력으로 굴복시키고 저지른 온갖 악행을 지켜본 신라 사람들은 그를 '증오의 대상'으로 여겼다. 반면 왕건이 신라의 장수와 호족들을 회유·포섭해 투항시키는 과정과 서라벌에 입성해 기획·연출한 행동을 지켜본 신라 사람들은 그를 '공포와 두려움의 존재'로서뿐만 아니라 자신들의 미래를 맡겨도 괜찮을 사람으로 받아들이기 시작했다. 견훤은 신라 사람들에게 '증오와 복수의 감정'을 심어 주었지만, 왕건은 '기대감과 희망의 이미지'로 받아들여졌다. 이것이 바로 책략전과 소모전의 차이이다. 이 전략의 차이 때문에 견훤은 엄청난 땀과 피를 쏟아 부어 신라를 정복했지만 아무것도 얻지 못한 반면, 왕건은 피 한 방울 흘리지 않으면서도 세상을 구할 성군으로 대접받으며 최후의 승자가 될 수 있었다.

백 번 싸워 백 번 승리한다고 해도, 아군과 적군 모두 치명적인 피해를 입어 승리로 인해 얻는 이로움이 전혀 없다면 무슨 소용이 있는가? 또한 증오심과 복수심으로 불타는 수백, 수천만의 적대자만 낳는다면 그 승리가 무슨 가치가 있는가? 역사상에는 전쟁에서 승리하고도 멸망한 나라들이 무수히 많다. 그래서 탁월한 전략가들은 자주 전쟁을 하고 자주 승리하는 것은 오히려 군주를 오만하게 하고, 장수와 군사들의 기강을 무너뜨리며, 수많은 적을 만들어 나라의 멸망을 부르는 지름길이 될 뿐이라고 경계했다. 싸우지 않고서 승리하는 것, 상대방을 온전히 보존하고서 굴복시키는 것. 이것이야 말로 《손자병법》이 전하는 전략의 최고 가치라는 사실을 결코 잊어서는 안 된다.

6.
싸우지 않고 이기는 것이 최선이다

원문) 孫子曰 凡用兵之法 全國爲上 破國次之 全軍爲上 破軍次之 全旅爲上 破旅次之 全卒爲上 破卒次之 全伍爲上 破伍次之 是故百戰百勝 非善之善者也 不戰而屈人之兵 善之善者也 故上兵伐謀 其次伐交 其次伐兵 其下政攻城 攻城之法 爲不得已 修櫓轒轀 具器械 三月而後成 距闉 又三月而後已 將不勝其忿而蟻附之 殺士三分之一而城不拔者 此攻之災也 故善用兵者 屈人之兵而非戰也 拔人之城而非攻也 毁人之國而非久也 必以全爭於天下 故兵不頓而利可全 此謀攻之法也 故用兵之法 十則圍之 五則攻之 倍則分之 敵則能戰之 少則能逃之 不若則能避之 故小敵之堅 大敵之擒也

해석) 손자가 말했다.

무릇 군사를 쓰는 방법은 적국을 온전하게 두고서 굴복시키는 것이 최상책이고, 적국을 깨뜨리는 것이 차선책이다. 적의 군대(軍 : 1만 2,500명의 군대)를 온전하게 두고서 굴복시키는 것이 최상책이고, 적의 군대를 깨뜨리는 것이 차선책이다. 적의 부대(旅 : 500명의 군대)를 온전하게 두고서 굴복시키는 것이 최상책이고, 적의 부대를 깨뜨리는 것이 차선책이다. 적의 군사(卒 : 100명의 군대)를 온전하게 두고서 굴복시키는 것이 최상책이고, 적의 군사를 깨뜨리는 것은 차선책이다. 적의 병졸(伍 : 5명의 군대)을 온전히 두고서 굴복시키는 것이 최상책이고, 적의 병졸을 깨뜨리는 것은 차선책이다. 그러므로 백 번 싸워서 백 번 모두 이기는 것은 최선의 방법이 아니요, 싸우지 않고도 적의 군대를 굴복시키는 것이 가장 좋은 방법이다. 따라서 전쟁에서 최상책은 계략으로 적국을 항복시키는 것이고, 그 다음은 외교로 적을 굴복시키는 것이고, 그 다음은 전쟁을 일으켜 깨뜨리는 것이다. 그 아래의 방법은 적국의 성을 공격하는 것이다. 적국의 성을 공격하는 방법은 어쩔 수 없는 경우에만 선택해야 한다. 성을 공격할 때 사용하는 방어용 방패와 사다리차를 수리하고 공성 기구와 기계를 갖추는 데 3개월이 지나야 완성된다. 또 흙 망루를 쌓는 데 다시 3개월이 지나야 한다. 성을 공격할 준비를 하는 동안에 장수가 분노를 이기지 못해 개미 떼가 성벽에 붙어 기어오르듯 병사들에게 공격 명령을 하게 되면, 3분의 1의 병력을 죽이고서도 성을 함락시키지 못할 것이다. 이것이 공성전의 재앙이다. 그러므로 용병을 잘 하는 장수는 적의 군대를 굴복시키되 싸우지 않는다. 적의 성을 함락시키되 공격하지 않는다. 적국을 무너뜨리되 오래 끌지 않는다. 이렇게 반드시 적국을 온전히 두고서 천하의 패권을 장악한다. 이런 까닭에 군대는 둔해지지 않고 이로움을 온전히 취할 수 있다. 이것이 계략으로 적을 굴복시키는 모공(謀攻)의 법칙이다. 그러므로 용병의 방법은 아군의 병력이 적군의 병력보다 열 배 많으면 포위하고, 다섯 배 많으면 공격하고, 두 배 많으면 적을 분산시킨다. 아군의 병력과 적군의 병력이 비슷하면 전력을 다해 싸우고, 아군의 병력이 적군의 병력보다 적을 때는 전쟁터에서 벗어나 도망치고, 이길 승산이 없다면 싸움을 피해야 한다. 그러므로 적은 수의 군사로 굳게 버티고 싸우면 강력한 적의 포로가 될 뿐이다.

7.
적을 알고 나를 알면 백 번 싸워도 위태롭지 않다
―신립의 오판과 이순신의 연전연승

나와 적을 모르면 모든 싸움에서 진다

임진왜란 초기 조선이 일본군에게 연전연패한 이유는 무엇일까? 아군을 압도한 일본군의 전력과 조총을 앞세운 화력 때문일까? 그렇지 않으면 전쟁에 대한 아무런 방비책도 마련하지 않았던 조선의 어리석음과 무능함 탓일까? 물론 그것도 패전의 이유 중 하나였다. 그러나 정작 중요한 이유는 조선이 일본군의 전력과 전술을 전혀 알지 못했을 뿐만 아니라 자기 자신의 전투 능력조차 제대로 알고 있지 못했다는 사실이다. 손자의 말대로 '不知彼不知己(부지피부지기) 每戰必殆(매전필태)', 적도 알지 못하고 나 자신도 몰랐기 때문에 싸울 때마다 반드시 위태로움에 처할 수밖에 없었다는 얘기다.

첫째, 조선은 일본군의 병력과 화력은 물론 진법과 전술 등에 무지했다. 당시 조총이라는 신식 무기로 무장한 일본의 정예군은 임진왜란 초기 병력과 화력에서 조선의 군세를 완전히 압도했다. 더욱이 일본군은 100여 년에 걸친 내전을 통해 전투 훈련과 경험이 풍부했음은 물론 다양한 전술을 개발했기 때문에 실전에 아주 강했다. 그러나 조선의 조정과 군부는 개전 초기 일본의 정예군을 이전부터 조선에 들어와 노략질과 약탈을 일삼은 '왜구' 정도로 취급했다.

둘째, 조선은 아군 전력의 근본적인 취약함에 무지했다. 을미왜변(1555년) 이후 조선은 기존 진관(鎭管) 체제의 방위 전략을 제승방략(制勝方略) 체제로 바꾸었다. 제승방략 체제는 유사시 해당 지역에서 동원 가능한 병사를 한 곳에 집결시키고 중앙에서 파견한 지휘관이 부대를 통솔하는 방위 전략이다. "장수와 병사가 한마음 한뜻으로 뭉쳐야 승리한다"는 사실은 전쟁의 상식이다. 풍부한 전투 경험과 훈련으로 다져진 일본군과 평소 훈련 한 번 제대로 해 보지 않았던 장수와 병사로 구성된 조선군이 실전에서 맞붙었으니 그 결과야 불을 보듯 뻔할 노릇이었다.

다른 한편으로 조선군은 일본군의 진법과 전술을 전혀 알지 못했다. 일본군은 전투 대형과 전술 구사가 매우 일사불란했다. 그들은 일단 조선군과 맞부딪치면 전방의 깃발 부대가 좌우로 갈라지며 포위했다. 그리고 뒤따르던 조총 부대가 나서서 일제히 조총을 발사해 기선을 제압했다. 조총 부대가 재장전을 위해 뒤로 물러서면 뒤이어 활과 화살로 무장한 부대가 나와 적군을 공격했다. 이런 방식으로 일본군은 조선군의 진형을 혼란으로 빠뜨려 놓은 다음, 창병(槍兵) 부대를 진격시켜 살상하고 뒤이어 칼로 무장한 보병과 기병을 돌진시켜 섬멸 작전을 벌였다(《역사신문》 '조선 전기' p97 참조). 깃발 부대, 조총 부대, 활 부대, 창병 부대, 그리고 보병과 기병의 전투 대형을 적절하게 유지하면서 신식 무기인 조총의 화력을 극대화시킨 것이 일본군의 전술이었다. 이 때문에 개전 초기 조선군의 장수와 병사들은 진법도 없이 무작정 활을 쏘며 돌진하다 잘 훈련된 일본군과 조총의 화력에 처참하게 당하거나 놀라 도망치는 신세를 면치 못했다.

이러한 전술적 무지와 무모함이 빚은 참극의 대표적인 사례가 신립이 지휘한 탄금대 전투였다. 당시 신립은 조선 최고의 명장이었고, 군부의 상징이었다. 조정에서 한성 방어의 최후 보루인 조령(문경새재)과 충주 일대를 신립에게 맡겼던 이유 역시 그라면 절대 패배하지 않을 것이라는 확신이 있었기 때문이다. 상주를 통과해 문경으로 일본군이 진격해 오고 있다는 소식을 접한 신립은 조령의 험준한 지형에 의지해 싸움을 할 것인지, 아니면 남한강의 탄금대에 배수진을 칠 것인지를 두고 고심을 거듭했다. 그는 세 가지 이유 때문에 탄금대에서 정면 승부를 벌이기로 결심한다. 첫째, 그는 일본군의 주력은 보병이고 조선군의 주력은 기병이므로 기동력을 확보할 수 있는 개활지(開豁地)에서 전투를 벌이는 것이 유리하다고 생각했다. 둘째, 일본군의 선봉대가 이미 조령 아래까지 와 있는 상황에서, 고개 위까지 나가 진지를 확보하기 전에 일본군과 맞부딪히면 큰 위험에 빠질 수 있다고 판단했다. 셋째, 조선군의 병사는 대부분 제대로 훈련도 받지 못한 신병들이어서 힘껏 싸울 수 있는 곳에 몰아넣지 않으면 자칫 사기와 투지를 잃고 전열을 깨뜨릴 수 있다고 판단했다. 이 때문에 신립은 남한강을 등지고 배수진을 쳤다. 그러나 그는 이 전투의 승패를 결정적으로 가르는 두 가지 핵심 요소에 대한 정보와 전술에 완전히 무지했다. 즉, 일본군의 주력은 보병이지만 신식 무기인 조총 부대의 막강 화력을 중심으로 구성되어 있다는 사실, 그리고 탄금대의 지형이 서쪽과 북쪽으로는 강이 흐르고 남쪽은 수초가 무성하게 뒤엉켜 있어서 기병 전술을 구사하기에 적합하지 않다는 사실이었다. 적에 대한 정보 부재와 전투 현장의 지형조차도 제대로 알지 못한 무지 탓에, 조선군은 불과 두 시간도 넘기지 못하고 일본군에 대참패를 당하고 만다.

탄금대 전투는 '적을 알지 못하고 자신도 알지 못한' 무지가 총체적으로 얽혀서 빚어 낸 참혹한 패배였다. 만약 신립이 조선군의 방위 체제와 전력이 지닌 근본적인 취약함을 이해하고 일본군의 병력, 화력, 전투력의 가공할 위력을 냉정하게 인정하고 있었다면, 훗날 유성룡과 명나라 장수 이여송이 지적한 대로 개활지에서의 정면 승부보다는 조령의 험한 지형을 이용한 게릴라식 공격을 구사해야 옳았다. 관군의 연전연패에도 불구하고 게릴라식 공격을 사용한 의병들은 일본군의 진격을 큰 곤란에 빠뜨렸다. 이 사실만 보더라도 당시 조정 관료와 장수들이 얼마나 적도 알지 못하고 자신도 알지 못했는지를 실감할 수 있다.

지피지기 – 결과보다 과정을 중요시하는 전략 정신

전쟁 초기 조선군을 압도하며 북상하던 일본군은 1592년 겨울을 기점으로 급속도로 전력이 약화되어 패전을 거듭하며 남쪽으로 퇴각했다. 일본군은 애초 겨울이 닥치기 전에 수륙 양면 작전, 즉 육군은 한반도의 동쪽으로 진격하고 수군은 남해안을 거쳐 한반도의 서쪽을 제압하면서 단숨에 조선을 점령할 계획이었다. 그러나 개전 한 달 만인 5월부터 이순신이 이끄는 조선 수군에 연패를 당하면서 남서쪽 진격로와 더불어 후방 보급로가 막히는 곤경에 봉착하고 만다. 특히 일본 육군을 진두지휘한 고니시 유키나가와 가토 기요마사 부대의 장수와 병졸들은 일본 남쪽 출신들이 대부분이어서 한반도 북방의 혹독한 추위를 견디지 못했다. 겨울이 닥치기 전에 일본군이 계획한 대로 수군이 한반도의 남서쪽을 장악하고 탄탄한 후방 보급로를 확보했다면, 조선은 반격할 채비를 갖출 여유도 없이 점령당하고 선조는 명나라 망명길에 올랐을지도 모를 일이다. 이렇듯 일본군의 수륙 양면 전략과 진격 계획을 수포로 만들고, 조선에 절대적으로 불리하게 진행되던 임진왜란의 초기 전세를 결정적으로 뒤바꾸어 놓은 공적은 이순신이 이끈 조선 수군에 있었다. 그리고 이순신은 너무나 잘 알려져 있다시피, 임진왜란과 정유재란 내내 일본군과 싸워 23전 23승을 거두며 제해권을 완전히 장악해 전쟁을 승리로 이끌었다.

이순신이 일본 수군에 첫 승리를 거둔 옥포해전에서부터 마지막 승리를 장식한 노량해전까지를 살펴보면, 그가 거둔 23전 23승이 손자가 말한 '知

彼知己(지피지기) 百戰不殆(백전불태)'의 정신을 완벽하게 구현한 신화적인 기록이었음을 알 수 있다. 이순신 장군이 세계 해전사에 빛나는 '군신'의 칭호를 얻을 수 있었던 이유 역시, 승리의 결과가 아니라 승리를 이루어 가는 과정의 철저함, 곧 지피지기의 전략에 대한 찬사로 해석할 수 있다. 손자의 지피지기는 결과가 아니라 과정을 중요시하는 전략 정신이다. 따라서 독자들은 이순신 장군이 거둔 23전 23승에 감탄할 때, 반드시 전승의 결과가 아니라 전승을 이루고 만들어 가는 과정에 감탄해야 한다.

먼저 이순신은 일본 수군에 관한 모든 정보를 수집하고 종합해 그들의 배와 전술, 그리고 무기 체계의 장점과 약점을 파악했다. 이 과정을 통해 그는 일본군에 대한 정보와 지식, 일본군의 전략과 전술, 일본군의 병력과 전투력을 정확히 꿰뚫었다. 그가 파악한 일본 수군의 장점은 이랬다. 일본군의 주력 전함은 가볍게 건조되어서 속도가 빨랐다. 그들은 속력을 이용해 빠르게 상대방의 전선에 접근한 다음, 백병전을 벌여 순식간에 점령하는 전술을 주로 구사했다. 또한 속도와 백병전에 능한 전선과 전술에 걸맞게 조총과 활, 그리고 칼을 주로 사용하는 무기 체계를 갖추고 있었다. 그렇다면 일본 수군의 약점은 무엇이었을까? 그것은 속력을 내는 데 신경을 쓰느라 전선이 가볍게 건조되어 충돌할 경우 쉽게 깨어질 수 있고, 자신들의 전선보다 높고 큰 전선을 만나면 쉽게 백병전을 벌이기 어렵다는 점이었다. 또한 상대방의 전선이 일정한 거리를 유지하면 조총과 활, 그리고 칼을 사용하는 일본 수군의 무기 체계는 아무런 위협이 되지 않는다는 사실이었다. 더욱이 일본 수군의 전선은 좁고 길고 가벼워 포를 장착할 수 없었기 때문에, 포를 활용한 원거리 전투에 매우 약하다는 치명적인 약점을 안고 있었다.

이순신은 일본 수군의 장점과 약점을 상세하게 파악한 다음 아군의 장점과 약점도 따져 보았다. 먼저 조선 수군의 최대 약점은 일본군과 비교할 때 병력이 절대적으로 열세하다는 것이다. 또한 전투 훈련과 실전 경험이 터무니없이 부족해 직접 맞붙어 싸울 경우 승리를 장담하기 어려웠다. 더욱이 근접 거리나 백병전에서는 조총의 화력을 당해 낼 수 없었다. 반면에 주력 전선인 판옥선은 단단하고 갑판이 높아서 백병전에 능한 일본군이 제대로 뛰어들기 어렵고 일본 수군의 주력 전선과 충돌해도 전혀 피해를 입지 않는다는 장점을 지니고 있었다. 더욱이 판옥선을 개조해 만든 거북선은 돌격선으로 일본군의 전선과 부딪칠 경우 가공할 위력을 발휘할 수 있었다. 또한 판옥선은 크고 매우 튼튼해 포를 장착한 포격 전술을 자유자재로 구사할 수 있었다. 즉, 원거리 포격 전술을 구사하면 일본 수군의 장점인 백병전과 조총의 화력을 무력화시키면서 적선을 격파할 수 있다는 것이 이순신의 판단이었다.

나만의 강점으로 승부하라

이렇듯 지피지기의 과정을 철저하게 거치는 동안, 이순신은 일본 수군의 병력과 전투력을 압도할 만한 아군의 전력과 전술이 필수적이라고 생각했다. 그리고 그는 그 해답을 판옥선과 거북선의 장점을 최대한 활용한 진법과 포격 전술, 해안선이 복잡한 남해안 지형의 효과를 극대화시킬 수 있는 전술에서 찾았다. 이순신은 일본 수군과 맞붙은 크고 작은 해전에서 이러한 전략과 전술의 원칙을 견지했다. 이 때문에 승리를 장담할 수는 없다고 하더라도, 최소한 조선 수군의 운명과 남해 바다의 제해권을 일본군에게 농락당하지 않을 자신감을 가질 수 있었다.

더욱이 이순신은 각각의 해전 때마다 적군의 약점을 최대한으로 활용하고 아군의 강점을 극대화하는 진법과 전술을 유효적절하게 구사했다. 최초의 전투였던 옥포 해전에서는 일자진(一字陣)과 방포 전술을 사용해 적선을 원거리에 두고 격침시켰고, 사천 해전에서는 돌격선인 거북선을 출전시켜 일본 수군의 전투 대형을 일시에 무너뜨려 버렸다. 한산도 해전에서는 유인술과 학익진으로 적선을 포위 섬멸해 버렸고, 부산 해전에서는 기습 공격으로 일본 수군의 본거지를 초토화시켰으며, 명량 해전에서는 남해안의 지형과 조수의 흐름을 이용해 12척의 전선으로 적선 113척을 깨뜨렸다. 따라서 이순신의 23전 23승의 비밀은 '적을 알고 나를 알되, 나만의 강점으로 승부할 줄 아는 능력'에 있었다고 하겠다.

상대방을 정확하게 꿰뚫어볼 줄 아는 능력은 중요하다. 그러나 그것은 상대방이 나를 이길 수 없도록 할 수는 있지만 내가 상대방을 이길 수 있도록 보장해 주지는 못한다. 또한 자신을 정확하게 꿰뚫어 볼 줄 아는 능력도 중요하다. 그러나 그것은 손자의 말대로 "(상대방을 알지 못하고 나를 알면) 한 번 승리하고 한 번 패배할 수 있을 뿐이다." 그렇다면 어떻게 해야 하는가?

이순신처럼 적을 알고 나를 알되, 거기에서 한 걸음 더 나아가라. 자신만의 강점으로 승부할 줄 아는 안목과 능력을 길러라. 그러면 백 번 싸워도 위태 롭지 않을 뿐만 아니라 승리와 패배의 결정권마저 움켜쥘 수 있을 것이다.

7.
적을 알고 나를 알면 백 번 싸워도 위태롭지 않다

원문) 夫將者 國之輔也 輔周則國必强 輔隙則國必弱 故君之所以患於軍者三 不知軍之不可以進 而謂之進 不知軍之不可以退 而謂之退 是謂縻軍 不知三軍之事 而同三軍之政者 則軍士惑矣 不知三軍之權 而同三軍之任 則軍士疑矣 三軍旣惑且疑 則諸侯之難至矣 是謂亂軍引勝 故知勝有五 知可以戰與不可以戰者勝 識衆寡之用者勝 上下同欲者勝 以虞待不虞者勝 將能而君不御者勝 此五者知勝之道也 故曰 知彼知己 百戰不殆 不知彼而知己 一勝一負 不知彼不知己 每戰必殆

해석) 장수는 나라를 보좌하는 사람이다. 보좌하는 사람이 두루 빈틈이 없으면 나라는 반드시 강성해지고, 빈틈이 있으면 나라는 반드시 허약해진다. 이런 까닭에 군주가 군대에 끼치는 세 가지 근심이 있다.

첫째, 군대가 나아갈 수 없는 상황임을 알지 못하고서 전진하라고 명령하고, 후퇴해서는 안 되는 상황임을 알지 못하고서 후퇴하라고 명령하는 것이다. 이것을 군주가 '군대를 속박하는 것'이라고 한다.

둘째, 군대의 전반적인 사정을 잘 알지 못하면서 군대의 일에 간섭하면 군사들이 헷갈려 우왕좌왕하게 된다.

셋째, 군대의 임기응변을 잘 알지 못하면서 군대의 지휘와 임무에 간섭하면 군사들은 의심을 품게 된다.

군대가 이미 우왕좌왕하고 의심을 품게 되면 군주(제후)에게 환난이 이르게 된다. 이것을 가리켜 "스스로 혼란을 일으켜 적에게 승리를 안겨 준다"고 한다.

그러므로 승리를 미리 알 수 있는 다섯 가지가 있다.

첫째, 싸워야 할 때와 싸워서는 안 될 때를 알아야 승리할 수 있다.

둘째, 병력의 많고 적음에 따라 군사를 쓸 줄 알아야 승리할 수 있다.

셋째, 위와 아래가 하나로 통일되어 있어야 승리할 수 있다.

넷째, 준비를 잘 갖추고 준비되지 않은 적을 기다릴 줄 알아야 승리할 수 있다.

다섯째, 장수가 유능하여 군주가 간섭하지 않아야 승리할 수 있다.

이상 다섯 가지를 아는 것은 승리할 수 있는 방법이다. 그러므로 적을 알고 나를 알면 백 번 싸워도 위태롭지 않고, 적을 알지 못하고 나를 알면 한 번은 승리하고 한 번은 패배하며, 적을 알지 못하고 나도 알지 못하면 싸울 때마다 반드시 위태롭게 된다.

제4장

승 리 와
패 배 의
형 승 세

8.
쉽게 이길 수 있는 곳에서 승리하라
—인내와 끈기로 최후의 승자가 된 정치 전략가 김조순

승리, 미리 알 수는 있지만 마음대로 할 수는 없는 것

여기에서는 승리에 관한 손자의 철학부터 살펴보면서 이야기를 풀어 보자. 그는 승리란 '勝可知而不可爲(승가지이불가위), 곧 '미리 알 수는 있지만 마음대로 할 수는 없는 것'이라고 잘라 말한다. 왜 그런가? 손자는 탁월한 전략가는 먼저 적이 자신을 이길 수 없도록 형세를 갖추어 놓고서, 상대방이 허점을 드러내도록 기다렸다가 승리를 거둔다고 말했다.

상대방이 나를 이길 수 없는 까닭은 내가 패배하지 않을 형세를 갖추어 놓고 있기 때문이며, 반대로 내가 적을 이길 수 있는 까닭은 상대방이 허점과 빈틈을 드러내기 때문이다. 그러므로 아무리 탁월한 전략가라고 할지라도, (패배하지 않을 형세를 갖추고만 있다면) 적이 나를 이길 수 없도록 할 수는 있지만 (적이 약점이나 빈틈을 드러내지 않는다면) 내가 반드시 적을 이길 수는 없다는 것이 손자의 해석이다. 따라서 내가 형세를 갖추고 승기를 잡았다고 할지라도 상대방이 조금마한 허점이나 빈틈조차 보이지 않는다면 진실로 승리란 장담하기 어렵다는 얘기가 된다. 그런데 이 말을 뒤집어 보면, 비록 이길 수는 없다고 하더라도 상대방에게 허점이나 빈틈을 드러내지 않는다면 패배를 모면할 수 있다는 해석도 가능하다. 승리와 패배의 방정식은 이토록 단순하면서도 오묘하다. 전략이란 이 승리와 패배의 방정식을 어떻게 풀 것인가의 문제라고 해도 틀리지 않다.

치열한 전략 다툼으로 말하자면 아마도 전쟁보다 더 혹독한 곳이 정치일 것이다. 당파간의 분쟁과 대립이 그 어느 때보다 치열했던 조선 후기 정치사는 정치 전략의 모든 것을 보여준다. 특히 정조와 순조 연간의 정치사는 왕권과 신권, 개혁과 보수를 둘러싸고 노론 벽파와 시파, 그리고 남인의 정치 전략이 충돌했던 최후의 무대였다. 이 시대를 재구성하다 보면, 승리에 관한 탁월한 재주와 실력을 보여준 한사람의 정치 전략가를 만나 볼 수 있다.

정치 전략의 천재, 김조순

'김조순'이라는 이름 석 자는 매우 익숙한 사람도 있고 또 그렇지 않은 사람도 있을 것이다. 그러나 조선 후기 권력을 장악한 안동 김씨의 60년 세도 정치는 대부분 알고 있을 것이다. 김조순은 바로 이 안동 김씨 60년 세도 정치의 종조(宗祖)에 해당하는 인물이다. 그의 손에 의해 세도 정치가 개막되었기 때문이다. 그는 정조와 순조 연간 진행된 파란만장한 정치 게임과 권력 투쟁의 최후 승자였다.

앞서 살펴본 승리와 패배의 방정식으로 잠시 돌아가 보자. 이 문제에 대한 손자의 해답은 무엇이었을까? 그의 해답은 다음과 같다.

"이길 수 없는 자는 수비하고, 이길 수 있는 자는 공격한다. 병력이 부족하면 수비하고, 병력에 여유가 있으면 공격한다. 수비를 잘하는 장수는 깊이를 헤아리기 힘든 깊은 땅 속에 숨듯 아군의 병력을 드러내지 않고, 공격을 잘하는 장수는 높다란 하늘 위에서 내려다보듯 거침없이 행동한다. 이런 까닭에 아군의 병력을 온전히 보존하면서 완전한 승리를 거둘 수 있다."

너무 단순한가? 그러나 이 단순함의 이면에는 신중함과 절제, 인내와 끈기라는 참으로 실천하기 힘든 암초들이 도사리고 있다. 김조순은 바로 이 단순한 정치 전략의 이면에 숨어 있는 신중함, 절제, 인내, 끈기를 매우 유효적절하게 구사했기 때문에 정치적 경쟁자와 적대자들을 모두 물리치고 최후의 승자로 남을 수 있었다.

김조순이 권력의 무대에 등장한 시기는 정조대왕 때이다. 잘 알려져 있다시피 정조는 노론 당파에 대해 적대적이었다. 노론은 자신의 아버지 사도세자를 모함해 죽인 장본인이었고, 또한 정조의 개혁 정책에 노골적으로 반기를 든 수구파였기 때문이다. 김조순은 노론 계열의 명문가 출신이었다.

하지만 정조와 대립의 각을 세운 노론 벽파가 아닌, 사도세자의 죽음을 동정하고 개혁 정책을 지지하는 노론 시파로 처신했다. 이 덕분에 그는 정조를 최측근에서 보좌하는 관료로 출세할 수 있었고 친위대인 장용영을 지휘하는 수장의 자리에까지 오를 수 있었다. 더욱이 정조 말년에는 자신의 딸이 세자빈으로 내정되어, 정조와 사돈 관계를 맺을 정도로 각별한 총애를 받았다.

정조 시대 개혁 세력의 핵심은 채제공, 이가환, 정약용 등을 중심으로 하는 남인 당파였다. 그런데 왜 정조는 남인이 아닌 노론 시파 김조순의 딸을 세자빈으로 골랐을까? 김조순의 딸을 세자빈으로 골랐다는 사실은 당시 누가 보더라도, 정조가 자신의 사후 세자(순조)의 보호자로 김조순을 점찍었다는 의미를 담고 있다.

김조순은 노론 명문가 출신으로 탄탄한 정치적 기반을 갖추고 정조의 총애를 한 몸에 받았다. 하지만 항상 권력에 초연한 듯 근신하고 어느 당파와도 적대적 관계를 만들지 않는 신중함을 잃지 않았다. 이 점이 정조에게 세자를 맡겨도 될 만한 인물이라는 신뢰감을 준 듯하다. 그러나 훗날 김조순이 자신의 일가를 중심으로 세도 권력을 형성해 나가는 과정을 보면, 이러한 처신은 매우 주도면밀한 정치 전략의 산물이었음을 알 수 있다.

정조와 사돈 관계를 맺어, 향후 정치권력의 핵심으로 떠올랐던 김조순의 미래는 정조의 갑작스러운 죽음으로 암운이 드리워진다. 이때 비로소 정치 전략가 김조순의 진가가 드러난다. 그는 "깊이를 헤아리기 힘든 깊은 땅속에 숨듯" 자신의 실체와 능력을 드러내지 않고 신중함과 절제로 정치적 위기를 헤쳐 나갔다. 첫 번째 정치적 위기는 아직 세자빈으로 최종 간택되지 못한 딸과 자신의 운명이었다. 정조의 죽음과 더불어 세자빈 간택은 다음 보위에 오를 임금의 배필, 곧 왕비를 간택하는 문제가 되어 버렸다. 더욱이 이제 모든 권력은 어린 임금(당시 순조는 11세였다)을 대신해 수렴청정을 할 대왕대비 정순왕후에게 넘어갔고, 왕비 간택 문제 역시 정순왕후에게 결정 권한이 있었다.

정순왕후는 노론 벽파인 경주 김씨 가문 출신으로, 정조가 남긴 개혁 정책과 정치 세력들을 증오하다 못해 혐오했다. 사람의 심리는 자신과 경쟁자였거나 적대 세력이었던 사람보다 애초 자신과 한 배를 탔다가 등을 돌린 배신자에게 더 큰 증오의 감정을 품게 마련이다. 자칫 김조순은 딸의 왕비 간택은 고사하고 목숨까지 잃을 수 있는 처지로 내몰렸다.

실제 정순왕후와 노론 벽파 세력은 정조의 정치적 파트너였던 남인과 시파 세력의 씨를 말려 버릴 기세로 정치 복수극을 단행했다. 그렇다면 김조순은 어떻게 이 위기를 벗어날 수 있었을까? 그는 철저하게 은인자중하며 정순왕후와 벽파 세력의 '반동 회귀'에 침묵으로 협력했다. 정조의 정책과 자신이 지휘한 장용영이 하나 둘 무너져 가는 모습을 지켜보면서도 자신을 드러내지 않고, 더욱이 자신의 딸과 순조의 국혼을 반대하는 세력들의 온갖 모욕과 멸시에도 항상 온화함을 잃지 않았다. 이 덕분에 순조가 즉위한 지 2년 째 되는 해에 마침내 김조순의 딸과 순조의 국혼이 성사되었고, 임금의 장인이 된 김조순 역시 어영대장과 훈련대장의 벼슬을 제수받을 수 있었다.

정치적으로 몰락할 수도 있는 위기 상황을 벗어난 김조순은 특유의 신중함과 절제, 그리고 인내와 끈기로 정순왕후가 수렴청정을 거둘 3년 여의 세월을 기다렸다. 이 순간에도 그는 정순왕후와 경주 김씨, 그리고 노론 벽파의 권력 독점과 전횡에 전혀 저항하지 않았다. 심지어 동료와 일가친척들이 내쫓겨 죽거나 멀리 귀양길에 올라도 철저하게 외면했다. 혹시 자신에게 적대적일 수도 있는 세력에게 허점이나 정치 공격의 빌미를 제공할 수 있는 것은 티끌만한 일도 간섭하거나 건드리지 않았다. 이 또한 탁월한 정치 전략가, 김조순의 면모를 보여주는 대목이다.

그리고 마침내 정순왕후가 수렴청정을 시작한 지 4년만인 1804년 12월 말, 김조순에게 기회가 찾아왔다. 정순왕후가 수렴청정을 거두고 순조에게 친정(親政)을 맡겼기 때문이다. 그러나 김조순은 벽파와 정순왕후의 외척인 경주 김씨의 힘이 잔존하고 있는 상황에서는 쉽게 정치적 승리를 장담할 수 없다고 판단했다. 김조순은 먼저 그들이 정치적 공격을 엄두조차 낼 수 없는 '형세'부터 완벽하게 갖추기로 결심한다. 이때부터 김조순은 순조의 정치적 보호자라는 명분을 앞세워, 일가친척들을 핵심 권력 기관인 비변사와 규장각의 요직에 기용하기 시작했다. 그는 이렇게 "적이 자신을 이길 수 없도록 형세를 갖추어 놓고서, 상대방이 허점을 드러내도록 기다렸다."

김조순은 안동 김씨 일문의 세도 권력의 기반을 탄탄하게 닦아 놓은 다음, 비로소 벽파와 경주 김씨를 무너뜨릴 '정치 대공세'에 나섰다. 이때도 권력에서 실각할 위기에 몰린 벽파와 경주 김씨들이 반드시 반격에 나설 것이라고 판단하고 그 때를 기다렸다. 그 순간이 바로 정치적 경쟁자와 적대자들이 허점을 드러내는 때이고, 자신이 가장 쉽게 최후의 승자가 될 수 있는 때이기도 했기 때문이다. 마침내 벽파의 지도자이자 정순왕후의 6촌 오빠인 김관주와 김달순이 '사도세자를 두둔했던 영남만인소의 주동자를 처벌하고, 이것을 비판했던 벽파 사람들을 포상하라'는 상소를 올리면서 공격에 나섰다. 그러자 김조순은 박남 박씨와 풍양 조씨 세력을 앞세워 벽파와 경주 김문의 핵심 인물들을 죽이거나 조정에서 내쫓았다. 그리고 일찍이 자신의 딸과 순조의 국혼을 반대했던 인물들에 대한 무자비한 보복도 잊지 않았다. '김달순의 옥사'라고 불린 이 사건을 계기로 김조순을 중심으로 한 안동 김씨의 세도 권력은 이제 누구도 넘볼 수 없게 된다. 이후 김조순은 안동 김씨를 중심으로 반남 박씨, 풍양 조씨, 대구 서씨, 연안 이씨, 풍산 홍씨 등의 유력 가문을 정치적 파트너로 삼아 '60년 세도 권력'의 밑거름을 놓았다.

쉽게 승리할 수 있는 시기와 장소를
만날 때까지 기다려라

전략가의 덕목은 모든 싸움에서 항상 승리하는 데 있지 않다. 오히려 쉽게 승리할 곳을 찾거나 만날 때까지 신중함과 절제, 인내와 끈기로 참고 또 참고, 기다리며 또 기다릴 줄 아는 능력에 있다. 그래야만 자신의 힘을 온전히 보존하거나 자신의 피해를 최소로 줄이면서 승리할 수 있기 때문이다.

역사상 탁월한 전략가였던 인물들이 자신의 뛰어난 능력 때문에 종종 몰락의 길을 걸었던 사례는 얼마든지 있다. 그들을 대신해 최후의 승자로 남았던 인물들은 대개 능력과 실력에서는 경쟁자에 뒤쳐졌을지 몰라도 신중함과 절제력 혹은 인내와 끈기에서만큼은 경쟁자를 압도했다. 예를 들어 항우와 한신, 그리고 유방의 싸움에서 유방이 최후의 승자가 된 사례가 그렇고, 일본의 전국시대를 평정한 오다 노부나가와 도요토미 히데요시, 그리고 도쿠가와 이에야쓰의 싸움에서 도쿠가와 이에야쓰가 최후의 승자가 된 경우가 그렇다.

조선 후기 왕권과 남인, 벽파, 시파, 외척 세력들이 각축을 벌인 권력 게임과 권력 투쟁의 현장에서 김조순이 최후의 승자가 될 수 있었던 이유 역시, 자신이 쉽게 승리할 시기와 장소를 만날 때까지 참고 기다릴 줄 아는 능력에 있었다.

8.
쉽게 이길 수 있는 곳에서 승리하라

원문) 孫子曰 昔之善戰者 先爲不可勝 以待敵之可勝 不可勝在己 可勝在敵 故善戰
者能爲不可勝 不能使敵必可勝 故曰 勝可知而不可爲 不可勝者 守也 可勝者 攻也 守則
不足 攻則有餘 善守者 藏於九地之下 善攻者 動於九天之上 故能自保而全勝也 見勝不
過衆人之所知 非善之善者也 戰勝而天下曰善 非善之善者也 故擧秋毫 不爲多力 見日
月 不爲明目 聞雷霆 不爲聰耳 古之所謂善戰者 勝勝易勝者也 故善戰者之勝也 無智名
無勇功

해석) 손자가 말했다.

옛날에 전쟁에 뛰어난 장수는 먼저 적이 이기지 못하도록 해 놓고 나서, 적이 허점
을 드러내 아군이 승리할 수 있도록 기다렸다. 승리할 수 없는 것은 나에게 있고, 승리
할 수 있는 것은 적에게 있다. 그러므로 전쟁을 잘 하는 장수는 적이 승리할 수 없도록
할 수는 있지만, 아군이 적에게 반드시 승리하게 할 수도 없다. 이런 까닭에 "승리할 것
을 미리 알 수는 있으나 승리하게 할 수는 없다"고 한다. 승리할 수 없는 자는 수비하며,
승리할 수 있는 자는 공격한다. 병력이 부족하면 수비하고, 병력에 여유가 있으면 공격
한다. 수비를 잘하는 장수는 깊은 땅 속에 숨듯 하고, 공격을 잘하는 장수는 높은 하늘
위에서 행동하듯 한다. 그러므로 스스로 보존하면서 완전한 승리를 얻을 수 있다. 누가

승리할지 여러 사람이 알 수 있는 상황에서 얻은 승리는 최선의 것이 아니다. 전쟁에서 승리하여 천하 사람들이 잘 싸웠다고 말하는 것 역시 최상의 승리가 아니다. 깃털을 들어 올리는 것을 힘이 세다고 하지 않고, 해와 달을 보는 것을 눈이 밝다고 하지 않으며, 천둥소리를 듣는 것을 귀가 밝다고 하지 않는다. 옛날에 이른바 전쟁을 잘 하는 장수는 승리할 수 있는 상황을 갖추어 놓고 쉽게 승리하였다. 그러므로 전쟁을 잘하는 자의 승리란 지혜롭다는 명성이나 용맹스러운 공적이 없다.

9.
완벽하게 승리할 형세를 갖추어 놓고서
적과 싸워라
— 한명회의 승부수와 여몽 연합군의 참패

계유정난, 하룻밤의 역전극

수양대군과 그의 책사 한명회가 어린 임금 단종을 보좌한 권신 김종서와 황보인 세력을 모두 제거하고 권력을 장악한 쿠데타 사건이 바로 계유정난이다. 이 쿠데타 사건은 조선의 권력 구조에 일대 혁명을 몰고 왔다. 당시 권력의 변방에 머물러 있던 한명회와 같은 비주류 세력들이 단 하룻밤 사이에 김종서와 같은 권력의 주류 세력을 몰살해 버렸기 때문이다. 역사적 사건의 결과를 손바닥 들여다보듯 볼 수 있는 후세 사람의 입장에서 보자면, 한명회가 거둔 승리가 너무나 당연하게 보일지 모른다. 하지만 당대를 살던 사람의 입장이라면 어떻게 단 하룻밤 사이에 무명소졸(無名小卒)이나 다름 없는 한명회 같은 인물이 '백두산 호랑이'로 명성을 떨친 김종서를 꺾을 수 있었는지 참으로 이해하기 힘든 불가사의한 사건이었을 것이다. 이것은 그 만큼 한명회의 계략과 공격이 주도면밀하면서도 '치명적'이었다는 사실을 확인해 준다. 그 사건은 비록 사람들의 눈에는 '하룻밤의 역전극'처럼 드라마틱하게 보였겠지만, 한명회와 수양대군에게는 1년 3개월 여 동안 피를 말리는 심정으로 치밀하게 계획한 전략에 마침표를 찍는 '목숨을 건 승부수'였다.

한명회, 불패의 형세를 갖춘 다음 적을 공격하다

한명회는 불패의 정치 전략가였다. 아마도 조선사를 통틀어 책사 중의 책사를 꼽는다면, 한명회가 0순위가 아닐까 싶다. 그의 계략과 행동 계획은 언제나 한 치의 어긋남이 없었다. 그는 항상 싸움을 시작하기 전에 이미 완벽하게 승리할 형세와 계획을 갖추어 놓고서, 패배할 수밖에 없는 적을 상대로 싸움을 걸었다. 그가 세운 정치 계략은 상대방의 전략을 압도할 정도로 '치밀했고', 그가 행한 정치 공격은 상대방의 숨통을 단번에 졸라 버릴 정도로 '치명적'이었다.

한명회가 어렸을 때 동문수학한 친구 권람을 만나 수양대군의 권력 찬탈을 모의한 시기는 단종이 즉위한 지 두 달 째 되어 가는 1452년 7월 23일이다. 권람은 일찍이 《역대병요歷代兵要》를 편찬하는 과정에서 수양대군과 인연을 맺고 있었기 때문에, 한명회와 수양대군을 연결하는 고리 역할을 했다. 이렇게 해서 쿠데타의 세 주역은 한마음 한뜻으로 거사 전략과 계획을 수립하기 시작했다. 이때 한명회는 무엇보다도 먼저 정치적 적대 세력인 김종서, 황보인, 안평대군의 집에 첩자를 심고 정보망을 세웠다. 그리고 비밀리에 힘깨나 쓰는 시정 무뢰배들을 모아 군사 훈련을 시키는 한편, 임금의 경호부대인 내금위 소속의 장졸(양정, 유수, 유하 등)과 도성 순찰을 감독하는 감순(監巡) 홍달손과 그 수하 순졸들을 포섭했다. 이들은 쿠데타 당일 무력 동원과 궁궐 및 도성을 장악할 때 결정적인 역할을 할 비밀 병기였다. 한명회는 쿠데타를 전후해 조정 내부의 여론을 유리하게 이끌어 갈 핵심 인물을 포섭하는 것도 잊지 않았다. 쿠데타의 명분을 위해서는 반드시 학식과 덕망을 두루 갖춘 관료여야 했다. 이렇게 해서 포섭된 인물이 다름 아닌 신숙주였다. 더불어 조정 안팎에 적지 않은 정치적 영향력을 행사하는 종친부(양녕대군, 효령대군)를 한 편으로 끌어들이는 작업도 게을리 하지 않았다.

이렇게 조정 안팎에서 쿠데타를 위한 정보망과 군사력, 그리고 조정 여론을 장악할 계획을 은밀하게 준비한 한명회는 두 가지의 '정치 이벤트'를 통해 적대 세력이 경계심을 늦추고 혼란에 빠지도록 했다. 그것은 수양대군이 명나라 사신 길에 오른 일과 단종의 국혼을 주청한 사건이다. 권력을 둘러싼 긴박한 정치 상황을 뒤로하고 명나라로 떠나는 척하면서 수양대군은 쿠데타 이후 명나라의 정치적 승인을 얻을 수 있는 발판을 미리 닦아 놓았다. 이때 한명회는 수양대군이 도성을 비우는 정치적 부담을 줄일 목적으로 김종서와 황보인의 아들을 볼모로 데려가는 것 역시 잊지 않았다. 단종의 국혼을 주청한 사건은 조정의 여론과 민심을 엉뚱한 곳으로 돌려 놓기 위한 책략이었다. 그것은 수양대군이 왕위에 뜻이 없다는 사실을 만천하에 공표하는 한편, 쿠데타를 일으킬 수 있다는 의심과 경계심을 늦추기 위한 책략이기도 했다.

이렇듯 1년 3개월의 긴 시간 동안 쿠데타 성공을 위해 완벽한 형세를 갖추어 놓은 한명회는 1453년 9월 29일 거사를 감행하기로 결심하고, 10월 10일을 거사일로 선택한다. 이 날을 거사일로 선택한 이유는 9월 25일 황보인의 집에 심어 놓은 첩자가 김종서 세력이 10월 12일 혹은 22일 둘 중 하나에 "안평대군을 왕으로 추대하기로 했다"는 정보를 건넸기 때문이다. 쿠데타를 위해 그동안 주도면밀하게 준비하고 계획을 세운 한명회의 입장에서 볼 때 더 이상 거사를 늦출 이유가 없었다. 그리고 김종서가 움직이고 난 다음 반격을 하기보다는 선제공격을 가하는 것이 더욱 치명적일 수 있다는 판단을 했기 때문에 10월 10일을 거사일로 선택한 것이다.

그런데 이때 예상치 못한 중대 사태가 발생했다. 먼저 10월 2일, 쿠데타 계획을 김종서 측에서 눈치 챘다는 첩보가 들어왔다. 그러나 김종서 등은 황보인, 안평대군과 의논해 뜻을 모으고 조정의 공론을 살피지 않을 수 없기 때문에 반격에 나서려면 오랜 시간이 소요될 수밖에 없었다. 이러한 약점을 간파한 한명회는 조금도 동요하지 않고 10월 10일 거사를 결행하기로 한다. 마침내 10월 10일이 오자, 수양대군은 측근들에게 쿠데타를 결행하겠다고 밝혔다. 그런데 여기에서도 뜻밖의 상황이 벌어졌다. 일부 측근들이 쿠데타에 반대했을 뿐 아니라 북문 쪽으로 몸을 피해 달아나는 자까지 생겨났던 것이다. 이에 크게 마음이 동요한 수양대군이 한명회에게 의견을 구했다. 이때 한명회는 이렇게 말했다.

"길옆에 집을 지으면 3년이 되어도 이루지 못하는 법입니다. 작은 일도 그런데 큰 일은 오죽하겠습니까? 일의 방향이 이미 정해져 있다면, 의논이 통일되지 않더라도 그만둘 수 없습니다."

조선 최고의 책사다운 발언이다. 비록 사전에 계획과 준비는 주도면밀하게 하더라도 일단 일이 시작되면 행동을 늦추거나 오래 끄는 행위를 손자의 병법에서는 자살 행위나 다름없다고 경고한다.

한명회는 계획한 쿠데타의 그림표에 따라 적의 핵심부인 김종서를 제거하는 작업으로 곧장 들어갔다. 김종서를 제거한다면 적은 '전략 본부'를 잃은 꼴이나 마찬가지이기 때문이다. 이 일은 수양대군이 직접 처리하도록 했다. 김종서를 제거한 이후에는 신속하게 궁궐을 장악한 다음 단종을 위협해 모든 조정 대신들을 입궐하도록 지시했다. 그리고 한명회는 미리 작성해 놓은 생살부를 두고서 입궐하는 대신 하나 하나를 심사해 그 자리에서 처단했다. 이 '피의 대학살'로 조선 개국 이후 권력의 주류 세력이 몰락하고 한명회를 중심으로 한 세력이 새로운 권력의 주인공으로 등장하게 된다.

싸움을 시작하고 나서 승리를
추구해서는 안 된다.

병법과 전략의 전 과정과 단계는 크게 보면, '과정으로서의 전략'과 '결과로서의 전략'으로 나누어 볼 수 있다. 이 경우 전자의 단계에서 전략가가 갖추어야 할 미덕은 치밀하고 체계적인 준비와 주도면밀함, 곧 '불패의 형세를 갖추는 것'이라고 할 수 있다. 반면 후자의 단계에서 전략가가 갖추어야 할 최상의 미덕은 '시간을 오래 끌지 않는 것'이다. 다시 말하자면, 행동을 개시하기 전에는 비록 시간이 걸리더라도 체계적이고 주도면밀하게 준비하고 계획해야 하지만, 행동을 개시하고 나면 반드시 가장 짧고 빠른 시간 안에 승패를 판가름 지어야 한다는 얘기다. 그래서 손자는 "승리하는 군대는 먼저 완벽하게 승리할 형세를 갖추어 놓은 다음에 적과 싸우고, 패배하는 군대는 먼저 싸움을 시작하고 난 다음에 승리를 추구한다"고 했다. 보통 공격을 개시한 이후에는 전력이 드러나고 적의 반격에 노출되기 쉽다. 이 때문에 이때에 이르러서야 승리의 형세와 계획을 얻으려고 하는 것은 자살 행위나 다름없다. 한명회는 이러한 전략의 핵심을 정확하게 간파하고 있었고 하룻밤 만에 대역전극을 연출할 수 있었다. 그는 장장 1년 3개월에 걸쳐 치밀하고 주도면밀하게 쿠데타를 계획하고 준비했지만, 일단 행동을 시작하자 전광석화처럼 빠르게 모든 일을 마무리 지어 버렸다.

완벽한 준비와 교묘한 작전 때문에
오래 끄는 행동은 어리석다

완벽하게 승리할 형세를 갖추어 놓고서 적과 싸우되, 일단 공격이 시작
되면 비록 준비가 완벽하지 못하거나 작전 수행이 서툴더라도 어떻게든지
속전속결로 끝내야 한다는 것이 손자의 가르침이다. "길옆에 집을 지으면 3
년이 되어도 이루지 못하는 법이다. 일의 방향이 이미 정해져 있다면, 의논
이 통일되지 않더라도 그만둘 수 없다"는 한명회의 말은 손자의 가르침과
정확히 일치한다. 그렇다면 손자의 가르침이나 한명회의 사례와 반대되는
경우는 어떨까?

전쟁을 개시해 놓고서도 완벽한 공격 준비와 교묘한 작전을 짠답시고
시간을 질질 끌다가, 적군의 반격과 천시를 놓쳐 치명적인 패배를 당한 대
표적인 사례가 바로 고려 시대 여몽 연합군의 일본 정벌이다.

1274년 10월 3일 제1차 여몽 연합군은 일본 정벌에 올랐다. 당시 고려
의 지휘관은 김방경이었고, 몽고의 지휘관은 흔도와 홍다구였다. 쓰시마 섬
과 이키 섬을 차례차례 초토화하며 연전연승을 거둔 여몽 연합군은 하카
타 만에 상륙한 후 곧장 내륙으로 진격해 전략적 교두보를 확보할 계획이
었다. 여몽 연합군의 기세에 눌린 일본군은 이미 다자이후의 주방어선인 미
즈 성까지 퇴각해 있는 상황이었다. 그런데 10월 20일 밤 여몽 연합군은 육
상에 마련한 진영에서 야영하지 않고 하카타 만에 정박하고 있던 함대로 돌
아왔다. 어둠을 이용한 일본군의 야습을 두려워한 몽고 장수들의 결정 때문

이었다. 이날 함대에서는 고려 장수 김방경과 몽고 장수 흔도와 홍다구 사이에 전략을 둘러싼 일대 논쟁이 벌어졌다. 김방경이 "승리의 여세를 몰아서 육상에 교두보를 마련해 숙영한 다음 적을 계속 공략하자"고 한 반면 몽고의 흔도와 홍다구는 "피곤한 군사를 내몰아 거세게 저항하는 적에 맞서 내륙 깊숙이 들어가 싸울 수는 없다"면서 함대로 회군한 다음 전투 지속 여부를 결정하자고 했다. 준비를 완벽하게 갖춘다고 혹은 교묘한 작전을 수행한다고 전쟁을 질질 끄는 행동은 군사의 사기를 저하시키고, 적군의 반격에 아군을 노출시키며, 군량과 보급의 문제를 불러와 치명적인 패배를 불러 올 수 있다. 따라서 승리의 기세를 타고 병사들의 사기가 충천하다면, 비록 준비가 완벽하지 못하다고 하더라도 공격의 고삐를 늦추어서는 안 된다는 것이다. 그렇다면 준비 부족과 적의 반격을 염려하며 육상의 교두보를 뒤로하고 함대로 회군한 여몽 연합군의 운명은 어떻게 되었을까?

10월 20일 늦은 밤부터 21일 새벽까지 하카타 만을 덮친 대폭풍으로 전함은 크게 파손되거나 침몰당했고, 병사들은 물고기 밥 신세가 되고 말았다. 당시 900여 척의 전함 중 200여 척이 침몰당했다고 한다. 만약 김방경의 말대로 다음 날 공격을 위해 병력과 군수 물자를 육상의 숙영지로 옮겨 놓았더라면 피할 수 있었던 대참사였다. 완벽한 준비와 교묘한 작전을 내세워 공격의 고삐를 늦추고 시간을 끈 몽고 장수들의 전략적 실책이 부른 어처구니없는 패배이기도 했다. 결국 심각한 전력 손실 때문에 더 이상 전쟁 수행이 불가능하게 된 여몽 연합군은 서둘러 철수하는 길 외에 다른 방법이 없었다.

다시 한명회와 쿠데타 당일 밤을 상상해 보자. 만약 일부의 반대와 저항 때문에 한명회가 10월 10일의 거사를 미루었다면 어떻게 되었을까? 아마도 쿠데타 세력은 크게 동요했을 것이고 이미 노출되어 버린 세력은 김종서 측에게 곧바로 반격을 당했을 것이다. 그랬다면 쿠데타는 실패했거나 혹은 성공을 했다고 하더라도 크나큰 피해를 감수해야 했을 것이다.

9.
완벽하게 승리할 형세를 갖추어 놓고서
적과 싸워라

원문) 故其戰勝不忒 不忒者 其所措必勝 勝已敗者也 故善戰者 立於不敗之地而不
失敵之敗也 是故勝兵先勝而後求戰 敗兵先戰而後求勝

해석) 그러므로 전쟁에서 승리하는 것이 어긋나지 않았다. 어긋나지 않았다는 것
은 반드시 승리할 수 있도록 조치를 취함으로써 이미 패배할 적에게 승리를 얻는 것이
다. 따라서 전쟁을 잘 하는 장수는 결코 패배하지 않는 자리에 서서, 적의 패배를 놓치
지 않는다. 이런 까닭에 승리할 군사는 먼저 승리할 태세를 갖추어 놓고 난 다음에 싸
움에 임하고, 패배하는 군사는 먼저 싸움을 시작하고 난 다음에 승리를 구한다.

10.
상황에 대한 통제권을 움켜쥐어라
—고려 숙종의 은인자중, 선조의 양위 파동, 조선 숙종의 환국 정치

승리와 패배를 다스릴 수 있는 능력

손자가 말하는 승패지정(勝敗之政), 즉 승리와 패배를 다스릴 수 있는 능력의 핵심은 무엇일까? 그것은 "상황을 통제할 수 있는 전략"이라고 말할 수 있다. 전략가는 언제나 적군과 아군의 역학관계를 살펴서, 아군이 상대방보다 우세한가 아니면 열세인가, 혹은 유리한가 아니면 불리한가에 상관없이 상황을 통제하고 장악할 수 있는 방법과 전략을 내놓을 수 있어야 한다.

대개 사람들은 자신이 상대방보다 우세한 조건과 유리한 상황에 있을 때 통제권과 통제력을 행사해 승리할 수 있다고 생각한다. 그러나 우세한 조건과 상황에서 승리할 수 있는 사람은 평범한 전략가에 불과하다. 자신이 열세인 조건과 상황 속에서도 통제권과 통제력을 잃지 않는 것, 그것이야말로 손자가 말하는 승리와 패배를 다스릴 줄 아는 진정한 능력이다. 통제권과 통제력은 공격적일 수도 있고 방어적일 수도 있으며, 또한 적극적일 수도 있고 소극적일 수도 있다. 곧 거침없는 공격과 적극적인 돌진으로 상대방을 압도해 제압하는 방식일 수도 있고, 반대로 방어적이고 소극적인 행동으로 상대방이 허점을 드러내거나 무모한 공격에 나서도록 하는 방식일 수도 있다. 전략가라면 이 '통제력의 양면성'을 유효적절하게 구사해 승리할 줄 알아야 한다.

상황을 통제하는 '제왕의 정치술'

제왕은 무소불위의 권력자이기도 했지만, 끊임없이 왕권에 도전하고 권좌를 위협하는 신권과 민심을 견제하고 통제해야 하는 자리이기도 했다. 역대 제왕들의 면면을 살펴볼 때, 신권과 민심에 대한 통제권과 통제력을 잃은 제왕들은 '허수아비 임금'의 신세를 면치 못했고, 더욱 심하게는 왕좌에서 쫓겨나는 비운을 맞기도 했다. 이러한 까닭에 제왕들은 어떤 상황 속에서도 신권과 민심을 통제할 수 있는 능력이야말로 진정한 제왕의 정치술이라고 여겼다. 강력한 신권과 등 돌린 민심에 포위당해 절대적으로 불리한 역학관계에 놓여 있으면서도, 통제력을 잃지 않고 반전의 기회를 인위적으로 조성해 통제권을 장악하는 정치술은 제왕이라면 반드시 갖추어야 할 덕목 중 하나였다. 대개 이러한 제왕의 정치술에 능숙했던 임금들은 앞서 말했던 통제력의 양면을 적절하게 구사할 줄 알았다.

고려 제15대 임금인 숙종은 왕자 시절 권신 이자의(李資義)와 생사를 건 '권력 투쟁'을 치른 다음에야 비로소 왕좌를 차지할 수 있었다. 당시 가장 강력한 문벌 귀족인 인주 이씨 출신이자 외척이었던 이자의는 병약하고 나이 어린 헌종(제14대)을 폐위하고 누이동생인 원신궁주의 아들 한산후 왕윤을 옹립시킬 야심을 품고 있었다. 또한 왕실을 대표하는 위치에 있던 숙종(당시 계림공)은 형인 선종(제13대)이 자신을 대신해 11살 어린아이인 데다 병약한 조카 헌종에게 왕좌를 물려준 사실에 대해 큰 반감을 지니고 있었다. 이 때문에 문벌 귀족과 외척을 대표하는 이자의 세력과 왕실을 대표하는 숙종(계림공)의 세력은 갈등과 출동을 빚을 수밖에 없었다. 이 권력 투쟁의 초반전에 상황을 통제하고 장악한 사람은 누가 보더라도 이자의였다. 이자의는 공공연하게 권력 찬탈의 기반이 될 재물을 모으고 사병을 양성했다. 그리고 숙종(계림공)이 왕위를 노린다며 제거해야 한다는 속내를 스스럼없이 드러냈다. 그만큼 권력 찬탈에 대한 자신감이 넘쳤기 때문이다.

그러나 모든 상황을 장악한 듯 보였던 이자의의 계획과 행동은 오히려 숙종이 권력을 잡을 수 있는 정치적 명분을 제공해 주었다. 숙종은 권력에 대한 욕망과 야심이 남달랐다. 그러나 왕실의 어른으로 병약하고 나이 어린 조카의 왕좌를 빼앗을 뚜렷한 명분이 없었다. 그런데 이자의의 권력 찬탈 음모는 숙종에게 커다란 기회를 주었다. 그는 야망과 칼을 숨긴 채 이자의가 마음껏 권력을 휘두르도록 내버려두었다. 자신이 무능력해 보일수록 이자의의 권력 찬탈에 대한 자신감과 확신은 더욱 또렷해질 것이기 때문이다. 자신감과 확신이 또렷해질수록 이자의는 무모하고 경솔하게 행동할 것이고, 그러면 조정의 여론과 민심은 자신에게 기울게 된다는 사실을 숙종은 간파하고 있었다. 결국 이자의가 구체적인 쿠데타 날짜를 정하고 행동에 나서려고 하자, 숙종은 선제공격을 가해 승리를 거두고, 일약 중서령(中書令)에 올라 실질적으로 권력을 장악해 버렸다. 그리고 이자의 세력의 반란을 진압한다는 명분으로 대대적인 정치 숙청을 단행해 조정의 주요 요직을 자기 세력으로 채워 버렸다. 그리고 결국 숙종은 어린 조카 헌종을 내쫓고 스스로 왕위에 올랐다.

이자의 세력과의 권력 투쟁에서 숙종은 정치적 야심과 힘을 철저하게 위장한 채, 소극적이고 방어적인 방식으로 통제력을 행사했다. 그리고 더 나아가 이자의 세력을 전략적 목표, 즉 권력 찬탈의 정치적 명분이자 지렛대로 적극적으로 활용했다. 이자의 세력이 공공연하게 권력 찬탈 음모를 꾀하고 경솔한 공격에 나서도록 한껏 몸을 낮췄다가, 마침내 행동에 나서자 기다렸다는 듯이 선제공격을 가해 상황을 장악하고, 이때부터는 거침없는 돌진으로 일거에 왕좌를 차지해 버렸다. 이렇게 보면 이 권력 투쟁에서 숙종은 전략적 목표를 향해 시종일관 이자의 세력에 대한 통제력을 행사하며 상황을 주도했다고 하겠다.

고려 시대 숙종 임금이 '통제력의 양면성'을 유효적절하게 구사해 왕좌를 차지했다면, 조선 시대의 선조 임금은 자신에게 불리한 역학관계와 정치 상황을 자신이 통제할 수 있는 상황으로 만드는 정치술의 대가였다. 당시 선조는 정치 상황 전반을 근본적으로 뒤흔드는 정치적 이슈나 사건을 만드는 방법을 적극적으로 구사했다. 이때 그가 즐겨 사용한 정치술이 다름 아닌 '양위 파동'이다.

선조는 임진왜란이 발발한 이후 모두 열다섯 차례나 양위 파동을 일으켰다. 임진왜란 초기 선조는 개국 이후 최악의 국난을 초래한 무능력한 임금이라는 비난과 더불어 임금의 자리에서 물러나라는 치욕스러운 말까지 들어야 했다. 왕조 체제에서 왕위 문제는 입에 담았다는 사실만으로도 역적이 될 만했지만, 이미 신하들에 대한 통제력을 잃고 민심까지 등을 돌려 버린 상황에서 선조는 굴욕을 참는 길 외에 달리 방법이 없었다. 더욱이 분조(分朝)를 이끌며 일본군에 맞서 싸운 세자 광해군이 승승장구하면서 선조에 대한 여론과 민심은 더욱 악화되었다. 밖으로는 왜적의 침략에, 안으로는 성난 민심과 자신을 임금으로 인정하지 않는 신하들에 둘러싸인 사면초가 상황에서 선조는 돌연 '광해군에게 임금의 자리를 양보하겠다'는 정치 선언을 했다. 그것은 내가 임금의 자리에서 물러나든지 아니면 너희 신하와 백성들이 나에게 복종하라는 일종의 '정치 협박'이자 '올인 전략'이었다. 그도 아니면 광해군에게 급격히 쏠리는 권력과 민심을 견제함으로써, 최소한 자신이 정치 상황을 주도할 수 있는 카드로 활용하겠다는 계산이 깔려 있는 행동이었다. 그리고 상황은 선조의 계획과 의도대로 돌아갔다.

임금의 자리를 입에 담는 것 자체가 이미 불충이자 불효였기 때문에 광해군은 만사를 내팽개친 채 선조에게 달려와 석고대죄를 올렸다. 왜적의 침략을 하루라도 빨리 물리쳐야 할 국난의 상황에서 언제까지 양위 문제를 둘러싸고 조정의 여론과 민심이 분열되어 다툴 수도 없었기 때문에, 신하들은 선조에게 '양위를 철회하라'고 읍소할 수밖에 없었다. 이후 선조는 모두 열다섯 차례에 걸친 양위 파동을 통해 정치적 비난과 불만을 잠재웠고, 더 나아가 광해군과 신하들에게 충성을 강요하고 압박했다. 앞서도 지적했듯이, 통제권과 통제력을 행사하는 방법과 전략은 다양하다. 선조의 사례는 자신에게 불리한 정치 상황에 몰입해 상대방과 겨루기보다는, 차라리 거기에서 과감하게 벗어나 전혀 다른 정치적 이슈나 사건을 만들어서 싸우는 방법과 전략이 '통제권과 통제력'을 되찾는 데 더 유효할 수도 있다는 사실을 보여준다.

상황을 통제하는 제왕의 정치술에 탁월한 조선의 임금을 꼽자면, 선조 못지않은 인물이 숙종이다. 숙종은 신권을 자신이 통제할 수 있는 상황에 가둬 둘 목적으로 매우 공격적이고 적극적인 방식으로 '제왕의 정치술'을 구사했는데, 환국 정치가 바로 그것이다. 숙종은 정치 세력, 곧 당파간의 권력 다툼과 정치 투쟁을 '통제력과 통제권' 행사의 주요 지렛대로 활용했다. 그는 때로는 서인이 권력을 독점하도록 했다가, 때로는 남인에게 권력을 몰아주었고, 때로는 서인과 남인의 위태로운 공존을 통해 신권을 견제하는 한편 자신을 향한 정치 세력간의 충성 경쟁을 부추겼다.

숙종은 즉위 초기 벌어진 제2차 예송 논쟁에서 남인을 지지하고 서인을 배척했다. 이렇게 해서 남인 정권이 들어서자, 다시 남인을 견제할 세력으로 모후(母后)인 명성왕후의 종질 김석주를 등용하기도 했다. 그리고 숙종은 남인의 권력이 지나치게 성장하자 경신환국(1680년)을 일으켜, 남인 세력을 조정에서 내쫓고 서인 세력을 다시 기용했다. 그러나 서인 권력 역시 오래가지 못했다. 숙종은 왕위 계승 문제를 두고 자신에게 도전하는 서인 세력을 대거 축출하는 기사환국(1689년)을 일으켜, 서인 정권을 무너뜨리고 다시 남인에게 권력을 넘겨주었다. 그러나 남인이 정치적 경쟁 세력인 서인을 완전히 제거할 계획을 세우자, 이번에는 다시 갑술환국(1694년)을 일으켜 남인 정권을 서인 정권으로 대체해 버렸다. 이때 권력을 잡은 당파는 서인의 소론이었는데, 이들 역시 7년을 넘기지 못하고 다시 노론에게 권력을 넘겨주어야 했다.

숙종은 붕당과 당쟁은 결코 제거할 수도 화해시킬 수도 없다는 정치적 현실을 냉철하게 꿰뚫어 보았다. 붕당과 당쟁을 없앨 수도 화해시킬 수도 없다면, 차라리 신권을 통제하고 왕권을 강화할 전략적 목적을 위해 이용하자는 것이 숙종이 구상한 환국 정치의 셈법이었다. 그는 특정 당파에게 힘을 실어 주었다가도 '통제력과 통제권'을 벗어나는 순간, '정계 대개편' 즉 환국을 통해 다시 통제력과 통제권을 확실하게 장악했다. 그것은 모든 정치 세력에게 권력과 권위에 도전하거나 또는 의지와 무관하게 권력을 키우는 행동을 결코 용납하지 않겠다는 강력한 경고이자 협박이기도 했다. 조선의 500년 역사를 통틀어 가장 당쟁이 격렬했던 시대를 산 숙종이 태종 이후 가장 강력한 카리스마를 발휘한 임금이라는 평가를 듣게 된 까닭은, 이렇듯 환국 정치를 통해 붕당과 당쟁을 끊임없이 통제력과 통제권 아래에 두었기 때문이다.

모든 상황에 대해 통제권을 행사하는 것은
결코 이롭지 않다

고려의 숙종은 '통제력의 양면성'을 시기와 장소에 맞게 구사하는 방식으로, 선조는 '정치적 이슈나 사건'을 인위적으로 만드는 방식으로, 조선의 숙종은 정치 세력간의 경쟁과 힘겨루기를 공격적이고 적극적으로 활용하는 방식으로 정치 상황에 대한 통제력과 통제권을 행사했다. 이러한 방식의 차이는 우세하거나 열세한 조건의 차이 혹은 유리하거나 불리한 상황의 차이 때문에 발생했다고 할 수 있다.

그러나 앞서 소개한 세 명의 제왕이 보여준 통제력과 통제권의 행사 방식은 다양한 방법과 전략의 일부 사례에 불과할 뿐이다. 아마도 그것을 적용하고 행사할 수 있는 방식은 현실에서 각자가 처한 상황과 조건의 차이만큼이나 다양하고 풍부할 것이다. 앞서 소개한 사례가 어떤 조건과 상황에서 적용하고 행사할 수 있는지에 대해 참고만 하더라도 충분할 것이다.

그런데 이때 반드시 유념해야 할 사항은 모든 상황에 대해 통제력과 통제권을 행사하려고 하는 것은 이롭기보다는 오히려 해로울 수 있다는 사실이다. 아무리 뛰어난 전략가라고 할지라도 자신을 둘러싸고 있는 세상사의 모든 변수를 다 예측하고 헤아릴 수는 없다. 더욱이 자신을 둘러싸고 있는 모든 상황을 다 통제하려고 하다보면 아마 스트레스와 압박감 때문에 적보다 먼저 지쳐서 나가떨어질지도 모를 일이다. 따라서 모든 상황을 통제하려고 애쓰기보다는 차라리 자신이 통제력을 행사하고 통제권을 장악할 수 있는 요소를 찾아 상대방을 압박하거나 제압하는 것이 훨씬 더 현명한 방법일 수 있을 것이다.

IO.
상황에 대한 통제권을 움켜쥐어라

원문) 善用兵者 修道而保法 故能爲勝敗之政 兵法 一曰度 二曰量 三曰數 四曰稱
五曰勝 地生度 度生量 量生數 數生稱 稱生勝 故勝兵若以鎰稱銖 敗兵若以銖稱鎰 勝者
之戰民也 若決積水於千仞之谿者 形也

해석) 군사를 잘 다룰 줄 아는 장수는 정치적으로 도리를 닦고 법 제도를 확실하게
갖춘다. 그런 까닭에 승리와 패배의 결정권을 갖는다. 병법의 첫째는 영토의 넓고 좁음
이고, 둘째는 자원의 많고 적음이고, 셋째는 병력의 숫자이고, 넷째는 전투력의 강하고
약함이고, 다섯째는 승리와 패배의 상황이다. 땅에서 영토의 넓고 좁음이 생겨나고, 영
토의 넓고 좁음에서 자원의 많고 적음이 생겨나고, 자원의 많고 적음에서 병력의 숫자
가 결정되고, 병력의 숫자에서 전투력의 강하고 약함이 생겨나고, 전투력의 강하고 약
함에 따라 승리와 패배의 상황이 결정된다. 그러므로 엄청난 무게로 가벼운 무게를 압
도하듯 싸우는 군사는 승리하고, 가벼운 무게로 엄청난 무게를 감당하듯 싸우는 군사
는 패배한다. 승리하는 백성들의 전투는 마치 천 길이나 되는 골짜기에 가둬놓은 물을
한꺼번에 쏟아 내는 듯한 형세를 취한다.

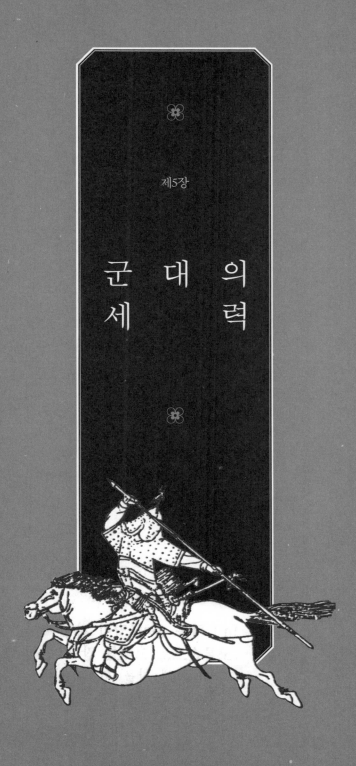

제5장

군 대 의
세   력

II.
정공법으로 맞서고, 기공법으로 승리하라
—조광조의 정면 승부와 태종의 기만술

정공법만으로는 승리할 수 없다

손자에 따르면, 싸움의 형세와 방법에는 두 가지, 즉 정공법과 기공법(奇攻法)이 있다. 정공법이 정면 승부 혹은 정정당당한 방법으로 적을 공격하는 것이라면, 기공법은 우회, 기습, 교란의 방법으로 적을 공격해 승리하는 것이다. 따라서 기공법이란 기본적으로 상대방을 속이는 기만술 혹은 속임수라고 할 수 있다. 여기에서 흥미로운 대목은 손자가 "정공법으로는 적과 맞서고, 기공법으로는 적에게 승리한다"고 지적하고 있다는 점이다. 이 말은 정공법으로는 적과 맞설 수 있을지언정, 결코 승리를 얻을 수는 없다는 해석이 가능하다.

정치를 '도덕과 윤리 혹은 종교적 권위와 신성함'으로부터 해방시킨 근대 정치 전략의 아버지 마키아벨리 또한 손자와 동일한 입장을 취했다. 역사상 위대하다고 얘기되는 승리는 대부분 정면 승부 혹은 정정당당하게 얻은 승리라기보다는 기습 혹은 기만과 속임수에 의지한 승리였다는 사실을 잊지 말라. 독자들 중에는 불편한 감정을 느끼는 사람도 있겠지만, 역사적 사례는 '정정당당한 실력으로는 충분하지 않은 경우가 많은 데 반해, 속임수만으로는 그 목적을 달성하는 경우가 아주 많다'는 사실을 입증해 준다. 만약 당신이 타고난 재력과 지위 때문에 속임수를 쓰지 않아도 적을 굴복시킬 수 있는 능력을 갖고 있지 않다면, 실력에 기만술과 속임수를 보태지 않고 전략적 목표를 이룬다는 것은 불가능하다고 마키아벨리는 말한다(마키아벨리, 《로마사 논고》 p316 참조). 예를 들어 보자. 제2차 세계대전의 승패를 결정적으로 바꾼 노르망디 상륙 작전이 "노르망디로 상륙하겠다"고 정정당당하게 선전포고하고 거둔 승리였는가? 아니다. 그것은 연합군이 독일군의 정보망을 피하기 위한 온갖 교란 작전과 기만술과 속임수의 결과물이었을 뿐이다.

전쟁의 현장에 있든 혹은 정치나 기업 같은 또 다른 경쟁의 현장에 있든 간에 상관없이, 승리를 추구하는 사람은 반드시 이 역사의 가르침을 기억해 두어야 한다. 만약 상대방을 속이는 기만술과 속임수에 의지할 생각이 전혀 없는 사람이라면, 더욱 이 가르침을 깊게 새겨 두어야 한다. 왜냐하면 상대방은 자신과 같은 선량함을 가지고 있지는 않기 때문이다. 설령 자신이 기만술과 속임수를 사용하지 않더라도, 상대방의 기만술과 속임수를 꿰뚫어

볼 능력은 갖추어야 승패의 결정권을 행사할 수 있다.

역사상 선량함으로 무장한 수많은 개혁가들이 성공한 사례보다는 실패한 경우가 많았던 이유 역시 적을 상대할 때 갖추어야 할 두 가지 중 어느 한 가지도 제대로 갖추고 있지 못했기 때문이다. 개혁의 적을 제압하고 굴복시키기 위해 기꺼이 기만술과 속임수에 의지하거나, 아니면 개혁의 적이 사용하는 기만술과 속임수를 꿰뚫고 능숙하게 다룰 능력을 갖출 때 비로소 개혁은 성공할 수 있다. 아무리 위대한 이상을 품은 개혁가라고 할지라도 이 두 가지 중 어느 한 가지도 갖추지 못하고서 성공한 사례는 일찍이 없었다.

'개혁의 정치술' – 실패한 개혁

우리 역사에서 개혁가의 선량함 때문에 실패한 대표적인 개혁 사례로 가장 자주 언급되고 있는 사건은, 중종 시대에 조광조가 이끈 사림이 훈구파 공신들에 맞서 추진한 개혁이다. 조광조는 왜 실패했는가? 그것은 정치적 명분과 성리학적 '도덕과 윤리'에 지나치게 경도되어, 적들을 향해 정정당당한 승부 외에 다른 정치 전략을 갖지 못했기 때문이다. 조광조는 자신이 이상으로 삼은 인간형, 즉 성리학적 삶을 사는 도학자가 아닌 보통사람은 올바른 명분과 이념보다는 현실적인 이해관계에 따라 산다는 사실을 이해하지 못했다. 더욱이 훈구파 세력은 정치적 이상이나 명분보다는 출세와 녹봉, 그리고 토지에 더 집착한 '속물적인' 인간들의 집단이었다. 조광조의 정치적 이상과 개혁이 무엇이든 그들에게는 관심이 없었다. 그러나 만약 조광조의 개혁 정치가 권력과 재물을 건드린다면, 그들은 어떤 수단과 방법을 사용해서라도 사림들을 죽음으로 내몰 수 있는 사람들이었다. 즉 조광조가 개혁의 명분에 갇힌 채 정면 승부만을 고집하고 있을 때, 훈구파는 이미 조광조와 사림을 죽음으로 몰아넣을 수 있는 기만술과 속임수를 준비하고 있었다.

조광조가 마침내 훈구파 세력을 직접적으로 제거하기 위해 공신들의 위훈(僞勳)을 삭제하는 정면 승부의 칼을 뽑아들자, 훈구파는 왕실 세력과 연합해 조광조와 사림을 역적으로 모는 계략을 추진했다. 조광조가 빼든 '위훈 삭제'는 훈구파의 권력과 경제 기반을 직접적으로 공격한 정면 승부의 카드였다. 하지만 그것은 오히려 그의 계획과 전력을 모두 노출시킨 채 적에게 반격의 기회만을 제공한 '전략적 패착'이었다. 위훈 삭제가 시행되면 조광조와 사림 이외에 다른 정치 세력은 조정 내에 발을 붙일 수 없었다. 이 때문에 훈구파는 물론 중종 임금과 왕실 세력, 그리고 개혁에 중립적이었던 신료들까지도 큰 반감을 품었다. 개혁의 적들을 단결시키고 자기 세력을 고립무원에 빠뜨려 버린 꼴이었다. 더욱이 조광조는 개혁 이념과 성리학의 질서에 위배되는 어떤 행동도 용납하지 않는 입장을 취해 임금과 왕실 사람들을 압박했다. 이렇게 급진적이고 극단적인 개혁 성향 탓에 초기 개혁의 적극적 우군이었던 중종과 신료들마저 등을 돌려 버렸다.

그럼 훈구파 세력은 어떻게 행동했을까? 그들은 조광조의 '개혁과 성리학'의 명분에 정면 승부를 걸지 않았다. 그곳에 정면 승부를 거는 전략은 치부와 약점까지 드러내야만 하는 '전략적 패착'이었기 때문이다. 대신 그들은 기만술과 속임수를 사용했다. 먼저 훈구파는 경빈 박씨 등 왕실 사람들을 통해 중종에게 "민심이 조광조에게 있다"는 말을 퍼뜨려 의심을 품게 했다. 그리고 궁궐의 나뭇잎에 꿀로 '주초위왕(走肖爲王 : 조씨가 왕이 된다)'이라고 쓴 다음 벌레가 나뭇잎을 갉아먹게 한 후 중종에게 전해지도록 했다. 이렇게 중종의 마음과 조정의 여론을 크게 흔들어 놓은 다음 비로소 훈구파들은 조광조를 향해 정면 승부를 걸었다. 그때에 이르러서야 그들은 조광조가 붕당을 만들어 권력을 독점하고, 임금을 기만해 나라를 어지럽힌 역적이므로 처벌해야 한다고 주장했다. 결국 명분과 이념으로 자신을 끝없이 옥죄는 데 대한 염증과 임금의 자리를 탐할지도 모른다는 의심이 겹친 중종은 기묘사화를 일으켜 조광조와 사림들을 대대적으로 숙청했다. 그리고 이로 인해 조광조의 개혁 정치는 물거품으로 돌아가고 훈구파가 다시금 권력을 독차지하게 되었다. 조광조는 스스로 기만술과 속임수를 사용하는 방법과 전략을 갖지도 못했고, 훈구파들의 기만술과 속임수를 제대로 알지도 못해 실패할 수밖에 없었다. 이 때문에 그의 개혁 정치는 위로는 뜻을 이루지 못했고 아래로는 훈구파의 횡포를 막지 못했다.

진정한 승리를 원한다면
반드시 기만술과 속임수를 배워라

개국 초기 조선을 '신하의 나라'가 아닌 '왕의 나라'로 개혁하고자 한 태종의 사례를 보면, 진정한 승리를 원할 경우 반드시 기만술과 속임수의 전략을 배워야 한다는 사실을 재차 확인할 수 있다.

정도전이 주창한 신권 정치를 무너뜨리고 왕권 정치를 세울 목적으로 정변을 일으켜 임금의 자리에 오른 태종은 역설적이게도 외척과 공신 세력에 포위당한 형국에 놓여 있었다. 아무리 강력한 카리스마를 가진 태종이라 할지라도 이들을 그냥 두고서는 뜻을 온전히 펼칠 수 없었다. 더욱이 이 세력들은 태종 앞에서는 충성과 복종을 맹세하면서도, 뒤에서는 권력을 키우고 세력을 확장하는 데 열중했다. 만약 태종이 정치적 빚 때문에 그들을 선량함으로 대한다면, 그들은 끝 모르게 권력을 키워 태종을 허수아비 임금으로 만들 수 있는 사람들이었다. 특히 즉위 초반 태종의 아내인 원경왕후 민씨와 그 형제들은 왕권에 서슴없이 도전할 정도로 위세가 막강했다. 이 때문에 태종은 왕권을 강화하는 정치 개혁이 성공하기 위해서는 민씨 외척 세력을 제거해야 한다고 여겼다. 그러나 의도가 드러날 경우, 원경왕후 민씨와 그 형제들의 저항은 물론, 자칫 왕권을 견제하려는 공신들의 반발까지 불러올 수 있었다. 태종은 어떤 방법을 썼을까?

그는 세자인 양녕대군에게 양위할 뜻을 내비치는 방법으로 먼저 덫을 놓았다. 그것은 평소 세자와 밀착해 태종 이후 권력 구도를 장악하겠다는 뜻을 품고 있던 민씨 형제들을 제거하기 위한 전략이었다. 태종은 양위를 둘러싼 소동이 벌어진 10여 일 동안 민씨 세력의 동태만 지켜볼 뿐 뜻을 일체 드러내지 않았다. 제1차 양위 파동은 그렇게 끝을 맺는 듯 했다. 그러나 태종은 그 후 1년이 지난 1407년(태종 7년)에 이르러 비로소 본심을 드러냈다. 태종은 영의정 이화를 대리인으로 내세워 지난해 양위 파동 당시 민씨 세력의 핵심 인물인 민무질, 민무구 형제가 얼굴에 기쁜 표정을 드러내고 당파를 형성해 세력을 확장하려 했다는 식의 탄핵을 시도했다. 그리고 이 탄핵을 빌미 삼아 민무질, 민무구를 멀리 유배 보내고 그 뒤 다시 정치에 간여하려 했다는 죄목을 씌워 사사했다. 또한 남은 두 형제 민무휼, 민무회 역시 형들을 구명하려 한다는 죄를 뒤집어 씌워 죽였다.

태종은 이렇게 외척 세력을 제거한 다음 나머지 위협 요소인 공신들을 무력화하는 작업에 들어갔다. 태종이 임금의 자리에 오르는 데 결정적인 역할을 했던 이숙번은 태종 시대 내내 군부의 요직을 독차지하며 군사권을 장악했다. 태종은 뒤를 이을 자식 대에 가서는 '권력을 둘러싼 피바람'이 다시 일어나지 않기를 진심으로 바랐다. 그리고 강력한 왕권을 바탕으로 한 문치와 태평성대를 원했다. 그러한 목적을 이루기 위해서는 이숙번처럼 군사를 움직일 수 있는 무장 출신의 권세가를 반드시 제거해야 한다는 것이 태종의 생각이었다. 이때에도 태종은 고도의 기만술을 사용했다. 그는 이숙번의 작호를 안성부원군으로 높여주면서, 공신은 직책을 맡지 않아야 주변의 정치적 공격으로부터 보호받을 수 있다는 논리를 내세워 실질적인 권한은 빼앗아버렸다. 실제로 모든 권력을 잃었지만 높아진 작호 탓에 태종에게 노골적으로 불만을 드러내지도 못한 이숙번은 그 뒤 몇 개월 동안 병을 핑계 삼아 일체 바깥출입을 하지 않았다. 그러나 이숙번의 이 같은 행동은 태종에게 그를 제거할 빌미를 주었을 뿐이다. 태종은 이숙번이 임금에게 불경하고 무례한 짓을 범했다면서 그를 연안의 농장에 가택 연금하라는 명령을 내렸다.

이 명령은 이숙번에게는 정치적 사망 선고나 마찬가지였다. 그리고 태종은 세종에게 보위를 물려주기 한 해 전에 그를 다시 경상도 함양으로 유배 보냈다.

태종의 사례에서 알 수 있듯이, 전략가는 절대로 자신이 지향하는 전략 목표를 상대방에게 드러내 보여서는 안 된다. 상대방이 행동과 의도를 이해하지 못하면 못할수록, 전략 목표가 성공할 확률은 그만큼 높아진다. 이 경우 가장 효과적이면서 필수 불가결한 방법이 다름 아닌 '기만술과 속임수'이다. 자신이 선량함으로 상대방을 대한다고, 상대방 역시 자신을 선량함으로 대해 줄 것이라는 기대는 어리석다. 그리고 만약 상대방에게 선량함을 기대할 수 없다면, 정면 공격의 방법보다는 측면ㆍ기습 공격의 가치를 더욱 소중하게 여겨야 한다. 더욱이 기만술과 속임수의 가치를 배우지 못하거나 상대방보다 먼저 기만술과 속임수를 사용할 의사가 없다면, 탁월한 전략가가 될 생각은 아예 버려라. 기만술과 속임수는 손자가 말하는 병법과 전략, 즉 기공법의 가장 핵심적인 요소 중 하나이기 때문이다.

마지막으로 한 가지만 더 짚어 보자. 기만술과 속임수 외에 조광조가 실패하고 태종은 성공한 또 다른 차이는 무엇일까? 조광조는 개혁의 대상으로 여긴 훈구파와 왕실 모두를 '개혁의 적'으로 돌려 세웠지만, 태종은 외척과 공신들을 개혁의 대상으로 여겼을망정 결코 그들 모두를 적으로 만들지 않았다. 조광조가 현실적인 이해관계 때문에 우군이 될 수도 있는 세력까지 모두 적으로 삼아 버린 반면, 태종은 설령 의도와 생각에 위배되더라도 충성과 복종의 모습을 보이는 사람들은 기꺼이 받아들였다. 조광조가 중종반

정을 도운 117명의 정국공신 중 76명의 녹훈을 하루아침에 삭제해 버린 데 반해 태종이 제2차 왕자의 난을 도운 46명의 좌명공신 중 6명만을 -그것도 17년간에 걸쳐 서서히- 제거했다는 사실도 비슷한 맥락에서 이해할 수 있다. 만약 기만술과 속임수에 대한 거부감이 여전히 남아 있는 사람이라면, 이 '명분과 현실의 함수 관계'를 곰곰이 생각해 보기를 권한다.

II.
정공법으로 맞서고, 기공법으로 승리하라

원문) 孫子曰 凡治衆如治寡 分數是也 鬪衆如鬪寡 形名是也 三軍之衆 可使必受敵
而無敗者 奇正是也 兵之所加 如以碫投卵者 虛實是也 凡戰者 以正合 以奇勝 故善出奇
者 無窮如天地 不竭如江河 終而復始 日月是也 死而復生 四時是也 聲不過五 五聲之變
不可勝聽也 色不過五 五色之變 不可勝觀也 味不過五 五味之變 不可勝嘗也 戰勢不過
奇正 奇正之變 不可勝窮也 奇正相生 如循環之無端 孰能窮之

해석) 손자가 말했다.

무릇 많은 수의 병력을 적은 수의 병력을 다스리듯 할 수 있는 방법은 조직과 편제
를 갖추는 것이다. 많은 수의 군사가 마치 적은 수의 군사처럼 싸우게 할 수 있는 방법
은 지휘와 통신 체계를 갖추는 것이다. 삼군(三軍)의 많은 군사가 적의 공격을 맞이해
결코 패배하지 않는 방법은 기공법과 정공법을 잘 운용하는 것이다. 병력을 증가시켜
숫돌로 달걀을 치듯이 공격하는 방법은 적의 빈틈을 노려 충실한 전력으로 깨는 것이
다. 무릇 전쟁이란 정공법으로 적과 맞서고, 기공법으로 승리한다. 그러므로 기공법을
능숙하게 다룰 줄 아는 장수는 그 전법이 하늘과 땅처럼 무궁하고 강물처럼 마르지 않
는다. 끝나는 듯하다가 다시 시작되는 것이 해와 달과 같고, 죽은 듯하다가 다시 살아나
는 것이 사계절의 운행과 같다. 소리는 다섯 가지에 불과하지만, 다섯 가지 소리의 변화

는 다 들을 수 없을 정도로 무궁하다. 색깔은 다섯 가지에 불과하지만, 다섯 가지 색깔의 변화는 다 볼 수 없을 정도로 끝이 없다. 맛은 다섯 가지에 불과하지만, 다섯 가지 맛의 변화는 다 맛볼 수 없을 정도로 한이 없다. 전세(戰勢)는 기공법과 정공법에 불과하지만, 기공법과 정공법의 변화는 다 헤아릴 수 없을 정도로 무궁하다. 기공법과 정공법이 서로 잇달아 나오니 마치 둥근 고리가 시작도 없고 끝도 없는 것과 같다. 어느 누가 능히 다 헤아릴 수 있겠는가?

12.
전투의 승패는 기세와 타이밍에 달려 있다
—한니발의 포위 섬멸 작전과 김유신의 희생양 전술

한쪽의 일방적인 승리로 끝나는 전투의 사례

전쟁의 역사를 보면 '몰살' 혹은 '참패당했다'는 기록을 어렵지 않게 발견할 수 있다. 여기에서 질문을 하나 던져 보자. 충돌한 양쪽 군대 중 한쪽이 일방적으로 몰살 혹은 참패를 당한 이유는 도대체 무엇일까? 기습에 당했다, 매복에 걸렸다, 유인술에 말려들었다, 압도적인 전력과 화력의 열세 탓에 무너졌다는 식의 다양한 답변이 나올 수 있다. 그럼 다시 질문의 방식을 바꿔 보자. 이처럼 다양한 답변에서 공통적으로 발견할 수 있는 특징이 존재하는가? 만약 존재한다면, 그것은 무엇일까?

한쪽이 일방적으로 몰살 혹은 참패를 당한 전투는 대개 승리한 쪽이 상대방을 당황하게 만들어 일순간에 대오를 무너뜨리고 병사들을 극도의 혼란과 공포, 그리고 무기력에 빠뜨려 싸울 의지를 잃어버리게 만든 경우였다. 이미 기세가 꺾이고 대오가 무너져 버린 군대의 병사들은 무기를 내던지고 도망치거나, 아니면 무참하게 살육을 당하기 십상이었다. 기습에 당했거나 매복에 걸려들었거나 혹은 유인술에 말려든 사례는 물론이고, 심지어 양쪽의 군대가 드넓은 벌판에서 정면으로 맞붙어 싸운 경우에서조차 이러한 특징은 어렵지 않게 발견할 수 있다. 카르타고의 한니발이 이끄는 5만의 원정군이 로마군 7만 명을 몰살하다시피 한 칸나에 전투를 예로 들어 보자. 이 전투에서 한니발의 군대는 로마군 희생자의 1/10도 되지 않은 불과 5,500명이 전사했을 뿐이다.

로마군의 주력인 보병은 조직력과 단결력에 있어서 세계 최강이었다. 그들의 전투 대형은 공포와 두려움의 본능을 억제하고 서로에 대한 강한 신뢰와 자신감으로 무장한 채 싸움에 나설 수 있게끔 해 주었다. 로마군의 전투 대형은 언제나 전방에는 젊고 용맹한 병사를, 후방에는 전투 경험이 풍부한 노련한 병사를, 그리고 중앙에는 이도 저도 아닌 병사들을 세웠다. 이 대형은 공포와 두려움에 취약한 병사들을 젊고 용맹한 병사와 실전 경험이 많은 병사들에 둘러싸이도록 했다. 그래서 군대 전체의 조직력과 자신감이 높아졌고 전투력을 최고조로 끌어올렸던 것이다. 칸나에 전투에서도 이러한 로마 보병의 전투력은 위력을 잃지 않았다. 그런데 왜 그토록 처참한 패배를 당했을까?

한니발은 기병의 우위를 활용한 전술로 로마군을 사면으로 포위했고,

이 때문에 최강을 자랑한 로마 전투 대형의 조직력은 여지없이 깨져 버렸다. 칸나에 전투의 초반, 로마의 보병은 한니발의 보병에 대해 수적으로나 전투력 면에서 모두 우세했다. 그러나 한니발 진영의 왼쪽 기병 부대가 로마 진영의 오른쪽 기병 부대를 공격해 쉽게 무너뜨렸다. 로마의 오른쪽 기병 부대를 무너뜨린 한니발의 왼쪽 기병 부대는 전쟁터를 휘돌아서, 한니발의 오른쪽 기병 부대와 전투 중이던 로마의 왼쪽 기병 부대를 함께 공격해 전멸시켜 버렸다. 로마군의 기병 부대가 완전히 전멸당하자, 한니발의 기병 부대는 로마군의 후방에 자리하고 있는 핵심 전력, 즉 실전 경험이 풍부하고 노련한 로마 병사들을 마음 놓고 공격했다. 후방의 핵심 전력이 공격당하자, 로마군의 전체 대형은 큰 혼란에 빠져 버렸다. 특히 가운데에 배치되어 있던 로마 병사들이 느낀 공포와 두려움은 전투의 결과에 엄청난 영향을 끼쳤다. 한니발은 이 순간을 놓치지 않았다. 그는 앞에서는 카르타고의 정예 부대, 오른쪽과 왼쪽에서는 갈리아 용병으로 구성된 보병 부대, 뒤에서는 기병 부대가 로마군을 완전히 포위하는 형세를 갖추었다. 결국 기병 전력의 우위를 앞세운 한니발의 포위 섬멸 작전에 걸려든 로마군은 당시 최강의 전력을 자랑하던 전투 대형이 무너지면서 7만 명의 병사가 몰살당하는 전대미문의 패배를 당하고 말았다. 최강의 조직력과 전투력을 자랑하는 군대도 공포와 두려움, 혼란과 당혹감에 빠져 대오가 무너지면 오합지졸과 다름없다는 사실을 칸나에 전투는 극명하게 보여주었다.

기세와 타이밍의 가공할 효과와 위력

칸나에 전투에서 한니발이 보여준 전투력은 기세와 타이밍(정확한 순간)이 얼마만큼 가공할 효과와 위력을 발휘하는가를 입증해 준다. 강한 신뢰와 자신감으로 무장한 군대, 즉 기세를 타는 군대와 공포와 두려움에 휩싸인 군대, 즉 기세가 꺾인 군대의 전투 결과는 불을 보듯 뻔하다. 기세를 타는 군대는 손자의 말대로 거센 물살처럼 빨라 바위조차 떠내려가게 할 수 있을 정도의 위력을 발휘한다. 반면 기세가 꺾인 군대는 거센 물살에 휩쓸려 떠내려가는 처참한 신세를 면치 못한다. 칸나에 전투처럼 성공한 포위 섬멸 작전은 대개 기세와 더불어 적을 향해 전력을 쏟아 붓는 정확한 '타이밍'의 좋은 본보기를 제공해 준다. 한니발처럼 뛰어난 전략가는 두려움과 혼란에 빠진 적의 전투 대형이 무너지는 바로 그 순간, 마치 "매나 독수리가 난폭하고 빠르게 먹이를 낚아채듯 혹은 천 길 낭떠러지에서 바위가 굴러 떨어지듯" 거세고 세차게 상대방을 몰아붙여 섬멸했다.

칸나에 전투를 오늘날까지 세계 각국의 육군이 교본으로 활용하고 있다면, 세계 각국의 해군이 전쟁사를 연구할 때 반드시 언급하는 해전이 다름 아닌 이순신의 한산도대첩이다. 육군이 가장 이상적인 승리로 여기는 포위 섬멸전의 교본이 칸나에 전투라면, 한산도대첩은 해군이 이상형으로 삼는 포위 섬멸전의 교본이기 때문이다.(독자들이 잘 알고 있다시피, 한산도대첩은 살라미스 해전, 칼레 해전, 트라팔가 해전과 더불어 세계 4대 해전으로 불리고 있다.)

한산도대첩을 살펴보면, 성공한 포위 섬멸 작전은 – 칸나에 전투에서처럼 – 기세와 정확한 타이밍을 동전의 양면처럼 지니고 있다는 사실을 알 수 있다. 임진왜란이 시작된 지 3개월이 다 되어 가던 1592년 7월 7일, 일본 수군의 선봉장 와키자카 야스하루는 대형 전선 36척을 주력으로 총 73척의 함대에 5만 6,000여 명의 병력을 이끌고 남해 거제도 견내량에 진출해 있었다. 이때 조선 수군은 함대 58척에 병력 1만 여 명에 불과했다. 한산도대첩 직전 일본의 수군 장수들은 육지에서의 연전연승에도 불구하고 해전에서 번번이 패배하자 잔뜩 독이 올라 있었다. 더군다나 남해의 제해권을 갖지 못하면 일본군의 전략 자체가 수정될 수도 있었다. 이 때문에 일본 수군은 역량을 총결집해 조선 수군을 단번에 궤멸시킬 계획을 갖고 있었다.

견내량에 왜군이 집결해 있다는 정보를 접수한 이순신은 일본 수군을 포위 섬멸할 작전을 세웠다. 이때 이 작전의 성패를 판가름 짓는 결정적인 관건은 적군을 한산도 앞 넓은 바다로 유인해 내는 전술에 달려 있었다. 그 까닭은 첫째 견내량은 수심이 얕고 암초가 많으며 수로가 좁아서 조선 수군의 판옥선이 활동하기에 적당하지 않았고, 둘째 일본 수군은 전세가 불리해지면 육지로 기어 올라가 노략질을 일삼았기 때문에 포위 섬멸 작전이 성공하려면 망망대해로 유인해 퇴로를 끊어 버려야 했기 때문이다. 특히 이순신은 패배에 대한 분노와 승리에 대한 조급함 때문에 일본 수군이 조선 수군이 던지는 작은 미끼에도 쉽게 유인당할 것이라는 사실을 간파했다.

먼저 이순신은 견내량의 좁은 수로 안으로 선봉대를 들여보내 유인 공격을 시작했다. 그리고 일본 수군이 눈치 채지 못하도록 공격과 후퇴를 반복하다가, 적선 73척이 모두 앞 다투어 추격에 나서자 사력을 다해 도주하는 척했다. 좁은 해로를 빠져나온 조선 수군의 함대는 순풍을 받아 신속하게 퇴각했고, 이에 더욱 신바람이 난 왜군 함대는 전속력으로 추격해 왔다. 이렇다 보니까, 일본 수군의 함대는 전투 대형을 제대로 갖추지 못한 채 길게 분산되어 버렸다. 이순신은 계획대로 왜군이 한산도 앞 넓은 바다로 유인당하자, 일순간에 뱃머리를 돌려 학익진을 펼치고 공격으로 전환했다. 학익진은 학이 날개를 펼친 모양으로 상대방을 포위 섬멸하는 진법이기 때문에, 적군의 후방 퇴로를 차단하면서 동시에 전면과 측면 공격이 이루어져야 강력한 위력과 효과를 발휘할 수 있다. 이순신은 당시 전라우수사인 이억기와 왜군을 포위 섬멸할 협동 작전을 미리 짜 놓고 있었다. 이순신이 학익진을 펼쳐 왜군을 공격하는 바로 그 순간, 이억기는 왜군 함대의 서쪽 방향으로부터 중심과 후미로 돌격해 들어갔다. 이렇게 되자 왜군 함대는 한산도 쪽으로 포위되었다. 이미 전투 대형이 무너지고 싸울 의지를 잃어버린 일본 수군은 오합지졸에 불과했다. 결국 왜군 함대는 완전히 궤멸당했고, 간신히 살아남은 와키자카와 잔당 몇 백 명은 한산도와 주변 섬으로 도망치기에 바빴다. 학익진과 불벼락처럼 내뿜는 포의 가공할 기세와 자신들을 포위해 옥죄는 정확한 공격 타이밍 앞에서, 일본 수군은 죽음의 공포와 두려움을 느끼며 속수무책으로 당할 수밖에 없었다.

기세와 타이밍을 빼앗아라

이번에는 반대로 생각해 보자. 만약 적군에게 기세와 타이밍을 빼앗겼다면 어떻게 해야 할까? 그 해답을 찾기 위해 김유신과 계백 장군이 겨룬 황산벌 전투로 들어가 보자.

김유신은 정예 병력 5만 명을 이끌고 백제의 전략 요충지인 탄현을 돌파하고 황산벌에 이르렀다. 황산벌은 백제의 마지막 방어선이었기 때문에, 이곳만 뚫으면 곧장 사비성으로 진격할 수 있었다. 그러나 김유신이 황산벌에 당도했을 때, 이미 계백이 5,000 결사대를 거느리고 먼저 도착해 세 곳에 진영을 치고서 그를 기다리고 있었다. 이에 김유신은 군사를 세 갈래로 나누어서 백제의 군사와 네 번의 큰 전투를 치렀다. 그러나 계백보다 늦게 도착해 유리한 고지를 빼앗긴 탓에 전투의 기세와 공격 타이밍을 모두 놓쳐버려서, 김유신은 계백보다 10배 많은 병력을 보유하고 있었지만 승기를 잡을 수 없었다. 더욱이 사지에 놓여서 죽기를 각오하고 싸우는 백제 군사의 기세 앞에 신라의 정예병은 무기력할 뿐이었다.

김유신은 이미 전투의 기세와 공격 타이밍을 빼앗긴 상황에서는 쉽게 승리할 수 없음을 직감했다. 특히 몇 번의 전투에서 패배하면서 신라 군사들은 백제의 결사대에 공포와 두려움마저 느끼고 있었다. 자칫 이렇게 지리멸렬한 공방이 계속된다면, 군대 전체의 사기는 말할 것도 없고, 소정방이 이끄는 당나라 군대와 사비성을 협공하기로 약속한 날짜를 어길 수도 있는 위기 상황이었다. 계백에게 빼앗긴 전투의 기세와 공격 타이밍을 찾아와서, 일거에 백제의 5,000 결사대를 무너뜨릴 계략이 절실했다. 이때 김유신이 생각해 낸 계략이 다름 아닌, 신라 군사의 '공포와 두려움'을 '증오와 복수'의 감정으로 전환시켜 줄 희생양(순교자)이었다. 《삼국사기》에 기록되어 있는 장군 흠순의 아들 반굴과 장군 품일의 아들 관창이 무모하게 백제의 진영에 뛰어들어 처참한 죽음을 자초한 사건이 김유신의 계략에 의한 것인지, 아니면 그 사건이 일어난 이후 김유신이 이러한 계략을 품었는지는 알수 없다. 그러나 어쨌든 김유신은 이 사건을 활용해 신라 군사들의 증오심과 복수의 감정에 불을 질렀다.

보통 공포와 두려움은 무기력과 굴종을 상징하지만, 증오심 혹은 복수의 감정과 결합한 공포와 두려움은 아주 공격적이고 파괴적인 형태로 변화하기 쉽다. 신라 군사가 황산벌 전투에서 보여준 사례가 그랬다. 처참하게 죽은 나이 어린 관창의 모습을 지켜본 신라의 군사들은 증오심과 복수심에 사로잡혀서 이전 네 번의 전투에서 백제군이 그랬듯 죽기를 각오하고 싸웠다. 이 순간에 이르러서야, 비로소 신라군은 백제군을 압도하는 전투의 기세와 공격 타이밍을 되찾아올 수 있었다. 그리고 그것은 희생양(순교자)를 활용해 한순간에 전세를 역전시킨 김유신의 계략이기도 했다.

황산벌 전투에서 보여준 김유신의 계략은 기세와 타이밍을 빼앗겼을 경우 취할 수 있는 한 가지 사례일 뿐이다. 따라서 앞에서 던진 질문, 즉 상대방에게 기세와 타이밍을 빼앗겼다면 어떻게 행동해야 하는가에 대한 해답은 훨씬 무궁무진하다. 그러나 그토록 무궁무진한 해답 또한 크게 두 가지 행동 전략의 범주에서는 벗어나지 않을 것이다. 기세와 타이밍을 빼앗아 재빨리 상황을 역전시킬 수 있는 계략을 취하든지, 혹은 그것이 여의치 않다면 그 상황에서 재빠르게 벗어나 버리든지.

12.
전투의 승패는 기세와 타이밍에 달려 있다

원문) 激水之疾 至於漂石者 勢也 鷙鳥之疾 至於毀折者 節也 是故善戰者 氣勢險
其節短 勢如彍弩 節如發機 紛紛紜紜 鬪亂而不可亂也 渾渾沌沌 形圓而不可敗也 亂生
於治 怯生於勇 弱生於彊 治亂數也 勇怯 勢也 彊弱 形也 故善動敵者 形之 敵必從之 予
之 敵必取之 以利動之 以卒待之 故善戰者 求之於勢 不責於人 故能擇人而任勢 任勢者
其戰人也 如轉木石 木石之性 安則靜 危則動 方則止 圓則行 故善戰人之勢 如轉圓石於
千仞之山者 勢也

해석) 거세게 흐르는 물처럼 빨라서 바위조차 떠내려가게 하는 것을 기세라고 한
다. 독수리처럼 빨라서 먹이를 찢어버리는 것을 절도(節度 : 정확한 순간)라고 한다. 그런
까닭에 전쟁을 잘하는 장수는 기세는 거세고 절도는 짧다. 기세는 쇠뇌를 팽팽하게 당
기듯 하고, 절도는 쇠뇌의 화살을 쏘듯이 한다. 이에 어지럽게 얽혀 전투가 혼란스러워
도 혼란에 빠지지 않고, 아군과 적군이 뒤섞여도 형세를 둥글게 배치하여 패배하지 않
을 수 있다. 혼란은 다스림에서 생겨나고, 비겁함은 용맹함에서 생겨나고, 나약함은 강
인함에서 생겨난다. 다스림과 혼란스러움은 병력의 배치에 달려 있고, 용맹함과 비겁
함은 기세에 달려 있고, 강인함과 나약함은 상황의 형태에 달려 있다. 그러므로 적을 움
직일 줄 아는 장수는 상황의 형태를 조종해 적이 반드시 따르게 한다. 작은 이익을 주

면 적은 반드시 이를 취한다. 작은 이익으로 적을 움직이게 한 다음 병사들이 기다렸다가 불시에 공격한다. 따라서 전쟁을 잘하는 장수는 기세로 승리를 구하고 병사에게 책임을 묻지 않는다. 그런 까닭에 능히 사람을 가려 뽑아 기세를 맡긴다. 기세를 맡은 사람은 마치 나무나 바위가 구르듯 병사들을 싸우게 할 수 있다. 나무나 바위의 성질은 평평한 곳에서는 정지하지만 가파른 곳에서는 움직이게 마련이다. 모가 나면 멈추지만 둥글면 굴러가게 마련이다. 그러므로 전쟁을 잘하는 장수의 기세는 마치 둥근 바위가 천 길이나 되는 산골짜기에서 구르듯이 한다. 이것이 용병술의 '기세'이다.

제6장

전 투 의
허 와 실

13.
안정되면 승리하고, 동요하면 패배한다
—황금 대왕 최창학의 선점 전략과 김유신의 심리전

선점의 효과,
상대방보다 먼저 유리한 위치를 장악하라

상대방보다 먼저 유리한 고지를 장악해 상황을 주도하는 것을 '선점의
효과'라고 한다. '先處戰地而待敵者佚(선처전지이대적자일) 後處戰地而趨戰
者勞(후처전지이추전자로)', 즉 "먼저 전쟁터에 나아가 적군을 기다리는 군대
는 편안하지만, 적군보다 늦게 전쟁터에 도착해 전투에 나서는 군대는 피로
하다"는 손자의 말 역시 병법과 전략을 펼 때 '선점의 중요성'이 얼마나 큰
지를 단적으로 보여준다. 선점의 효과와 중요성은 특별히 경쟁과 협상의 세

계에서 상황을 주도할 수 있는 능력의 유무를 결정짓기 때문에 아무리 강조해도 지나치지 않다.

조선 시대 최고의 갑부가 앞서 소개한 만상(의주 상인) 임상옥이라면, 일제 강점기 최고의 갑부는 이른바 '황금 대왕'이라고 불린 최창학이다. 1945년 해방을 전후해 그의 재산 규모가 1,300여 만 원, 요즘 환율로 계산하면 1조 3,000억 원에 달했다고 한다. 2007년도를 기준으로 볼 때, 우리나라 재산가 순위 10위 안에는 무난히 들고도 남을 만큼의 거액이다. 도대체 최창학은 어떻게 이토록 어마어마한 규모의 재산을 갖게 되었을까? 결론부터 말하자면, 그의 축재 비결은 '선점의 효과를 극대화하는 경영 전략'에 있었다. 그는 항상 경쟁자보다 먼저 유리한 고지를 장악한 다음 모든 상황을 계산대로 주도했다.

최창학의 젊은 시절은 일확천금을 찾아 금광 주변을 헤매 다니는 보잘 것 없는 삶이었다. 그러다가 30대 중반의 나이에 고향 근처인 평북 구성군 관서면 조악동에서 금광을 발견하게 되었다. 그가 발견한 금광(삼성금광)은 풍부한 금맥을 지니고 있어서, 당시 조선을 대표하던 운산금광 및 대유동금광과 더불어 '3대 금광'의 명성을 얻었다. 그러나 최창학이 단지 최고 수준의 금맥을 보유한 금광을 보유했기 때문에 조선 제일의 갑부가 될 수 있었던 것은 아니다. 그는 경쟁자보다 빠르게 시장을 선점하는 능력이 아주 탁월했다.

그는 금만 캐어서는 큰돈을 벌 수 없다는 사실을 깨달았다. 그래서 자신이 금맥을 발견한 조악동 주변의 토지와 산천을 사들여 금을 채취할 수 있는 '채광 구역'을 설치했다. 그리고 노다지를 발견해 횡재했다는 소문을 듣고 찾아온 전국 각지의 사람들에게 채광 구역을 임대하는 방식으로 돈을 벌어들였다. 최창학은 금맥이 풍부한 양질의 광구는 자신이 직접 개발하고 그 이외의 광구를 임대 경영했는데, 이때도 채광 구역은 사방 100척에, 채광 기간은 최고 6개월을 넘지 않도록 했다. 이와 같이 삼성금광 주변의 토지와 산천을 선점 매입해 임대 경영하는 방식을 통해 최창학이 올린 수입이 200만 원을 넘어섰다고 한다. 이 성공 신화로 그는 조선 제일의 금광왕이 될 수 있었다. 그러나 최창학은 여기에서 만족하지 않았다. 선점의 효과를 극대화한 그의 경영 전략이 진정한 빛을 발한 사건은 1927년 일본 최대 재벌 미쓰이와 1938년 일본 광업(미쓰이 광업과 미쓰비시 광업의 컨소시엄)을 상대로 이루어진 '금광 인수 및 합병에 관한 협상'이었다.

식민지 조선과 대만에 금융, 화학, 섬유 산업 분야에서 대규모 투자를 하고 있던 미쓰이 재벌은 1927년 금광업에 진출할 계획을 세웠다. 이때 미쓰이 재벌은 새로운 금광을 찾아서 개발하는 것보다 이미 사업성을 보장받은 금광을 인수해 투자하는 것이 유리하다고 판단해, 미국인 소유의 운산금광 및 프랑스인 소유의 대유동금광과 먼저 협상을 벌였다. 그러나 협상이 난항에 부딪히자 미쓰이 재벌은 방향을 돌려 삼성금광에 눈독을 들이기 시작했다. 운산금광과 대유동금광의 인수에 실패했다는 정보를 접한 최창학은 이제 미쓰이 재벌이 3대 금광 중 유일하게 남은 삼성금광을 노릴 것이라는 사실을 직감했다. 미쓰이 재벌이 금광업 진출 자체를 포기하지 않는 한 당장에라도 삼성금광을 인수해야 하는 다급한 상황이라는 사실을 깨달은 최창학은 협상의 주도권을 움켜 쥘 수 있었다. 이때 그가 삼성금광을 미쓰이 재벌에게 팔아 손에 넣은 금액이 300만 원이었다. 이 거래로 최창학은 당시

'조선의 토지 대왕'이라고 불린 민영휘와 어깨를 나란히 하는 '조선의 황금 대왕'이라는 별호를 얻게 되었다.

그러나 최창학의 성공 신화는 여기에서 그치지 않았다. 미쓰이 재벌에게 삼성금광을 팔아넘긴 후, 그는 다시 경쟁자보다 한 발 앞서서 평북 일대의 여러 금광들에 공격적으로 투자했다. 그리고 1938년 일본 광업과 '인수 및 합병 계약'을 체결했는데, 이때 삭주군 벽동과 초산 일대의 광구 76개소를 팔아넘기고 받은 금액이 무려 600만 원에 달했다. 이 계약의 성사로 최창학은 자산 규모로 1,000만 원, 즉 요즘 환율로 1조 원이 넘는 조선 최고의 부자로 거듭 태어났다. 당시 최창학이 소유한 재산은 조선인 중 어느 누구도 밟아 보지 못한 전인미답의 부였다.

최창학이 이룬 신화는 금광업에 대한 뛰어난 안목과 더불어 다른 경쟁자들보다 앞서 투자하고 시장을 선점하는 경영 전략이 있었기 때문에 탄생할 수 있었다. 최창학은 손자의 전략대로 항상 먼저 전쟁터에 나아가 적군을 기다리며 상대했기 때문에, 막강한 힘을 가진 상대방과의 협상 과정에서도 오히려 시장 지배자의 지위를 마음껏 누릴 수 있었던 셈이다.

안정되어 있으면 흔들고, 동요하면 공격하라

전략가는 싸움의 형세를 언제나 자신에게 유리하게 통제해야 한다. 먼저 전쟁터에 나아가서 적군을 맞이하라는 손자의 가르침 역시 이와 무관하지 않다. 그런데 만약 선점의 효과를 누릴 기회를 잃었다면 어떻게 해야 할까? 그 해답은 이렇다. 내가 선점의 효과를 누릴 수 없다면, 상대방 또한 그것을 이용할 수 없도록 해야 한다는 것이다. 그래서 손자는 "적군이 편안하면 피로하게 만들어야 하고, 적군이 안정되어 있으면 동요하게 만들어야 한다"고 했다.

신라의 선덕여왕은 우리 역사 최초의 여왕으로 오늘날 성군의 한 사람으로 칭송되고 있다. 그러나 실제 선덕여왕의 시대, 신라는 내우외환에 시달려야 했다. 당나라는 여왕이 다스리는 나라라고 해서 신라를 연신 우롱했고, 백제의 의자왕은 시도 때도 없이 신라의 변경 지역을 공격해 여러 성들을 점령했다. 더욱이 선덕여왕은 즉위 초부터 건강이 좋지 않았기 때문에 나랏일을 제대로 챙길 수 없었다. 결국 선덕여왕 말년(647년)에 상대등 비담과 염종이 지휘하는 세력이 "여왕이 잘 다스리지 못해 나라를 혼란에 빠트렸다"는 이유를 들어, 선덕여왕을 임금의 자리에서 내쫓기 위한 군사 반란을 일으켰다. 비담은 신라 제1관직인 상대등에 오를 만큼 정치적 영향력이 강했던 인물로 백성들 사이에서 명망 또한 높았다. 이 때문에 비담이 이끄는 반란 세력에는 많은 군사들이 참여했다. 선덕여왕과 그녀를 임금으로 추대하는 데 일등공신 역할을 한 김유신과 김춘추에게는 최대의 정치 위기였다. 비담이 이끄는 세력의 기세가 만만치 않았기 때문에, 선덕여왕은 궁성 안에서 반란을 방어해야 했다. 이에 비담이 이끄는 반란 세력은 명활산성에 주둔하고, 진압군은 월성에 군영을 차려 대치하는 형국이 조성되었다. 그런데 전혀 예상하지 못한 뜻밖의 사건이 발생하면서, 김유신 등이 이끄는 여왕의 군대는 반란군에게 심리적으로 유리한 고지를 선점당해 버렸다.

진압군과 반란군 사이의 공방전이 며칠 간 계속되던 어느 날 밤 자정 무렵에, 큰 별 하나가 진압군의 군영이 세워져 있는 월성에 떨어지는 일이 일어났다. 이때 비담은 재빠르게 "나는 큰 별이 떨어진 곳에서는 반드시 유혈 사태가 일어났다고 들었다. 이 일은 여왕이 크게 패해 망할 징조다"라는 말을 퍼뜨려 병사들의 사기와 민심을 자기에게로 돌려 세웠다. 반란에 동조한 병사들과 백성들의 환호 소리가 서라벌 일대에 울려 퍼져서 진압군의 병졸들이 크게 두려워했다.

고대 사람들은 천지자연의 현상을 천심, 즉 '하늘의 뜻이자 마음'이라고 믿었다. 만약 비담의 세력이 퍼뜨린 말을 그대로 둔다면 이 싸움은 결국 선덕여왕의 패배로 끝날 수도 있었다. 이때 김유신은 심리전에서 자신들이 치명적으로 불리한 상황에 빠져 있다는 사실을 정확히 간파했다. 만약 비담에게 선점당한 심리적 효과를 그대로 둔다면 전투는 해 보나 마나 패할 것이 뻔했다. 김유신은 무엇보다 먼저 적군에게 빼앗긴 심리적인 효과를 봉쇄하는 것이 시급하다고 판단했다. 또한 아군 진영의 두려움과 공포를 제거하는 것 못지않게 적군 병사들의 사기를 꺾어 놓아야 했다.

인간이 공포와 두려움에서 벗어나고자 할 때, 가장 효과적인 방법은 타인을 공포와 두려움 속으로 몰아넣는 것이다. 당시 김유신이 사용한 심리전이 바로 그랬다. 그는 선덕여왕에게 "길흉이란 정해져 있지 않고 오직 사람이 불러들이는 데 달려 있습니다. 별자리의 변괴 따위는 두려워할 것이 없습니다"라고 고해 먼저 진압군 진영을 안정시켰다. 그리고 다음에 허수아비를 만들어 불을 붙이고 커다란 연에 실어 날려 보냈다. 그러자 마치 월성에 떨어졌던 큰 별이 다시 하늘로 올라가는 듯한 신기한 장면이 연출되었다. 그리고 다음 날부터 사람들을 시켜서 서라벌 곳곳을 다니면서 "지난밤 떨어졌던 별이 다시 하늘로 올라갔다"는 말을 크게 퍼뜨렸다. 이에 반란군 병사들의 사기는 크게 흔들렸고, 아군은 패배에 대한 불안감을 말끔히 씻을 수 있었다. 심리전에서 선점의 효과를 빼앗겼던 김유신은, 이로써 비담의 반란 세력 또한 선점의 효과를 누릴 수 없도록 차단해 버렸다.

그리고 의구심을 품은 반란군의 진영이 심리적으로 크게 동요하고 있는 기회를 놓치지 않기 위해, 김유신은 흰 말을 잡아 큰 별이 떨어진 곳에서 제사를 올리면서 "신하가 자신이 모시는 임금을 시해하려는 짓은 천벌을 받게 된다"고 말을 퍼뜨렸다. 천명, 즉 하늘의 뜻을 빌어 와 앞날을 예언하는 참언(讖言)과 참요(讖謠)는 고대 삼국시대의 전쟁터와 정치 현장에서 가장 강력한 힘을 발휘했던 무기였다. 김유신은 심리적인 선점 효과를 차단하는 것에서 멈추지 않고 오히려 적군을 공포와 두려움에 빠트려 아군에게 유리한 상황을 적극적으로 조성했다. 그리고 적군의 사기가 크게 흔들리고 민심이 선덕여왕 쪽으로 급속하게 쏠리자, 병졸들을 독려해 일제히 공격에 나서도록 했다. 결국 비담의 반란 세력은 크게 패배해 달아났고, 김유신은 그들을 끝까지 추격해 목을 베고 그 일족을 모조리 죽였다. 이 비담의 반란을 진압한 공적으로 김유신은 일약 신라의 권력을 좌지우지할 수 있는 '정치 거물'로 도약하게 된다.

자신에게 유리한 상황을 승리로 이끌 수 있는 능력을 갖춘 사람은 평범한 수준의 전략가일 뿐이다. 물론 우리 주변에는 이 평범한 수준의 전략 능력조차 제대로 갖추지 못한 사람들이 훨씬 많다. 따라서 평범한 수준의 전략 능력만 갖추고 있어도 '승패와 경쟁의 세계'에서 살아남는 데 별 지장이 없다. 그러나 진정으로 탁월한 전략가라면 김유신의 사례에서 보듯이, 패배의 순간을 역전의 기회로 전환시킬 수 있는 능력, 불리한 상황을 유리한 상황으로 조성할 수 있는 능력을 갖추어야 한다. '敵佚能勞之(적일능로지) 飽能飢之(포능기지) 安能動之(안능동지)', "적군이 편안하면 피로하게 만들어야 하고, 적군의 식량이 풍족하면 굶주림에 빠뜨려야 하고, 적군이 안정되어 있으면 동요하게 해야 한다"는 손자의 말은 바로 이러한 전략 능력의 중요성과 가치를 지적한 것이다.

13.
안정되면 승리하고, 동요하면 패배한다

원문) 孫子曰 凡先處戰地而待敵者佚 後處戰地而趨戰者勞 故善戰者 致人而不致
於人 能使敵人自至者 利之也 能使敵人不得至者 害之也 故敵佚能勞之 飽能飢之 安能
動之

해석) 손자가 말했다.

무릇 전쟁터에 먼저 도착해 적을 기다리는 자는 편안하고, 적보다 늦게 전쟁터에
도착해 갑자기 전투에 나아가는 자는 고달프다. 그러므로 전쟁을 잘하는 장수는 적이
도착하기를 기다리지 적이 자신을 기다리도록 하지 않는다. 적의 군사가 스스로 이르
게 하는 것은 작은 이로움으로 적을 유인하기 때문이요, 적의 군사가 이르지 않는 것은
해롭기 때문이다. 따라서 적이 편안하면 피로하게 만들어야 하고, 적이 배부르면 굶주
리게 해야 하고, 적이 안정되어 있다면 동요시켜야 한다.

14.
누구도 예측하지 못한 곳을 공격하라
-정중부의 기습과 진흥왕의 성동격서 전략

가장 좋은 때가 가장 위험하다

'至於無形(지어무형)', 즉 공격의 목표와 방향, 그리고 형태가 상대방에게 드러나지 않는 것. 이것이야말로 손자가 전하는 가장 효과적인 공격의 기술이다. 실체를 드러내지 않은 적에게 전혀 예측하지 못한 때, 아무도 예상하지 못한 곳을 공격당했을 경우, 그 상처와 패배는 치명적일 수밖에 없다. 이때 공격을 당한 쪽은 대개 공포와 혼란 속에서 도대체 무엇을 어떻게 해야할지 갈피를 잡지 못하기 때문이다. 따라서 공격 목표와 방향을 상대방이 예측하기 힘들면 힘들수록 공격의 효과는 극대화된다고 말할 수 있다. '善

攻者(선공자) 敵不知其所守(적부지기소수)', "공격을 잘하는 전략가는 적군이 어느 곳을 방어해야 하는지 알 수 없게 만든다"는 손자의 말 역시 공격 목표와 방향을 상대방이 예측하지 못할수록 승리의 가능성은 더 커진다는 뜻으로 해석할 수 있다. 그렇다면 공격의 효과를 극대화할 수 있는 명확한 시점은 언제일까? 여러 가지 답변이 나올 수 있을 것이다.

그런데 역사 속 사례들을 볼 때, 최고 권력을 거머쥔 인물이 적으로부터 치명적인 상처나 패배를 당한 경우가 역설적이게도 '최고의 전성기'를 구가할 때였다는 사실을 어렵지 않게 발견할 수 있다. 사람이란 가장 좋은 때 가장 방심하기 쉽고, 이 때문에 적에게 가장 많은 약점과 허점을 드러내기 마련이다. 더욱이 권력의 단맛에 취해 있다 보면, 적의 역량과 실체를 제대로 파악하기 힘들다. 따라서 만약 강력한 적과 싸울 경우 공격의 효과를 극대화하려면, 그 적이 최고의 자리에 올라 세상의 모든 것을 거머쥐었다는 단맛에 흠뻑 젖을 때를 기다려라. 단 그때까지 역량과 실체를 철저하게 숨겨야만 한다.

고려 의종 때 무신 정변을 일으켜 무인 권력 시대를 연 실질적인 주인공은 - 보통 독자들이 알고 있는 역사 상식과는 다르게 - 정중부가 아닌 이의방이었다. 그런데 무신 정변의 얼굴 마담에 불과했던 정중부가 제1기 무신 정권의 주역이 될 수 있었던 이유는, 그의 아들 정균이 최고의 전성기를 구가하던 이의방의 방심을 노려 단 한 번의 습격에 성공했기 때문이다.

무신 정변을 실제 기획하고 직접 지휘했던 이의방과 이고는 하급 장교인 견룡행수 출신이었기 때문에, 정변의 정당성을 안팎으로 알리고 군대의 폭넓은 지지를 확보해 줄 얼굴 마담이 필요하다고 여겼다. 처음 이들이 찾아간 장수는 상장군 정중부가 아닌 대장군 우학유였다. 그러나 우학유가 거절하자, 비로소 정중부를 무신 정변의 대표자로 내세우기로 한 것이다. 이 때문에 겉으로는 군부를 대표해 조정을 장악한 최고 권력자가 정중부처럼 보였지만, 실제 권력을 장악하고 행사한 세력은 이의방과 이고를 중심으로 한 하급 장교들이었다. 그러나 무신 정변 초기 견룡행수에 불과했던 이의방은 의종이 폐위되고 명종이 즉위한 후 대장군이자 벽상공신(壁上功臣)으로 벼락출세하게 된다. 이때부터 이의방은 막후의 실력자에서 조정을 실질적으로 장악한 최고의 권력자로 거듭나게 된다.

또한 이의방은 역모 사건을 꾸며 자신과 함께 무신 정변을 기획·연출한 하급 장교 출신들을 제거했는데, 이때 희생된 사람이 이고와 채원이다. 이의방은 무신 정변 이후 큰 권력을 누린 이고와 채원마저 제멋대로 죽일 수 있는 권력을 거머쥐고 있었기 때문에 어느 누구도 이의를 달지 못했다. 오히려 모두 자칫 이의방에게 잘못 보여 멸문지화를 당하지나 않을까 전전긍긍하는 형편이었다. 당시 그가 얼마나 무소불위의 권력을 휘둘렀는가에 관한 기록이 《고려사 열전》에 기록되어 있다.

"(명종 3년에) 임금의 딸을 궁주(宮主)로 봉했는데 신하들이 축하 잔치를 벌이느라 늦은 밤까지 자리를 파하지 않았다. 이때 이의방은 기녀를 데리고 중방으로 들어가 여러 장수들과 마음껏 술 마시고 노래하며 떠들었다. 그 소리가 임금이 거처하는 내전에까지 들렸지만, 조금도 두려워하거나 조심하지 않았다."

이어서 이의방은 딸을 태자의 비로 들이면서 최고의 전성기를 구가하게 된다.

반면 정중부는 이고와 채원 사건 이후 더욱 세력이 위축되어서, 이의방의 권력 독점을 두려움에 떨며 지켜보고 있을 수밖에 없는 초라한 신세였다. 그러나 정중부는 애초부터 얼굴 마담에 만족할 성향의 인물이 아니었다. 그는 이의방 못지않게 권력을 향한 야심과 욕망이 컸다. 정중부는 일찍부터 문신들의 횡포를 견뎌 내며 상장군의 자리에까지 오를 만큼 온갖 풍파를 겪으며 세상 돌아가는 이치를 터득한 사람이었다. 그는 이의방처럼 벼락출세한 사람에게는 수많은 정적이 있을 수밖에 없다는 사실을 냉철하게 꿰뚫고 있었다. 그는 이의방이 권력을 독차지하고 제멋대로 휘두르는 동안 은인자중하면서 물밑에서 세력을 다졌다. 그리고 이의방을 암살할 계획을 착실하게 준비해 나갔다. 그는 이의방이 주변의 모든 사람이 권력 앞에 무릎 꿇고 복종하고 있다는 생각을 갖게 되는 바로 그 때가, 그를 암살할 가장 '적기'라고 여겼다. 이의방이 가장 방심하고 그의 허점이 가장 잘 드러나는 순간이 바로 그때라고 생각했기 때문이다. 그 기회는 오래지 않아 찾아왔다.

명종 4년(1174년)에 서경에서 반란을 일으킨 조위총을 진압하기 위한 작전이 한창 진행되고 있었다. 그때 정중부의 아들 정균이 선의문 밖으로 나가는 이의방에게 반란 진압과 관련해 비밀리에 고할 일이 있다면서 유인했다. 이미 정중부 세력은 아무런 위협도 되지 않는다고 여겼던 이의방은 호위도 거느리지 않은 채 정균을 따라 나섰다. 그러자 정균은 이의방의 뒤를 따라가다가 목을 쳐서 죽여 버렸다. 뛰어난 무예 실력과 더불어 천하장사의 기력을 가졌던 이의방은 그렇게 한순간의 방심 탓에 일개 서생에 불과한 정균에게 어처구니없는 죽음을 맞고 말았다. 그것은 권력에 취해 경쟁자인 정중부 세력을 소홀히 여겼고, 스스로 경계심을 늦춰 약점과 허점을 드러내 보였기 때문에 맞이한 처참한 몰락이었다. 이 사건 이후 이의방의 집안은 몰살당했고 태자비인 그의 딸 역시 궁궐에서 쫓겨났다. 반면에 정중부는 일인지하 만인지상의 자리인 문하시중으로 화려하게 권력에 복귀했다.

한쪽을 공격하는 척 하다가 다른 쪽을 공격하라

고구려, 백제와의 경쟁에서 약소국의 신세를 면치 못했던 신라가 일약 강자로 도약할 수 있었던 최초의 발판은 진흥왕 시대에 이르러 한강 유역을 장악한 사건이었다. 한강 유역은 삼국간 경쟁에서 가장 중요한 전략적 요충지였다. 이곳을 장악한 나라는 항상 삼국간 경쟁을 주도하는 패권 국가로 자리했다. 당시 신라의 국력으로는 도저히 한강 유역을 차지할 수 없었다. 오히려 섣불리 한강 유역으로 진출을 꾀했다가는 고구려와 백제의 협공 앞에 나라의 운명이 위태로울 수도 있었다. 그러나 그 어느 제왕보다도 정치적 야망이 컸던 진흥왕은, 신라가 강국으로 나아가기 위해서는 반드시 한강 유역을 수중에 넣어야 한다고 생각했다. 그렇다면 진흥왕은 어떻게 치열한 각축전을 뚫고 한강 유역을 영토로 만들 수 있었을까?

성동격서(聲東擊西)라는 고사성어가 있다. 이는 한신이 위나라 왕인 표를 사로잡은 이야기에서 유래하는 말이다. 이때 한신은 황하를 건너오지 못하도록 막아선 위나라 군대를 상대로 낮에는 큰 소리로 병사들을 훈련시키고 밤에는 불을 밝혀 적진을 공격하는 시늉을 했다. 위나라 장수들은 모두 한신의 전략이 한심하다고 비웃었다. 그러나 한신은 위나라 군대가 거짓 군사 훈련과 공격에 한눈을 팔고 있는 틈을 이용해 몰래 군대를 이끌고 다른 곳에서 황하를 건넜고, 위나라의 전략 본거지인 안읍을 공격해 표왕을 사로잡아 버렸다.

서기 6세기 신라의 전성시대를 활짝 연 진흥왕은 – 한신의 경우처럼 – 한쪽을 공격하는 척하면서 방비가 허술한 다른 쪽으로 쳐들어가 적군을 무너뜨리는 기술, 즉 성동격서의 전략과 전술에 아주 능숙했다. 진흥왕이 신라를 다스리던 시절 백제의 임금은 성왕이었다. 성왕은 백제의 최고 전성기를 이끈 근초고왕, 그리고 아버지인 무령왕과 더불어 백제의 '3대 영주(英主)'라고 불린 임금이다. 여기에서 영주란 훌륭하고 뛰어난 임금을 가리킬 때 사용하는 말이다. 실제 그는 현실주의적인 외교 정책으로 나제 동맹을 이끌었고, 이 군사 동맹을 바탕으로 고구려 장수왕에게 빼앗겼던 한강 유역을 76년 만에 되찾아오는 쾌거를 이루었다. 그러나 그는 불행하게도 사자의 용맹함과 여우의 교활함을 모두 갖춘 진흥왕과 대적해야 할 운명이었다.

진흥왕은 백제가 고구려를 공격할 때(혹은 고구려가 백제를 공격할 때) 나제 동맹에 따라 협력을 하면서도, 백제와 고구려 두 나라의 허점을 이용해 신라의 이익을 챙기는 것을 한시도 잊지 않았다. 서기 550년 백제의 성왕이 고구려를 공격해 한성을 되찾고, 뒤이어 고구려의 도살성을 함락했다. 그러자 고구려의 양원왕은 다시 백제의 금현성을 공격해 점령해 버렸다. 이후 백제와 고구려는 일진일퇴를 거듭했는데, 진흥왕은 두 나라 군사가 모두 피로에 지쳐 사기가 저하되자 즉시 장군 이사부에게 군사를 내어 도살성과 금현성을 공격하도록 했다. 이렇게 두 성을 빼앗은 다음에는 군사 1,000명을 주둔시켜 지키게 했다. 또한 그 다음해에는 한강 하류 지역을 두고 백제와 고구려가 한창 공방전을 벌이는 틈을 이용해 재빨리 남한강 상류 및 죽령 이북의 고구려 땅을 차지해 버렸다. 그리고 마침내 서기 553년 한강 하류 지역을 기습 공격해 점령함으로써 한강 전 유역을 독차지하는 전략적 승리를 거두었다.

백제가 차지하고 있는 한강 하류 지역을 신라의 영토로 만들기 위해 진흥왕은 먼저 고구려와 은밀하게 강화 협상을 추진했다. 그것은 나제 동맹을 해체해 고구려를 공격하지 않을 테니, 신라의 한강 점령에 개입하지 말라는 조건이었다. 당시 고구려는 중국 북제와 돌궐의 공격을 받고 있어서 서북 지역이 위태로운 상황에 놓여 있었기 때문에 남쪽 전선의 안정이 절실했다. 신라와의 비밀 강화 협상은 곧 나제 동맹의 해체를 뜻했기 때문에 고구려의 입장에서도 마다할 이유가 없었다. 이렇게 고구려와 신라의 이해관계가 맞아떨어지면서 비밀 강화 협상은 쉽사리 성사될 수 있었다. 진흥왕은 이제 백제를 공격할 가장 좋은 때와 기회를 선택할 일만 남았다고 생각했다.

때마침 한강 하류 지역을 두고 고구려와 백제 사이에 군사 충돌이 벌어졌다. 그러자 진흥왕은 나제 동맹에 따른 군사 협력으로 위장한 채 대규모 군대를 이 지역에 파병했다. 그리고 백제의 군사들이 예전처럼 신라와 힘을 합쳐 고구려를 물리칠 수 있다고 기뻐하는 바로 그 순간, 진흥왕은 칼끝을 백제 군사에게 돌렸다. 120여 년 동안 지속되어 온 나제 동맹 때문에 백제 군사들은 신라를 철썩 같이 믿고 있었다. 고구려를 공격하는 척 속여서 자신들을 공격하는 진흥왕의 전략 앞에, 백제 군사들은 변변한 저항조차 하지 못한 채 맥없이 무너져 버렸다. 진흥왕은 우왕좌왕하고 있는 백제의 군대를 파죽지세로 몰아쳐 한강 하류 지역을 장악하고 한성까지 점령해 버렸다. 그리고 신속하게 신라의 신주(新州)를 설치하고, 아찬 김무력을 그곳의 군주로 삼았다. 백제는 진흥왕의 배신으로 전략적 요충지인 한강 유역을 빼앗겼으나, 신라와 고구려의 협공에 갇혀 이러지도 저러지도 못할 상황이 되고 말았다. 성왕은 신라에 보복 공격을 가하기는커녕 딸을 진흥왕의 소비(小妃)로 보내 평화를 구걸하는 굴욕을 감내해야 했다.

한신의 성동격서가 거짓 공격으로 적을 속인 다음 후방의 전략 본거지를 점령하는 전략이었다면, 진흥왕의 성동격서는 우호관계를 역이용해 상대방의 허점을 찔러 승리하는 전략이었다. 두 경우 모두 적군의 어느 누구도 예상하지 못한 곳을 공격해 승리한 전형적인 사례이다.

14.

누구도 예측하지 못한 곳을 공격하라

원문) 出其所必趨 趨其所不意 行千里而不勞者 行於無人之地也 攻而必取者 攻其所不守也 守而必固者 守其所不攻也 故善攻者 敵不知其所守 善守者 敵不知其所攻 微乎微乎 至於無形 神乎神乎 至於無聲 故能爲敵之司命 進而不可禦者 衝其虛也 退而不可追者 速而不可及也 故我欲戰 敵雖高壘深溝 不得不與我戰者 攻其所必救也 我不欲戰 畵地而守之 敵不得與我戰者 乖其所之也

해석) 군대가 나아갈 때는 반드시 적이 쫓아오도록 유인하고, 적이 전혀 예측하지 못한 곳으로 진출해야 한다. 천 리를 행군해도 피로하지 않는 것은 적이 없는 곳으로 행군하기 때문이다. 공격하여 반드시 빼앗는 것은 적이 지키지 않는 곳을 공격하기 때문이다. 수비하여 반드시 견고한 것은 적이 공격할 수 없는 곳을 지키기 때문이다. 그러므로 공격을 잘하는 장수는 적군이 어디를 어떻게 수비해야 할지 모르게 하고, 수비를 잘하는 장수는 적군이 어디를 어떻게 공격해야 할지 모르게 만든다. 미묘하고도 미묘하구나, 적에게 공격의 형체를 드러내지 않음이여. 신기하고도 신기하구나, 적에게 수비하는 숨소리조차 들리지 않게 함이여. 따라서 적의 운명을 능히 마음먹은 대로 할 수 있다. 아군이 진격하면 적군이 방어하지 못하는 것은 그 허점을 찔렀기 때문이고, 아군이 후퇴하면 적군이 추격하지 못하는 것은 신속하게 후퇴하기 때문이다. 이런 까닭에 아군이 싸우고자 하면 적은 비록 성루를 높이 쌓고 참호를 깊이 파서 수비하려고 해도 부득불 아군과 싸우지 않을 수 없다. 그것은 반드시 구제해야 할 곳을 공격하기 때문이다. 아군이 싸우지 않으려고 하면 땅 위에 금만 긋고 수비한다고 하더라도 적은 아군과 싸울 수 없다. 그것은 적군의 공격 목표를 다른 곳으로 돌리기 때문이다.

15.
적의 역량을 분산시켜 격파하라
—고려 인종의 분열 전술과 유성룡의 후회

이간질과 양보로 적을 분열시켜라

아군의 역량을 감추면서 적군의 형체가 드러나도록 하면, 아군은 역량을 집중할 수 있는 반면 적군의 역량은 분산시킬 수 있다. 예를 들어 위장 행군과 거짓 공격을 통해 교란하면, 적군은 아군을 상대하기 위해 불가피하게 역량을 나눌 수밖에 없게 된다. 이렇게 되면 아군은 전략상 절대적 우세를 점할 수 있다. 또한 아군의 공격 방향과 목표를 적군이 알지 못하도록 하면, 적군은 방어할 곳이 그만큼 많아지므로 역량을 분산할 수밖에 없다. 이렇게 되면 아군의 공격을 상대할 병력이 더욱 줄어들 수밖에 없기 때문에, 아군은 훨씬 쉽게 적군을 각개격파할 수 있다. 따라서 손자는 그 방법과 수단이 무엇이 되었든지 간에 아군의 역량은 집중하면서 적군의 역량은 최대한 분산시키는 전략이야말로 승리를 이루는 지름길이라고 여겼다.

앞에서 고려 인종이 섣부른 공격에 나섰다가 이자겸에게 왕위까지 빼앗길 뻔한 사건에 관해 이야기한 적이 있다. 그런데 이자겸의 사택에 갇힌 인종은 왕권 회복을 결코 포기하지 않았다. 그는 내의원 최사전과 더불어 다시 이자겸 제거 계획을 세웠다. 그러나 섣불리 무력을 동원했다가 이자겸과 척준경의 연합 작전에 큰 낭패를 본 인종은 이번에는 적의 핵심부를 분열시키는 계략을 짰다. 이때 그가 생각해 낸 계략을 보면, 이간질과 더불어 양보 역시 상대방을 분열시키는 훌륭한 전략이 될 수 있음을 알 수 있다.

이자겸의 권력을 지탱하는 가장 중요한 축은 다름 아닌 척준경이었다. 《고려사 열전》이자겸 편에서는 당시 "이자겸과 척준경의 위세가 더욱 강대해져, 그들이 하는 일은 아무도 감히 간섭하지 못했다"고 기록하고 있다. 따라서 이자겸 세력과 척준경 세력을 분열시키지 않는 한 인종의 왕권 회복은 불가능했다. 척준경은 숙종과 예종 시대 여진과의 전쟁에서 큰 공적을 세워 군부의 실력자가 된 사람이었다. 그러나 이자겸이 스스로 임금이 될 꿈을 꾼 야심가였던 반면, 척준경은 지위와 권세만 보장된다면 이자겸이 아닌 인종을 섬길 수도 있는 매우 현실주의적인 인물이었다. 그래서 인종은 은밀히 척준경에게 "임금의 자리만 보장해 준다면 모든 권력을 기꺼이 양보하겠다"는 뜻을 전하면서, 그와 이자겸 사이를 이간질하기 시작했다. 평소 이자겸이 임금이나 다름없이 행동하는 것에 대해 적지 않은 불만을 품어 온 척준경은 모든 권력을 자신에게 양보하겠다는 인종의 뜻에 크게 마음이 흔들렸다. 그런데 때마침 이자겸의 아들인 이지언의 집사가 척준경의 집사와 싸움을 벌이다가, 척준경을 크게 욕보인 사건이 발생했다. 이지언의 집사가 말다툼 끝에 척준경의 집사에게 "너희 상전은 임금이 있는 자리에 대고 활을 쏘고 궁중에 불을 질렀다. 마땅히 죽어야 할 죄를 저질렀고 너 또한 관노로 끌려가야 마땅한데, 어찌 감히 내게 대드느냐"라고 한 것이다. 이들의 다툼은 곧 척준경의 귀에 들어갔다. 크게 분노한 척준경은 이자겸의 집으로 달려가 의관을 벗어 던지며 "그래, 내 죄가 크다. 관청에 가서 자수하겠다"고 하고서는 뒤도 돌아보지 않고 돌아와 버렸다. 그 뒤 이자겸이 화해를 청했지만, 척준경은 노여움을 풀지 않았다. 인종은 이 소문을 듣고 드디어 때가 왔다고 생각했다. 인종은 측근인 김부의를 보내 척준경에게 함께 이자겸을 제거하자는 확고한 뜻을 전했다.

인종이 척준경과 자신을 이간질하는 공작을 비밀리에 벌이고 있다는 사실을 까마득히 모른 채 이자겸은 왕위를 찬탈할 목적으로 인종을 독살하려고 했다. 그러나 이자겸의 두 번에 걸친 독살 시도는 실패로 돌아갔고, 이 일을 안 척준경은 이자겸에 대한 의심이 더욱 깊어졌다. 이자겸이 왕권을 찬탈한다면 그동안 권력을 나누었던 척준경을 제일 먼저 제거할 것이라는 것은 삼척동자도 알 만한 일이었기 때문이다. 낭떠러지 끝에 몰린 인종은 마지막이라는 심정으로 다시 최사전을 척준경에게 보냈다. 척준경은 권력을 양보하겠다는 인종의 약속을 재차 확인하고서는, 마침내 이자겸을 제거하기로 결심을 굳힌다. 그 후 독살에 실패한 이자겸이 자객을 보내 자신을 살

173

해하려 한다는 정보를 입수한 인종은, 척준경을 시켜 선제공격을 가해 이자 겸과 그 도당을 제거해 버린다. 그렇다면 이자겸 세력을 몰아낸 뒤 척준경 은 어떻게 되었을까? 인종은 척준경에게 일인지하 만인지상의 자리인 문하 시중을 제수했다. 척준경이 그 자리를 사양하자, 인종은 다시 그를 벽상공 신으로 봉해 권세를 보장하겠다는 약속을 지키는 척했다. 그러나 척준경이 인종을 믿으면서 경계를 늦추고 있는 동안, 인종은 꾸준히 조정 내부에 문 벌 귀족 세력들을 키웠다. 결국 이자겸을 제거한 다음해 조정에서는 예전에 척준경이 대궐을 침범해 임금을 위협한 역적이라는 논의가 일어났고, 이를 기회로 인종은 척준경과 그 추종 세력을 죽이거나 유배 보냈다. 이로써 인 종은 즉위 후 지독히도 자신을 괴롭히던 이자겸과 척준경 세력을 제거하고 잃어버린 왕권을 회복할 수 있었다. 그것은 모두 이간질과 양보로 이자겸과 척준경이 서로 다투도록 만든 분열 전략의 결과물이었다.

철저하게 각개격파하라

손자는 '勝可爲也(승가위야) 敵雖衆(적수중) 可使無鬪(가사무투)', 즉 "승 리란 인위적으로 만들 수 있으니, 비록 적군의 병력이 많다고 하더라도 그 들로 하여금 싸우지 못하게 할 수가 있다"고 했다. 전쟁의 역사를 살펴보면, 손자의 전략을 차용해 불리한 전세를 단숨에 역전시켜 버린 경우를 어렵지 않게 찾아볼 수 있다. 적군의 전방 부대와 후방 부대, 그리고 작전 및 연락

체계와 보급로를 중간에서 끊어 버려서, 적군을 각각의 부대로 분할시켜 각개 격파하는 사례가 이 경우에 해당한다. 예를 들어 제2차 세계대전 당시 유럽 대륙을 점령한 독일군의 동부 전선과 서부 전선의 연결 시스템과 루트를 끊어 버린 노르망디 상륙 작전이나, 한국전쟁 때 북한군의 허리를 잘라 전방 부대와 후방 부대를 분할·고립시켜 버린 인천 상륙 작전 등이 그렇다.

이처럼 분할과 고립의 공격술은 불리한 전세를 순식간에 뒤집을 수 있는 가장 위력적인 공격 전략 중 하나라고 할 수 있다. 그런데 이 공격 전략과 관련해 유성룡이 지은《징비록》가운데 매우 흥미로운 대목이 있다. 여기에서 유성룡은 조선군이 일찍이 분할과 고립의 공격술을 구사했다면 임진왜란의 전세는 크게 달라져 1593년 초엽 무렵에 이미 일본군을 내쫓을 수 있었는데, 그렇게 하지 못했음을 매우 애석해 했다.

1593년 정월 조명 연합군은 일본군이 장악한 평양성을 공격해 함락시켰다. 이에 앞서 유성룡은 황해도 방어사인 이시언과 김경로에게 비밀리에 적군이 패해 후퇴하는 길을 요격하도록 지시했다.

"그대들 양군이 길가에 매복해 있다가 왜군이 지나가는 것을 기다려 그 뒤를 추격하면, 적군은 굶주리고 피로한 상태로 도망쳐 가므로 감히 싸울 생각조차 못할 것이다. 따라서 어렵지 않게 모두 사로잡을 수 있을 것이다."

이때 이시언은 적군을 도중에 요격하기 위해 곧 중화군으로 갔지만, 김경로는 이 핑계 저 핑계를 대며 지시를 따르지 않았다. 다급해진 유성룡은 다시 군관 강덕관을 보내 독촉했는데, 그때서야 김경로는 마지못해 중화군으로 군사를 이끌고 왔다. 그런데 일본군이 평양성에서 패퇴하기 하루 전날

황해도 순찰사 유영경이 공문을 보내자 김경로는 재령으로 도망쳐 버렸다. 유영경이 해주에 있으면서 김경로에게 자신을 호위하라고 했고, 일본군에 맞서 싸울 의지가 없던 김경로는 그 틈을 타 전쟁터에서 달아난 것이다.

평양성에서 패한 후 얼어붙은 대동강을 건너 도주한 고시니 유키나가는 남은 군사들을 이끌고 밤을 새워 달아났다. 그들은 기운이 빠지고 발은 부르터 절룩거리면서 밭고랑 사이에 배를 대고 기어가기도 하고 밥을 빌어먹기도 했다. 그러나 조선군 중 누구 하나도 이들을 공격하지 않았고 명나라 군사 역시 추격해 오지 않았다. 오직 유성룡의 지시를 받은 이시언만이 그들을 뒤쫓아 갔지만, 가까이 가지 못하고 굶주리고 병들어 후미에 처진 왜군 60여 명을 베어 죽였을 뿐이다. 그렇다면 유성룡은 왜 이시언과 김경로에게 그토록 다급하게 작전 지시를 했을까? 당시 유성룡은 일본군의 전방과 후방, 그리고 동쪽과 서쪽을 끊어놓을 공격 전략을 구상하고서 이러한 작전 명령을 하달한 것이다.

유성룡은 먼저 한양 도성에 주둔하고 있는 적장과 그 부대에 주목했다. 이때 한양에 남아 있던 적의 장수는 우키다 히데이요였다. 그는 도요토미 히데요시의 친척으로 비록 장수의 지위를 갖고 있었지만 갓 스무 살을 넘긴 어린 나이여서 군무(軍務)를 주관하지는 못했다. 그래서 평양 쪽으로 진격한 고시니 유키나가가 여전히 한양에 주둔한 일본군의 군무를 주관하고 있었다. 또한 일본군의 또 다른 선봉장인 가토 기요마사는 한양에서 한참 멀리 떨어져 있는 함경도에 발이 묶여 있었다. 이 때문에 유성룡은 패퇴해 도주하는 고시니 유키나가를 사로잡는다면 한양에 주둔하고 있는 일본군은 저절로 무너질 것이고, 한양의 왜군이 무너지면 함경도로 진격한 가토 기요마사의 일본군은 고립무원의 상황에 빠질 것이라고 생각했다. 가토 기요마사는 고립된 채 조명 연합군과 의병들에게 전멸당하거나 아니면 동해안의 뱃길을 이용해 일본으로 도주할 길을 찾을 수 있을 뿐이다. 이렇게 된다면, 한강 이남의 왜군은 단지 오합지졸에 불과해 차례로 와해될 것이고, 조명 연합군은 "북을 울리고 천천히 행군하여 부산에 이른 다음 술이나 흠뻑 마시며 승전의 기쁨을 누릴 수 있었다"고 유성룡은 말한다. 그러면서 그는 김경로 한 사람의 잘못으로 참혹한 전란과 백성의 고통이 몇 년이나 더 계속되었다는 사실에 통분함과 안타까움을 감추지 못했다.

유성룡의 예측대로 고시니 유키나가를 사로잡고 한양의 왜군을 와해시켰다면, 임진왜란의 참화를 조기에 종결할 수 있었을까? 역사에는 가정이 없으니까 확실하게 답변할 수는 없다. 그러나 고립과 분할의 공격술을 통해 可使無鬪(가사무투), 즉 "적군이 감히 싸울 수 없도록 만들어야 한다"는 그 전략의 탁월함만큼은 아무리 칭찬해도 지나치지 않은 듯하다.

15.
적의 역량을 분산시켜 격파하라

원문) 故形人而我無形 則我專而敵分 我專爲一敵分爲十 是以十共其一也 則我衆
而敵寡 能以衆擊寡者 則吾之所與戰者 約矣 吾所與戰之地不可知 不可知 則敵所備者
多 敵所備者多 則吾所與戰者寡矣 故備前則後寡 備後則前寡 備左則右寡 備右則左寡
無所不備 則無所不寡 寡者 備人者也 衆者 使人備己者也 故知戰之地 知戰之日 則可千
里而會戰 不知戰地 不知戰日 則左不能救右 右不能救左 前不能救後 後不能救前 而況
遠者數十里 近者數里乎 以吾度之 越人之兵雖多 亦奚益於勝敗哉 故曰 勝可爲也 敵雖
衆 可使無鬪 故策之而知得失之計 作之而知動靜之理 形之而知死生之地 角之而知有餘
不足之處

해석) 그러므로 적군은 드러나되 아군은 드러나지 않고, 아군은 집중하되 적은 분
산된다. 아군은 집중해 하나가 되지만 적은 분산되어 열이 된다. 이는 아군이 열의 병
력으로 하나의 병력으로 분산된 적을 상대하는 것이다. 즉 아군의 병력은 많고 적의 병
력은 적게 된다. 많은 병력으로 적은 병력을 공격하면 곧 아군이 맞서 싸워야 할 적의
숫자가 줄어들게 된다. 아군과 싸워야 할 곳을 적이 알지 못하게 한다. 싸워야 할 곳을
알지 못하면 적은 수비해야 할 곳이 많아진다. 적이 수비해야 할 곳이 많아지면 아군
이 상대해 싸워야 할 적의 숫자가 줄어들게 된다. 따라서 앞쪽을 수비하면 뒤쪽의 숫자

가 줄어들고, 뒤쪽을 수비하면 앞쪽의 숫자가 줄어들게 된다. 왼쪽을 수비하면 오른쪽의 숫자가 줄어들고, 오른쪽을 수비하면 왼쪽의 숫자가 줄어들게 된다. 완전하게 수비를 갖추려면 곧 방어하는 모든 곳의 숫자가 줄어들게 된다. 병력이 적어지는 것은 적을 수비하려고만 하기 때문이고, 병력이 많아지는 것은 적으로 하여금 방어에만 매달리도록 하기 때문이다. 이런 까닭에 싸울 곳을 알고 싸울 날짜를 안다면, 곧 천 리 밖으로 나아가 적과 싸워도 이길 수 있다. 싸울 곳을 알지 못하고 싸울 날짜를 알지 못한다면 왼편의 부대가 오른편의 부대를 구원할 수 없고 오른편의 부대가 왼편의 부대를 또한 구원할 수 없으며, 전방의 부대가 후방의 부대를 구원할 수 없고 후방의 부대가 전방의 부대를 구원할 수 없다. 하물며 멀게는 수십 리에서 가까워도 수 리가 떨어진 곳에 있는 부대가 어찌 구원할 수 있겠는가? 내가 보건대 월나라의 병력이 비록 많다고 하더라도 어찌 많다는 것만으로 승패에 도움이 되겠는가? 그러므로 말하기를 "승리는 인위적으로 만들 수 있으니, 비록 적의 병력이 많다고 하더라도 그들로 하여금 싸우지 못하게 만들 수 있기 때문"이라고 한다. 따라서 계책을 세워서 득실을 계산할 줄 알아야 하고, 일을 일으켜 동정(動靜)의 이치를 헤아려야 하고, 형세를 드러내 생사의 땅을 살펴야 하고, 정찰대를 보내 적의 전력이 여유로운 곳과 모자란 곳을 파악해야 한다.

16.
전투 상황과 적의 형세에 따라
변화무쌍하게 행동하라
─옥포 해전, 당포 해전, 부산 해전, 견내량 봉쇄 작전

손자가 생각한 최고의 전략가란?

손자가 생각한 최고의 전략가는 어떤 사람일까? 여기에서 우리는 '能因
敵變化而取勝者(능인적변화이취승자) 謂之神(위지신)', 즉 "적의 형세에 따라
싸우는 방식과 작전을 변화시켜 승리를 거두는 장수야말로 군신이라고 할
수 있다"는 대목에 주목할 필요가 있다. 한 번 승리한 방식과 작전은 거듭
사용하지 않고, 각각의 전투 상황과 형세에 따라 무궁무진하게 변화시켜 전
략을 세우는 사람이야말로 군신의 자격을 얻을 수 있다. 우리 역사 속에서

도 손자가 말한 군신의 칭호를 부여할 만한 전략가가 있다. 다름 아닌 이순신이다.

무적을 자랑하던 러시아의 발틱 함대를 물리치고 러일 전쟁(1904~1905년)을 승리로 이끈 일본 해군의 영웅 도고 헤이하치로는, 자신은 단지 이순신의 진법과 전술을 응용한 정자전법(丁字戰法)으로 승리한 것뿐이라면서 "해군 역사상 군신이라고 할 수 있는 제독이 있다면 바로 이순신 한 사람뿐이다"라고 칭송했다. 이순신의 병법과 전략이 신의 경지라는 관념은 임진왜란 당시부터 조선군과 일본군은 물론 명나라 군대 사이에 광범위하게 유포되어 있었던 듯하다. 이 때문에 유성룡은《징비록》의 이순신의 인품과 전공을 소개하는 곳에서, '遂不敢犯退走(수불감범퇴주) 諸將以爲神(제장이위신)' 즉 "마침내 적군이 감히 침범하지 못하고 물러나 달아나니, 여러 장수들이 모두 이순신을 신으로 여겼다"라는 기록을 남길 수 있었던 것이다.

여기에서는 이순신 장군이 일본 수군을 상대로 거둔 23전 23승 가운데 - 앞서 소개한 한산도 해전을 제외하고 - 특별히 4개의 전투를 가려 뽑아서, 왜 그가 그토록 세계 해전사에 독보적인 자취를 남긴 군신의 호칭을 얻게 되었는지를 구체적으로 살펴보겠다.

옥포 해전 : 최초의 공격 전술, 원거리 포격전

이순신은 임진왜란이 발발한 후 20여 일이 지나도록 싸움에 나서지 않왔다. 그동안 일본군 15만 명은 거침없이 조선의 강토를 짓밟고 북진에 북진을 거듭하고 있었다. 이순신은 끓어오르는 분노로 치를 떨었다. 그러나 적의 전력이 어느 정도이고, 어떤 무기를 주로 사용하고, 전술은 어떻게 구사하는지를 제대로 알지 못한 상황에서 단지 분노와 복수심만으로 전쟁터로 나갈 수는 없었다. 그 20여 일 동안 이순신은 지피지기를 통해 적의 전력과 전술과 무기 체계에 대한 정보는 물론, 아군이 어떻게 적을 상대해야 할지에 대한 계획을 주도면밀하게 준비했다.

마침내 1592년 5월 3일, 이순신은 거제 옥포만에 적의 수군이 있다는 첩보를 입수한 후 첫 출전에 나섰다. 이순신은 먼저 옥포만호 이운룡을 통해 지형에 관한 정보를 들었다. 그리고 옥포만이 넓고 깊어서 적군 몰래 접근해 기습 공격을 펼칠 수 없다고 판단했다. 또한 기습이 불가능한 상황에서는 조총으로 무장하고 백병전에 능한 적과 근접 거리에서 싸우는 것 역시 바람직하지 않다고 여겼다. 당시 이순신을 제외한 조선 수군의 장수들은 기습 공격이나 근접 전투 모두 불가능하다면 어떻게 승리할 수 있다는 것인지 의아스럽게 여겼다. 그러나 이순신은 이미 아군이 어떻게 싸울지에 대한 대책을 마련해 두고 있었다. 일본 수군의 주력 무기인 조총의 유효 사거리는 100보 안팎에 불과했고 함대는 빠르게 속도를 내기 위해 가벼운 목재로 만들어져 있었다. 반면 조선 수군에 탑재한 총통(대포)의 유효 사거리는 500보까지 날아갔다. 근접 전투를 피하고 원거리에서 포격전으로 적을 격파한다는 것이, 임진왜란 최초의 해상 전투인 옥포 해전에서 이순신이 내린 전술적 결론이었다. 이 전술은 실제 전투에 참여한 경험이 전혀 없고 더욱이 일본 육군의 연전연승에 심리적으로 크게 두려움을 느끼고 있는 조선 수군을 무리하게 근접 전투로 몰아넣을 경우, 큰 낭패를 볼 수도 있다는 판단에 따른 것이기도 했다. 그래서 이순신은 전투를 시작하기 전에 접근전은 절대로 용납할 수 없으며, 설사 적이 육지로 도망치더라도 추격하지 말라고 거듭 지시했다. 이순신은 조선 수군의 함대 28척을 총통의 유효 사거리까지 접근시키고 일렬횡대로 늘어세운 다음, 배의 측면에 자리한 총통이 적의 함대를 향하도록 일자진을 펼쳤다. 그리고 이순신의 함대를 발견하고 일제히 공격에 나서는 적을 향해 200여 발의 포격을 가했다. 이 옥포 해전에서 일본 수군은 30여 척의 전선이 격파되고 수많은 사상자를 낸 반면, 조선 수군은 단한 척의 전선도 파괴되지 않았고 단 한 명의 전사자도 발생하지 않았다. 이순신은 완벽한 가까운 승리를 거둔 것이다. 그것은 적의 전술과 무기 체계, 그리고 옥포만의 지형을 고려해 수립한 이순신의 전술, 즉 일자진과 방포(원거리 포격전)의 승리였다.

당포 해전 : 전투의 지휘부를 집중 타격하는 공격의 기술

전략가의 최대 난제는 한 번 적에게 노출당한 전략과 전술은 되풀이해서 사용해서는 안 된다는 점이다. 앞에서도 여러 번 지적했지만 전략과 전술이란 적이 예측하지 못할수록 그만큼 성공 가능성이 큰 반면, 이미 드러나 버린 전략과 전술을 거듭 사용하는 것은 자살 행위나 다름없다. 옥포 해

전 이후 일본 수군은 연전연패를 당했다. 그러나 그것은 일본 수군이 이순신의 강점과 약점을 파악할 수 있는 경험을 제공한 패배이기도 했다. 적이 나를 잘 알지 못한 상황에서 승리하는 것보다 적이 나를 잘 알고 있는 상황에서 승리하는 것은 수십, 수백 배 어렵다고 할 수 있다. 적이 나를 잘 알고 있는 상황에서 승리하기 위해서는 오로지 각각의 전투 상황에서 적의 예측을 넘어설 만큼 변화무쌍하게 행동할 수 있어야 한다. 그것이 손자가 말하는 최고의 전략가가 갖출 능력이다.

1592년 6월 2일, 이순신은 적선 21척이 당포(지금의 경남 통영시 미륵도 부근 포구)에 주둔해 있다는 첩보를 입수했다. 당시 일본 수군은 연합 함대를 구성해 서해 앞 바다로 진출을 모색하고 있었다. 이에 이순신은 이를 저지하기 위해 남해의 각 포구에 주둔하고 있는 일본의 소규모 함대를 찾아 격파하는 전략을 취하는 중이었다. 그러나 이미 이순신에게 수차례에 걸쳐 혼쭐이 난 일본 수군은 만반의 준비를 갖춘 채 방어전에 임했다. 당포에 주둔한 일본군 함대 역시 마찬가지였다. 육지 깊숙한 곳에 자리한 포구의 지형을 십분 활용해 바다와 육지에 모두 방어선을 구축하고 이순신의 함대를 기다렸다. 그것은 조선 수군의 장점, 즉 원거리 포격전을 무력화시키는 방어전술이었다. 아군의 장점을 활용할 수 없다는 것 이외에 이순신에게는 한 가지 난제가 더 있었다. 자칫 전투가 길어지면 남해 이곳저곳에 산재해 있는 일본 함대가 연락을 받고 조선 수군의 배후를 공격할 수 있었다. 따라서 빠르게 공격하고 빠르게 끝내는 속전속결이 필수적이었다. 더욱이 당포 해전에서 이순신이 상대한 일본군 함대는 대장인 아타케를 중심으로 구성된 정예군이었다. 이들은 대장선을 중심으로 전력을 집중 배치해 어떤 공격에도 쉽게 무너지지 않을 진영을 짜고 있었다. 이중 삼중의 난제 앞에서 이순신은 어떤 전술적 판단을 내렸을까?

그것은 적의 지휘부, 즉 대장선인 아타케를 집중 타격하는 속전속결의 전술이었다. 즉 돌격선인 거북선을 앞세워 적의 대장선으로 곧장 진격해 제압해 버린다면, 나머지 적은 오합지졸에 불과하다는 것이 이순신의 판단이었다. 조선 수군의 함대가 일제히 엄호 사격을 가해 적의 대형을 혼란에 빠뜨리는 순간, 거북선과 서너 척의 판옥선이 적의 대장선을 향해 곧장 돌격해 들어갔다. 그리고 거북선은 적의 대장선에 충돌해 충격을 가한 다음, 두 차례에 걸친 포격으로 전선을 격침시켜 버렸다. 대장선을 잃은 일본 수군은 이미 전투 대형이 무너지고 전의마저 완전히 잃은 채 바다로 뛰어들거나 육지로 도망치기에 바빴다. 이렇듯 당포 해전은 적의 지휘부를 집중 타격하는 공격과 속전속결의 전술이 크게 빛을 발한 전투였다.

부산 해전 : 적의 전략 본거지를 격파하는 전면전의 기술

임진왜란이 발발한 지 5개월이 다 되어 가는 1592년 9월, 이순신은 거듭되는 승전에도 불구하고 큰 고민에 빠지게 된다. 일본의 육군이 충청도와 전라도 지역을 본격 공략하면서 자칫 조선 수군의 전략 본부인 전라좌수영(지금의 전남 여수시 소재)이 수륙 협공을 당할 수도 있었기 때문이다. 만약 그러한 상황이 벌어진다면 조선 수군은 궤멸 당하거나 아무리 잘 버텨도 전략적으로 치명상을 입을 수밖에 없었다. 이순신은 어떻게든 일본군의 협공이라는 최악의 상황만은 막아야 한다고 판단했다. 이때 장고를 거듭한 이순신이 내린 결론은 뜻밖에도 적의 전략 본거지를 공격하는 전면전이었다.

당시 조선 수군의 판옥선은 모두 합쳐 봐야 80여 척에 불과한 반면, 일본 수군의 전략 본거지인 부산에 정박해 있는 전선은 무려 500여 척에 가까웠다. 이순신의 결정은 누가 보더라도 무모했다. 그러나 이순신은 연전연패하는 일본 수군 장수들에게 분노한 도요토미 히데요시가 내린 해전 금지령을 십분 활용한다면, 조선 수군과의 전투를 피하려고 전략 본거지인 부산을 중심으로 수백 척의 전선을 밀집시킨 적에게 심각한 타격을 줄 수 있다고 확신했다. 적의 본거지를 공격한 9월 1일 때마침 부산에는 폭풍이 불었다. 대부분의 장수들은 폭풍이 몰아치는데 출전하는 것은 좋지 않다면서 후퇴를 주장했다. 그러나 이순신은 오히려 폭풍이 적의 본진을 항구에 묶어둘 것이기 때문에 전면전을 감행하기에 더욱 유리하다고 판단했다. 그러나 조선 수군의 진격로를 탐지한 일본 수군의 저항도 만만치 않았다. 일본군 전초 부대를 차례로 격파한 이순신은 부산포구 앞 바다로 진입하는 초량목에서 일본군 결사대 4척의 완강한 저항에 부딪혔다. 이순신은 돌격선인 거북선 2척을 앞세워 4척의 적선을 격침시키고 마침내 500여 척의 적선이 주둔하고 있는 부산포 앞 바다로 나아갔다. 이때 이순신은 좁은 해협을 통과할 때 적의 기습 공격에 대응할 수 있도록 긴 뱀처럼 함대를 늘어세우는 장사진(長蛇陣)을 펼쳤다. 이 장사진은 진격할 때는 일렬종대의 모습을 갖추고 포격을 할 때는 일렬횡대의 모습을 갖추었는데, 전선 사이의 간격을 유지하고 이동하면서 적을 향해 포격을 가할 수 있는 진법이었다. 마침내 포격 사거리에 적의 본거지가 들어오자 이순신은 밀집 대형으로 정박해 있는 적선을 향해 방포 명령을 내리는 한편, 거북선을 적의 본진 깊숙이 돌격시켜 거침없이 적의 함선을 격침시켜 버렸다. 이 부산 해전에서 조선 수군이 격침시킨 적선은 모두 130여 척에 달했다.

이미 일본 수군에게 전략적으로 큰 타격을 입혔다고 판단한 이순신은 더 이상의 전투는 아군의 피해만 늘릴 뿐이라고 판단하고는 즉각 후퇴해 버렸다. 무모하다는 주변의 반대를 무릅쓰고 적의 본거지를 전면적으로 공격한 까닭은, 일본 수군을 궤멸시키기 위해서가 아니라 전략적으로 타격을 입혀 한동안 감히 수륙 협공을 계획할 수 없도록 하는 데 목적이 있었기 때문이다. 실제로 이후 일본 수군은 철저하게 해전을 기피하면서 아무리 싸움을 걸어도 바다로 나오지 않게 되었다. 이렇듯 부산 해전은 적의 본거지에 전략적으로 치명상을 입혀서, 자칫 수륙 협공에 내몰려 위기에 빠질 수도 있는 상황을 지혜롭게 돌파한 고도의 공격 전술이었다.

견내량 봉쇄 작전 : 방어할 때는
적군의 공포 심리를 십분 활용하라

전략가에게 공격의 기술 못지않게 중요한 것이 방어의 기술이다. 전투 상황과 적의 형세에 따라 싸우는 방식과 작전을 변화시키라는 손자의 가르침은 공격에만 적용되지 않는다. 승리란 공격으로도 얻을 수 있지만 때로는 방어를 통해서도 얻을 수 있기 때문이다.

임진왜란도 1년이 다 지난 1593년 5월, 이순신은 한산도 해전으로 큰 승리를 거둔 경험이 있는 견내량을 봉쇄하는 작전에 나섰다. 조명 연합군의 공세에 밀려 남하하던 일본군이 경상도의 진주성을 함락한 후, 남해 바닷길을 뚫어 전세를 역전시키려 한다는 것을 감지했기 때문이다. 거듭된 해전에서의 패배에도 불구하고 일본 수군은 오히려 전선을 900여 척으로 증강했다. 적군은 이순신과의 해전을 피하면서도, 일거에 조선 수군을 쓸어버리고 남해와 서해로 진격할 바닷길을 호시탐탐 노리고 있었던 것이다.

그러한 상황에서 이순신은 급보를 전달받았다. 그것은 적의 대규모 함대가 견내량 북단에 집결해 있다는 정보였다. 순간적으로 일본 수군이 모든 전력을 집중해 전면전을 계획하고 있음을 알아챈 이순신은 공격 전술이 아닌 방어 전술로 적을 물리쳐야 한다고 생각했다. 당시 연전연승에 들떠 있던 조선 수군의 장수들은 즉각 공격에 나서자고 이순신을 압박했다. 그러나 이순신은 지금 출전하면 자칫 대규모 함대를 동원한 적의 포위 공격에 말려들어 궤멸당할 수도 있다면서, 지금은 공격이 아닌 방어에 힘쓸 때임을 주지시켰다.

이때 이순신은 일본 수군이 쓰라린 패배의 경험을 안고 있는 견내량의 좁은 물길을 봉쇄해 적을 막아 내는 전술을 선택했다. 거기에는 한산도 해전에서 당한 공포와 두려움 때문에 적이 쉽사리 대규모 공격에 나서지 못하리라는 계산이 깔려 있었다. 이순신은 판옥선 100여 척으로 첨(尖)자 모양을 닮은 삼각형 모양의 진법인 첨자진(尖字陣)을 펼쳐 견내량 북단을 단단히 틀어막아 버렸다. 그리고 적군이 감히 도발하지 못하도록 정찰 함대를 꾸려 견내량 주변을 훑고 다니거나 해상 훈련을 통한 무력시위를 했다. 이순신의 동태를 지켜본 일본 수군은 견고한 방어 태세와 무력시위에 두려움을 느껴 끝내 공격에 나서지 못했다. 그 뒤 이순신은 견내량 봉쇄 작전에서 한 걸음 더 나아가 전라좌수영을 여수에서 적군과 가장 가까이 대치하고 있는 최전선인 한산도로 옮겨 버렸다. 이 조치는 일본 수군을 향해 한번 해 볼 테면 해 보자는 무언의 경고이자 협박 카드였다. 견내량 봉쇄를 통해 이순신은 때로는 방어가 공격보다 훨씬 강력한 위력을 발휘할 수 있다는 사실을 보여주었다. 그것은 특히 방어 전술에서는 적의 공포 심리를 십분 활용해 무력화시키는 기술이 무엇보다 중요하다는 사실을 일깨워 준 작전이기도 했다.

이외에도 이순신 장군은 명량 해전에서는 주변 지형과 조수의 흐름을 이용한 공격의 기술로 고작 13척의 전선으로 130여 척의 적군 함대를 격파하는 등 모든 전투에서 일본 수군 장수들이 도저히 예측할 수도, 감당할 수도 없는 귀신같은 병법과 전술 능력을 보여주었다. 이 때문에 도고 헤이하치로 같은 근대 일본 해군의 제독조차, 일본의 역사에 참담한 패배의 상처를 남긴 이순신을 향해 무한한 존경심을 표출할 수밖에 없었던 것이다. 그들에게 이순신은 이미 조선의 장군이 아닌 군신이었다.

16.
전투 상황과 적의 형세에 따라
변화무쌍하게 행동하라

원문) 故形兵之極 至於無形 無形 則深間不能窺 智者不能謀 因形而錯勝於衆 衆不能知 人皆知我所以勝之形 而莫知吾所以制勝之形 故其戰勝不復 而應形於無窮 夫兵形象水 水之形 避高而趨下 兵之形 避實而擊虛 水因地而制流 兵因敵而制勝 故兵無常勢 水無常形 能因敵變化而取勝者 謂之神 故五行無常勝 四時無常位 日有短長 月有死生

해석) 그러므로 형병(形兵 : 군대의 형체)의 극치는 무형의 경지에 이른 부대이다. 무의 경지에 이르면 깊이 침투한 적의 간첩이라도 엿볼 수 없고, 지혜로운 장수라도 계책을 세울 수 없다. 형세에 따라 적에게 승리를 거두지만, 적은 그 까닭을 알지 못한다. 사람들은 모두 아군이 승리하는 형세이기 때문에 승리했다고 알 뿐, 승리할 수 있게 만든 형세에 대해서는 알지 못한다. 그러므로 전쟁에서 승리한 작전은 반복해서 사용하지 않고, 적의 형세에 따라 무궁무진하게 변화시켜야 한다. 무릇 군대의 형세는 물과 같아야 한다. 물의 형세는 높은 곳을 피해 낮은 곳으로 내달린다. 군대의 형세는 적의 강점을 피하고 허점을 공격해야 한다. 물은 지형에 따라 흐름이 결정되고, 군대는 적의 형세에 따라 승리가 결정된다. 따라서 군대에는 일정한 형세가 없고, 물에는 고정된 형세가 없다. 적의 변화에 따라 적절히 대응하여 승리를 취할 수 있는 사람을 '신묘'하다고 이른다. 그러므로 오행(伍行)은 항상 이기지 않고 사시(四時)는 항상 제자리에 있지 않다. 해가 짧아지거나 길어지며, 달이 기울고 차는 것처럼 군대와 작전은 고정되어 있어서 는 안 된다.

제7장

군사의
전사의투

I7.
전투와 행군은 서둘러서는 안 된다
─부여 대소왕의 죽음과 왕건의 팔공산 패배

부여 대소왕의 죽음 : 전투는 결코 서둘러서는 안 된다

적군과 직접적으로 맞부딪쳐 싸울 때 가장 경계해야 할 것 중 하나가 다름 아닌 조급증이다. 따라서 뛰어난 전략가는 '先處戰地而待敵(선처전지이대적)', 즉 서둘러 적군보다 먼저 전쟁터에 나아가 유리한 곳에서 적을 기다리지만, 절대로 전투를 서둘러 치르지는 않는 법이다. 싸워야 할 곳의 지형도 잘 알지 못하고 적의 병력과 배치 상태도 제대로 파악하지 않은 채 서둘러 전투를 치를 경우, 자칫 치명적인 패배를 당할 수 있기 때문이다.

주몽(동명성왕)이 고구려를 세우기 이전까지 드넓은 요동 벌판을 장악한 패권 국가는 부여였다. 고구려의 건국과 더불어 부여는 이 일대를 두고 지난한 패권 다툼을 벌여야 했다. 그러나 두 나라의 패권 다툼은 고구려 제3대 대무신왕에 이르러, 마침내 승패가 판가름 나고 만다. 부여의 대소왕은 일찍부터 고구려와 깊은 악연을 맺고 있었다. 그는 주몽이 부여를 탈출할 때 군사를 보내 죽이려 한 장본인이었고, 또한 주몽이 나라를 세운 후에는 고구려의 멸망을 평생의 숙원으로 삼았던 인물이다. 주몽과 유리왕을 지나 대무신왕이 즉위한 지 3년째 되는 해(서기 20년), 마침내 대소왕은 공공연하게 고구려를 정벌할 야심을 드러냈다.

먼저 대소왕은 사신을 시켜 대무신왕에게 머리가 하나에 몸뚱이가 둘인 붉은 까마귀를 보냈다. 그 까마귀는 예전에 부여 사람이 대소왕에게 바친 것인데, 당시 신하 중 한 사람이 이렇게 말했다.

"까마귀는 원래 검은데 지금 빛깔이 변해 붉은 빛을 띠고 또한 머리가 하나에 몸뚱이가 둘인 것은 두 나라를 아우를 징조입니다. 아마도 왕께서 고구려를 차지할 조짐인 듯합니다."

이 말에 크게 고무된 대소왕은 대무신왕에게 까마귀를 보내면서 그 해석까지 전해 은근히 고구려를 합병하겠다는 뜻을 밝혔다. 그러나 대무신왕은 두려워하기는커녕 오히려 다음과 같이 화답했다.

"검은색은 북방의 색인데, 이제 변해 남방의 색이 되었다. 또한 붉은 까마귀는 상서로운 짐승인데, 그대가 이것을 얻고도 갖지 못하고 오히려 내게 보냈구나. 두 나라 중 누가 흥하고 누가 망할지를 알 수 있구나."

이로써 심리전에서 기선을 제압하려고 했던 대소왕의 계획은 수포로 돌아가고 말았다.

　이 사건으로 부여 대소왕의 고구려에 대한 정벌 계획을 확인한 이상, 대무신왕은 방어보다는 선제 기습 공격을 감행하는 것이 더 유리하다는 판단을 하게 된다. 이에 그는 다음해(서기 21년) 겨울 12월에, 친히 군사를 이끌고 부여 정벌길에 올랐다. 대무신왕이 직접 군사를 이끌고 부여의 남쪽 변방을 향해 행군하고 있다는 소식을 들은 대소왕 역시 몸소 군대를 지휘해 나섰다. 이때 대무신왕은 진군 도중 드넓은 습지대를 발견하고 더 이상 앞으로 나아가지 않았다. 마른 평지를 골라 군영을 설치하고 말안장을 풀어 군사들을 쉬게 했다. 그리고 질퍽한 습지와 짙은 안개를 이용해 부여의 대소왕을 무찌를 계략을 짰다. 그것은 부여군이 쉽게 발견할 수 있는 곳에는 고구려 병사들이 편안히 쉬고 있는 모습을 보여주는 대신 눈에 띄지 않는 곳에는 정예병을 숨겨 두어 적을 기습하는 작전이었다.

　전쟁터에 도착한 대소왕은 맞은편에 자리하고 있는 고구려군이 편안하게 쉬고 있는 모습을 보고서는, 대무신왕이 미처 정비를 갖추지 못한 틈을 이용해 공격하면 대승을 거둘 수 있겠다는 생각에 들떴다. 그래서 그는 전력을 쏟아 부어 고구려군을 공격했다. 그러나 대소왕은 지나치게 흥분한 데다가 짙은 안개까지 자욱하게 깔려 있어서, 그곳 지형이 펄로 뒤덮인 습지라는 사실조차 간파하지 못했다. 결국 대소왕이 지휘한 부여의 정예 기마 부대가 진흙 개펄에 갇혀 오도 가도 못하는 상황이 벌어졌고, 대무신왕은 그 틈을 놓치지 않고 부여군을 사방에서 포위 공격하는 한편 휘하의 장수 중 괴력의 소유자인 괴유를 보내 대소왕의 목을 단칼에 베어 버렸다. 창졸간에 대소왕을 잃은 부여군은 크게 기세가 꺾였지만, 수적인 우세를 십분 활용해 고구려군을 압박할 수 있었다. 이 때문에 대무신왕 역시 부여 정벌의 뜻을 더 이상 펼치지 못하고 후퇴할 수밖에 없었다.

그러나 대소왕의 죽음은 부여에 치명적인 상처를 남겼다. 비록 전투는 어느 한쪽의 일방적인 승리로 끝나지 않았지만, 대소왕의 죽음으로 부여는 고구려와의 패권 전쟁에서 패배의 길로 접어들게 된다. 대소왕의 죽음 이후 부여는 왕권을 둘러싼 피비린내 나는 권력 투쟁을 겪다가 마침내 나라가 분열되었다. 또한 많은 수의 왕족과 귀족 세력이 고구려에 투항했다.

이렇듯 적을 단숨에 무찌르겠다는 조급한 마음 탓에 싸움에 나서기 전에 반드시 돌보아야 할 전투의 기본 조건과 상황조차 무시한 대소왕의 경솔함 때문에, 고대 왕국 부여는 고구려에 북방의 맹주 자리를 내어 주고 쇠락의 길을 걷게 되고 말았다.

왕건의 팔공산 패배 : 서둘러 행군하는 것은 위태롭다

전쟁터에 나가는 장수의 어려움은 무엇일까? 그것은 "전군의 병력과 장비를 모두 이끌고 적군보다 먼저 요충지를 차지하려고 하면, 아군의 기동력이 떨어져 적군보다 늦게 도착해 유리한 고지를 빼앗길 수 있다. 그런데 반대로 아군의 기동력을 높이기 위해 병력과 장비를 가볍게 하고서 적군보다 빨리 유리한 고지를 장악하는 데 급급하다 보면, 병력과 장비, 그리고 보급품을 뒤에 두고 와야 한다"는 것이다. 그렇다면 어떻게 해야 하는가? 손자는 원정에 나서는 군대가 서둘러 행군하거나 밤낮을 쉬지 않고 내달리는 강행군은 처참한 패배만을 불러 올 뿐이라고 경고한다.

"갑옷과 투구를 벗어 던지고 달려 나가 밤낮을 쉬지 않고 보통의 속도보다 몇 갑절이나 되는 100리 길을 강행군해 적과 승리를 다투려고 하다 보면, 전군의 장수가 모두 적에게 사로잡히는 신세가 되고 만다."

서기 927년, 후백제 견훤이 서라벌을 향해 진격하고 있다는 소식을 들은 신라의 경애왕은 다급하게 장군 연식을 고려의 왕건에게 보냈다. 군사 지원을 요청하기 위해서였다. 신라의 사신을 맞이한 고려의 왕건은 견훤이 신라를 점령할 경우, 후삼국간 패권의 저울추가 급속하게 견훤에게 기울 수 있다는 사실에 아주 마음이 다급해졌다. 그래서 공훤을 사령관으로 삼아 구원군 1만 여 명을 서라벌에 급파했다. 그러나 견훤의 군대는 이미 경애왕을 죽이고 수많은 포로와 금은보화를 챙긴 다음 서라벌을 떠난 뒤였다. 이 소식을 접한 왕건은 회군하는 견훤을 기다렸다가 급습하면 큰 승리를 챙길 수 있다고 판단하고서는, 다급하게 정예 기병 5,000명을 모아 직접 전투에 나서기로 결정했다. 특히 견훤을 맞아 싸울 요충지인 팔공산(대구 근방)에 먼저 도착하기 위해, 왕건은 휘하 장수 중 신숭겸과 김낙, 그리고 기동력을 발휘할 수 있는 정예 기병만을 대동했다. 당시 고려 조정에서는 왕건이 지나치게 급하게 출전을 서두르는 것을 우려해, 보다 신중하고 치밀하게 작전과 계획을 짠 다음 군사를 동원하자는 주장이 우세했다. 그러나 왕건은 뜻을 굽히지 않았다. 그는 오로지 한시라도 빨리 남하해 길목을 막고 견훤을 기다려야 한다는 생각에 사로잡혀 있었다.

왕건이 직접 지휘한 5,000명의 기병 군단은 밤낮을 가리지 않고 쉴 새 없이 행군했다. 그러나 군마와 장비를 가볍게 하고서 강행군을 통해 적에게 승리를 얻겠다는 왕건의 작전과 계획은 애초부터 잘못된 것이었다. 그것은 행군은 서둘러서는 안 된다는 병법과 전략의 ABC를 망각한 행동이었기 때문이다. 다급한 마음에 서둘러 행군을 밀어붙인 대가는 얼마 지나지 않아 찾아왔다. 견훤을 급습한다는 계산은 빗나갔고, 오히려 왕건의 정예 기병 5,000명은 견훤의 군사들에게 공격을 당해 완전히 포위되는 신세가 되고 말았다. 당시 왕건은 목숨을 잃을 수도 있는 절체절명의 위기를 맞았다. 도저히 탈출로를 찾을 수 없었기 때문이다. 이때 신숭겸이 왕건에게 자신이 왕의 갑옷을 입고 싸울 테니, 그 틈을 이용해 빠져나가라고 간청했다. 왕건은 피눈물을 삼키며 신숭겸의 청을 받아들였다. 가장 아끼는 휘하 장수를 희생해서라도 목숨을 건져야 할 만큼 위태로운 상황이었기 때문이다. 신숭겸은 결국 왕건을 대신해 목숨을 잃었다. 당시 팔공산 전투의 상황에 대해 《고려사》에서는 이렇게 기록하고 있다.

"견훤의 군사가 왕을 포위해 사태가 매우 위급했다. 신숭겸과 김낙은 힘을 다해 싸우다가 희생되고 각 부대들은 패배를 당했으며 왕은 겨우 몸만 피할 수 있었다. 견훤은 승리한 기세를 몰아 대목군(大木郡 : 경북 안동)을 탈취했다."

왕건의 참혹한 패배는 '서둘러 행군하는 것은 위태롭다'는 병법의 기본 원칙을 철저하게 무시했기 때문에 처음부터 예고된 패배였다고 할 수 있다.

부여 대소왕의 경우처럼 왕건은 가장 간단하지만 반드시 지켜야 할 ABC를 망각했다. 이 때문에 그 패배는 참혹한 만큼 한심한 패배이기도 하다. 팔공산 전투의 패배 이후 고려는 후백제의 기세에 눌려 잇따른 전투에서 모두 패배의 쓴잔을 마셨다. 이에 후삼국간 패권의 저울추는 한참 동안 견훤의 후백제에게 기울었고, 그 시간만큼 전쟁의 종결과 통일 국가의 꿈은 늦춰질 수밖에 없었다.

절제력과 신중함은 전략가의 근본 덕목이다

신중함과 절제력, 그것은 《손자병법》의 전체를 관통하고 있는 전략가의 근본 덕목 중 하나이다. 물론 과감함과 결단력 역시 전략가가 반드시 갖추어야 할 근본 덕목이라고 할 수 있다. 그러나 마치 고대 그리스의 아테네인들이 전쟁의 신 아레스보다 지혜의 여신 아테나를 더 존중했듯이, 전략가는 마땅히 과감함과 결단력보다는 신중함과 절제력을 더 가치 있게 여겨야 한다는 것이 필자의 생각이다. 과감함과 결단력을 결여한 신중함과 절제력은 결정적인 승리를 놓칠 수 있는 반면, 치명적인 패배 역시 피할 수 있다. 그러나 신중함과 절제력을 결여한 과감함과 결단력은 결정적인 승리를 챙길 수 있을지 몰라도, 패배할 경우 회복할 수 없는 치명상을 입을 수 있기 때문이다. 눈앞에 승리가 있다고 섣불리 달려들었다가 목숨을 잃은 부여 대소왕의 사례나 다급한 마음에 쫓기듯 서둘렀다가 목숨을 잃을 뻔한 왕건의 경우를

보면, 과감함과 결단력보다는 신중함과 절제력이 더 가치 있게 다루어져야

하는 이유를 충분히 알 수 있을 것이다.

17.
전투와 행군은 서둘러서는 안 된다

원문) 孫子曰 凡用兵之法 將受命於君 合軍聚衆 交和而舍 莫難於軍爭 軍爭之難者
以迂爲直 以患爲利 故迂其塗而誘之以利 後人發 先人至 此知迂直之計者也 故軍爭爲
利 軍爭爲危 擧軍而爭利 則不及 委軍而爭利 則輜重捐 是故卷甲而趨 日夜不處 倍道兼
行 百里而爭利 則擒三將軍 勁者先 罷者後 其法十一而至 五十里而爭利 則蹶上將軍 其
法半至 三十里而爭利 則三分之二至 是故軍無輜重則亡 無糧食則亡 無委積則亡 故不
知諸侯之謀者 不能豫交 不知山林險阻沮澤之形者 不能行軍 不用鄕導者 不能得地利
故兵以詐立 以利動 以分合爲變者也 故其疾如風 其徐如林 侵掠如火 不動如山 難知如
陰 動如雷霆 掠鄕分衆 廓地分利 懸權而動 先知迂直之計者勝 此軍爭之法也

해석) 손자가 말했다.

무릇 용병의 법칙은 장수가 군주에게 명령을 받고 백성을 모아 군대를 편성한 다
음 적과 진영을 마주하고 대치하는 것이므로, 군쟁(軍爭)보다 더 어려운 것은 없다. 군
쟁의 어려움이란 먼 길을 돌아가면서도 곧바로 가는 것처럼 하고, 어려움을 오히려 이
로움으로 바꾸는 데 있다. 그러므로 먼 길을 돌아가는 것처럼 보여서 적을 이로움으로
유인한다면, 적보다 뒤늦게 출발하고도 적보다 먼저 도착할 수 있다. 이를 먼 길을 돌아
가면서도 곧바로 가는 계책을 아는 장수라고 한다. 그러므로 군쟁이란 이로움이 되기

도 하고 위태로움이 되기도 한다. 전군을 출병시켜 이로움을 다투면 적보다 먼저 당도할 수 없고, 군대의 일부를 버리고 이로움을 다투다 보면 수송 부대가 뒤쳐져 전투 장비나 보급품을 잃게 된다. 이런 까닭에 갑옷을 벗어 던지고 내달려 밤낮으로 쉬지 않고 100리를 강행군하여 승리를 다투고자 한다면, 전군의 장수가 적에게 사로잡히게 된다. 체력이 강한 병사는 앞서고 피로한 자는 뒤쳐져 병력의 10분의 1만이 싸움터에 이르게 되기 때문이다. 50리를 강행군하여 승리를 다투고자 한다면 상장군(上將軍)이 쓰러지게 된다. 병력의 절반만이 싸움터에 이르게 되기 때문이다. 30리를 강행군하여 승리를 다투고자 한다면 병력의 3분의 2만이 싸움터에 이르게 된다. 이런 까닭에 군대란 장비와 보급품이 없으면 패망하고, 양식이 없으면 패망하고, 비축 물자가 없으면 패망한다. 따라서 주변 제후의 계략을 알지 못하는 자는 그들과 교류할 수 없다. 산림, 험지, 늪지의 지형을 알지 못하는 자는 행군할 수 없다. 길잡이를 활용하지 못하는 자는 지형의 이로움을 얻을 수 없다. 그러므로 용병이란 기만술로 이로우면 움직여 승리를 쟁취하고, 적의 동태에 따라 분산과 집중으로 변화를 일으킨다. 따라서 그 빠르기가 바람과 같고, 그 고요함은 숲과 같고, 침략할 때는 불과 같고, 움직이지 않을 때는 산과 같고, 모습을 감출 때는 어두움과 같고, 움직일 때는 벼락과 같다. 적의 고을에서 약탈한 물자는 병사들에게 나누어 주고, 점령지를 넓혀 이로움을 나누어 주되 임시방편에 따라 적절하게 움직여야 한다. 이렇듯 '돌아서 가되 빨리 가는 계략'을 먼저 아는 자는 승리한다. 이것이 군쟁의 법칙이다.

18.
시스템과 네트워크와 커뮤니케이션으로 승부하라
─개성상인의 용중지법과 장보고의 성공 비결

개성상인의 용중지법

아군과 적군조차 분간하기 힘든 전쟁터의 혼란 속에서 십만 혹은 백만
의 대군을 마치 한 몸이 움직이듯 지휘할 수 있는 까닭은 무엇인가? 그것은
군대가 시스템, 네트워크, 커뮤니케이션의 3박자를 갖추고 있기 때문이다.
따라서 강력한 군대란 전쟁터에서 병사 개개인의 전투력에 의존하지 않고,
오로지 잘 훈련된 시스템, 네트워크, 커뮤니케이션에 따라 일사불란하게 병
사들을 전진 혹은 후퇴시키고, 공격 혹은 수비하게 한다. 이렇게 하면 병사
들은 이미 한 몸처럼 되어서, 용감한 병사도 홀로 나아가 싸우지 않고 겁쟁

이 병사도 홀로 물러나 도망가지 않는다. 이것이야말로 손자가 말하는 '用
衆之法(용중지법)', 즉 전쟁터에서 수많은 병사들을 지휘하는 방법이다. 특
히 제대로 갖추어지고 잘 훈련된 시스템, 네트워크, 커뮤니케이션은 군대의
규모가 클수록, 전쟁의 규모가 거대할수록 큰 위력을 발휘하게 마련이다.
이러한 원리는 거대 시장을 두고 패권을 다투는 상인 집단 혹은 기업 조직
간 경쟁에도 적용해 볼 수 있다.

조선시대 전국 상권과 해외 무역권을 장악했던 거상 집단을 꼽자면 크
게 경강(한양)상인, 개성상인, 의주상인, 평양상인, 동래상인 등을 들 수 있
다. 그러나 이 가운데 500년 조선사 내내 다른 상인 집단과의 경쟁에서 절대
강자의 지위를 누린 상인 집단은 개성상인이 유일하다. 이처럼 개성상인이
오랜 시간에 걸쳐 숱한 상인 집단의 도전을 물리치고 조선의 상권을 좌지우
지할 수 있었던 힘은 무엇이었을까? 그것은 손자가 앞서 말한 용중지법, 즉
수많은 병사들을 지휘하는 방법을 갖추고 있었기 때문이다. 즉 그들은 상인
개개인의 자본이나 경영 능력에 의존하지 않고 시스템, 네트워크, 커뮤니케
이션의 3박자를 갖춰 개성상인이라는 상인 조직(집단)을 움직였다.

군대나 조직이나 강력한 힘을 발휘할 수 있으려면 무엇보다 지휘 체계
와 역할 체계가 잘 갖추어져 있어야 한다. 만약 지휘 체계가 잘 갖추어져 있
는데 역할 체계가 미흡하면 그 군대나 조직은 상하좌우가 유기적으로 기능
할 수 없다. 반면 역할 체계는 잘 갖추어져 있는데 지휘 체계가 모호하면 그
군대나 조직은 사공이 많아 배가 산으로 가는 형국이 되기 쉽다. 개성상인
은 일찍부터 다른 상인 집단에서는 찾아보기 힘든 자신들만의 독특한 조직

시스템에 따라 상인들을 교육하고 훈련시켰다. 그들은 마치 군대 조직이 지휘관-장수-상급 장교-하급 장교-병사의 지휘 체계를 갖추고 있는 것처럼, '사용인(使用人)-차인(差人)-서사(書師)-수사환(首使喚)-사환(使喚)'이라는 조직 지휘 체계를 갖추고 있었다. 더욱이 이 지휘 체계는 아주 뚜렷한 역할 체계를 갖추고 있었기 때문에 아주 유기적으로 기능할 수 있었다. 여기에서 사용인은 소유주 혹은 경영주로서 사업 전반을 총괄한다. 차인은 사용인 다음의 지위를 차지하면서, 사용인을 돕거나 사업을 대리해 영업상 발생하는 여러 중요한 문제들을 처리하는 일종의 전문 경영인의 역할을 한다. 차인은 크게 두 부류로 나뉘는데, 사용인으로부터 빌린 자본과 상품에 대한 이자만 지불하고 상업 거래상의 이익이나 손해를 모두 자신이 지는 경우가 하나이고, 사용인이 자본과 상품을 제공하고 차인이 판매한 후 이익금을 반반씩 나누어 갖는 경우가 다른 하나이다. 군대 조직으로 치자면 야전(野戰)을 직접 지휘하는 장수에 해당한다고 할 수 있다. 서사는 장부나 각종 문서를 작성하고 처리하는 회계 전문가의 역할을 했는데, 군대 조직으로 치자면 작전과 전략을 짜는 참모(고급 장교)에 해당한다. 그리고 수사환은 행상이나 사환을 관리하는 일종의 현장 관리자의 역할을 했는데, 군대 조직으로 치자면 전투를 실행하는 소부대의 하급 장교에 해당한다는 사실을 어렵지 않게 알수 있다. 마지막으로 군대의 병사에 해당하는 사환은 말단 직원으로 상품 판매나 여러 가지 잡무를 처리하는 역할을 했다.

이러한 개성상인의 조직 시스템은 확실한 지휘 체계와 상업 활동에 따른 각자의 역할이 뚜렷했기 때문에 효율성과 경쟁력에서 다른 상인 집단을 압도했다. 더욱이 그 위계질서와 역할 체계가 고정되어 있지 않고 매우 개방적이고 유동적이어서 능력만 발휘하면 승진은 물론 독립적인 상인으로 발전할 수도 있었다. 특히 이 조직 시스템을 통해 상인으로 훈련되고 교육받은 개성상인들은 전국은 물론 청나라, 일본에 이르기까지 상권을 뻗어 나갔는데, 이때 큰 역할을 했던 것이 다름 아닌 송방이라는 네트워크였다. 송방은 지역의 상업 중심지에 세워진 개성상인의 지점 혹은 분점이라고 할 수 있는데, 이 네트워크를 통해 전국에 걸쳐 상품을 매점하고 판매하는 방식으로 상거래를 주도하거나 상권을 장악할 수 있었다. 다른 상인 집단이 개별 상인 혹은 몇몇 상인의 자본력이나 장사 수완에 의존해 사업할 때, 개성상인은 앞서 살펴본 조직 시스템과 네크워크에 따라 일사불란하게 행동했다. 이 때문에 개성상인은 언제 어느 곳에서나 다른 상인들에 비해 압도적인 우세를 차지할 수 있었던 것이다.

마지막으로 개성상인은 자신들만의 독특한 커뮤니케이션 수단을 지니고 있었다. 개성상인들은 다른 상인 집단들이 지니지 못한 능력, 즉 언제 어디에서 어떻게 장사를 해서 얼마를 지출하고 얼마를 벌어들여 수익을 남겼는지 아니면 손해를 보았는지를 일목요연하게 알아 볼 수 있는 방법을 갖고 있었다. 그 수단과 방법은 다름 아닌 사개치부법(四介置簿法)이다. 이것을 통해 개성상인이라면 사용인에서부터 사환에 이르기까지 누구나 상품 거래 내역과 재고 물품을 파악할 수 있었고, 이 때문에 소비자 수요와 시장의 흐름을 정확히 포착할 수 있었다. 사개치부법이란 단어 뜻 그대로, 네 가지로 나누어 자본이나 상품이 들어오고 나가는 거래 내역을 장부에 기록한 것이다. 이 회계 처리 방식에 따라 개성상인은 모든 상품 거래와 자본의 흐름을 채권, 채무, 매입, 매각의 네 가지로 구분해 장부에 기록했다. 사개치부법에 따라 기록한 장부는 크게 일기와 장책, 그리고 각종 보조 문서로 구성되어 있는데, 일기는 6하 원칙에 따라 상품과 자본이 들고 난 내역을 상세하게 기록하고, 장책은 각각의 거래처나 손님과의 거래 내역을 기록했다. 마치 전쟁터에서 북과 징과 깃발이 병사들의 눈과 귀를 하나로 모으는 커뮤니케이션의 수단이 되듯이, 이 자료들에 기초한 조직 내부의 커뮤니케이션은 개성상인들이 언제나 합리적이고 효율적인 경영과 상업 활동을 할 수 있도록 해준 원천이었다. 손자의 병법이나 개성상인의 사례에서 보듯이, 시스템, 네트워크, 커뮤니케이션은 전쟁 능력의 효율성을 극대화한 군대 조직이나 경영 능력의 효율성을 극대화해야 하는 기업 조직이 반드시 갖추어야 할 필요충분조건이라고 할 수 있다.

장보고의 성공 비결 : 시스템과 네트워크의 힘

장보고는 제왕의 경우를 제외하고 동북아시아 3국(한·중·일)의 정사(正史)에 모두 이름을 올린 거의 유일한 우리 역사 속 인물이다. 그렇다면 8세기 말과 9세기 초 동북아시아 3국을 아우르는 해상 국제 무역을 장악한 장보고의 성공 비결은 무엇이었을까? 그것은 시대를 앞선 독특한 국제무역 시스템과 네트워크의 힘이었다.

장보고는 서기 828년(신라 흥덕왕 3년) 당나라에서 신라로 돌아와 청해진을 설치했다. 청해진은 형식상 신라의 군진(軍鎭)이었지만, 장보고는 이곳을 본거지로 군(軍)·산(産)·상(商)이 복합된 독특한 국제무역 시스템을 구축하고 동북아 해상 무역을 장악했다. 무엇보다 먼저 장보고는 흥덕왕으로부터 군사 1만 여 명을 지휘할 수 있는 통솔권을 받아 당시 해상 무역의 최대 난제였던 해적들을 토벌했다. 해적 토벌은 이후 장보고가 국제 무역 루트를 관리·통제할 수 있는 강력한 기반이 되어 주었다. 뿐만 아니라 당나라와 일본의 지지와 후원을 얻는 데 있어서 지렛대 역할을 해 주었다.

장보고는 당시 최고의 무역 상품으로 명성을 떨친 도자기 생산 단지를 신라의 서남해안 지방에 대규모로 설치하고, 최첨단의 조선술 및 항해술로 험난한 무역 루트를 새롭게 개척했다. 한편으로 교역 노하우와 정보망을 십분 활용하고 무역 상품 선정에서 탁월한 능력을 발휘해 청해진을 일약 국제 해상 무역의 중심 기지로 만들었다. 고대 동아시아의 국제무역은 국가간 무역 혹은 조공 무역의 형태를 띠고 있었기 때문에 민간 무역은 사실상 불가능했다. 더욱이 바닷길은 해적들의 약탈과 살인 행위가 일상화되어 있는 공간이기도 했다. 그러나 장보고는 군사 활동과 생산 활동, 그리고 상업 활동을 결합한 독특한 시스템으로 불가능의 장벽을 넘어 누구도 상상하지 못한 신라, 당나라, 일본의 해상 국제무역을 개척하고 청해진을 그 중심에 세워 놓았다.

장보고는 또한 네트워크가 지닌 폭발적인 힘을 누구보다 잘 이해한 전략가였다. 신라에 귀국해 청해진을 설치하기 전, 이미 장보고는 당나라에서 쌓은 명성을 기반으로 이곳저곳에 흩어져 살던 재당 신라인들을 하나의 네트워크로 묶어 당나라 동해안의 해양 운송을 장악했다. 산동반도 등주의 적산포와 내륙 수운의 요충지인 초주, 양주에 형성된 재당 신라인의 조직(신라방)은 이후 3국간 해상 무역 네크워크의 주춧돌 역할을 했다.

장보고는 무역선을 수시로 파견해 무역 활동을 했는데, 그의 선단은 등주, 초주, 양주를 거점으로 삼아 활동하고 있는 재당 신라인의 네트워크를 통해 국제무역을 전개했다. 특히 대운하와 양자강의 하류가 만나는 곳에 자리한 양주는 아라비아, 페르시아, 인도, 동남아의 상단이 모여드는 당나라 최대의 국제무역 도시였기 때문에, 장보고는 이들과도 활발한 무역 활동을 벌일 수 있었다. 이러한 사실은 당시 장보고의 무역 활동이 당나라는 물론 동남아와 서역의 물건이 신라와 일본 등지에 보급되고, 역으로 신라와 일본의 생산품이 그곳으로 전파되는 최고, 최대의 루트였음을 말해 준다. 특히 이 국제무역 루트에서 가장 큰 역할을 한 세력은 일찍이 장보고가 당나라에 있을 때 닦아 놓았던 등주의 적산포-초주-양주로 이어지는 재당 신라인 네트워크였다.

무엇보다 먼저 시스템, 네트워크, 커뮤니케이션을 구축하라

시스템, 네트워크, 커뮤니케이션의 중요성은 아무리 강조해도 지나치지 않다. 수십 명으로 구성된 소규모 부대라고 할지라도 지휘 역할 체계가 모호하거나 커뮤니케이션이 통일되어 있지 않으면 작전이나 전투 수행 자체가 불가능하다. 기업도 마찬가지이다. 조직 전체는 말할 것도 없고 대여섯 명으로 구성되는 팀 활동에서조차 지휘 역할 체계나 커뮤니케이션 수단을 제대로 갖추지 못하면 업무 수행 자체가 불가능하기 때문이다. 또한 내부와 외부의 네트워크를 구축하지 못하거나 제대로 활용하지 못할 때 업무의 효율성과 자원 및 성과의 극대화는 기대하기 힘들다. 따라서 무엇보다 먼저 시스템, 네트워크, 커뮤니케이션을 구축하라. 그러면 조직 전체의 효율성과 경쟁력은 물론 개인의 능력과 역량 또한 상상할 수 없을 정도로 배가될 것이다.

18.
시스템과 네트워크와 커뮤니케이션으로 승부하라

원문) 軍政曰 言不相聞 故爲鼓鐸 視不相見 故爲旌旗 夫金鼓旌旗者 所以一民之耳
目也 民旣專一 則勇者不得獨進 怯者不得獨退 此用衆之法也 故夜戰多火鼓 晝戰多旌
旗 所以變民之耳目也 故三軍可奪氣 將軍可奪心 是故朝氣銳 晝氣惰 暮氣歸 故善用兵
者避其銳氣 擊其惰歸 此治氣者也

해석)《군정(軍政)》에서 말하기를 "말을 해도 서로 듣지 못하기 때문에 북과 징을
만들었다. 보려고 해도 서로 보지 못하기 때문에 깃발을 만들었다"라고 하였다. 무릇
북과 징과 깃발은 병사들의 눈과 귀를 하나처럼 하기 위한 것이다. 병사들이 이미 하나
처럼 통일되면 용감한 자라도 혼자서 나아가지 않고, 비겁한 자라도 혼자서 물러나지
않는다. 이것이 많은 병력을 다루는 방법이다. 그러므로 야간 전투에는 횃불과 북을 많
이 사용하고, 주간 전투에는 깃발을 많이 사용한다. 그것은 병사들의 눈과 귀가 야간과
주간에 따라 변화하기 때문이다. 따라서 적군 전체의 사기를 빼앗을 수도 있고, 적장의
마음을 혼란에 빠뜨릴 수도 있다. 이런 까닭에 아침에는 기세가 날카롭지만, 낮에는 기
세가 느슨해지고, 해질녘에는 기세가 바닥나게 된다. 그러므로 용병을 잘 하는 장수는
적군의 기세가 날카로울 때는 피하고, 적군의 기세가 느슨해지거나 바닥이 날 때 공격
한다. 이것이 기세를 다스리는 방법이다.

19.
상대방이 약해졌거나 힘을 쓸 수 없을 때 공격하라
-공민왕의 고토 회복과 정몽주의 무모한 공격

공민왕의 북벌 : 적이 힘을 쓸 수 없을 때 공격하라

적군의 혼란을 기다리고, 적군이 소란스러워지기를 기다리며, 적군이 피로해지기를 기다리고, 적군이 굶주리기를 기다려야 한다는 손자의 전략은 모두 적의 힘이 약해졌거나 힘을 쓸 수 없을 때가 바로 공격의 적기라는 사실을 가리키고 있다. 그 때까지는 잘 다스리며, 고요한 태세를 갖추고, 편안함을 유지하며, 넉넉하게 먹고 마시면서 아군의 역량을 단단하게 다지라는 것이 손자의 또 다른 전략이다. 한마디로 내치에 힘쓰다가 적이 힘을 쓸수 없을 만큼 약해진 틈을 놓치지 않고 공격해 승리하는 것이야말로 탁월한 전략이라는 얘기다. 우리 역사 속에서 요동을 정벌한 최후의 정복 군주였던 고려의 공민왕은 이러한 내치와 전쟁의 관계를 가장 잘 이해하고 있던 전략가 중 한 사람이었다.

공민왕은 열두 살 때부터 원나라의 수도 연경에서 볼모 생활을 했다. 고려의 왕이 되어서 귀국한 것이 스물두 살 때니까, 10대 시절을 꼬박 원나라에서 보낸 셈이다. 그 때문에 왕위에 오른 처음 공민왕은 변발을 하고 몽골 복장을 하고 있었다. 그러나 그는 변발과 호복을 버리라는 감찰대부 이연종의 단 한마디에 기꺼이 몽골의 복식과 언어를 버렸다. 원나라에서 볼모 생활을 할 당시부터 훗날 고려의 왕이 되면, 원나라로부터 벗어나 고려를 자주적인 국가로 만들겠다는 웅지를 품고 있었기 때문이다.

공민왕은 고려가 원나라의 속국에서 해방되려면 무엇보다 내정의 독립을 이루는 것이 시급하다고 보았다. 특히 고려 조정 내부에 아주 단단히 똬리를 틀고 있는 원나라의 정치 기반, 즉 부원(附元) 세력을 숙청하는 것이 절박하다고 여겼다. 부원 세력이 고려의 정치, 경제, 사회, 문화의 권력을 여전히 거머쥐고 있는 한, 원나라로부터 독립할 수 있는 기반을 조성하는 개혁은 불가능했기 때문이다. 그러나 고려 출신인 원나라 기황후의 외척 세력인 기철, 기원 형제가 버티고 있는 부원 세력은 공민왕이 어떻게 손을 쓸 수 없을 정도로 막강했다. 즉위 초 공민왕은 이들 기씨 외척 세력의 위세에 눌린 허수아비 임금이나 다름없었다. 공민왕은 분한 마음을 억누르고 훗날의 기회를 기다릴 수밖에 없었다.

그 무렵 원나라에서 큰 규모의 반란이 일어났다. 그런데 이 반란 사건을 정벌하는 과정에서 - 고려에 원군을 요청할 정도로 - 원나라의 정치 군사적 취약성이 드러났다. 내부의 반란 세력조차 제대로 다스리지 못할 정도로 이미 원나라가 허약해져 있다는 사실을 간파한 공민왕은 마침내 웅지를 펼칠 기회가 왔음을 깨닫고, 즉위 6년째 되는 해에 "기철 일당이 남몰래 반역을 도모한다"는 역모 사건을 일으켜 부원 세력에 대한 대대적인 숙청을 단행했다. 내치와 개혁의 가장 거대한 적대 세력인 부원 세력을 제거한 공민왕은 연이어 반원 정책들을 내놓았다. 이때 즉위 초반 변발과 호복 등 몽고 풍속을 금지한 개혁 조치에서 더 나아가, 원나라의 연호를 폐지하고 고려의 옛 관제를 복구하는 한편 원나라가 고려의 내정을 간섭하는 중추 기구였던 정동행중서성의 이문소를 없애 버렸다. 이러한 체제 개혁은 반원의 든든한 정치 기반을 닦아 주었다.

그리고 공민왕은 잇따른 내치와 반원의 성과를 바탕 삼아, 1356년 압록강 일대와 쌍성총관부를 공격해 원나라에 빼앗겼던 옛 영토, 즉 서북방 및 동북방 일대의 영토를 100여 년 만에 회복했다. 이때 압록강 쪽으로 진출한 고려군은 강을 건너 파사부 등 세 곳의 원나라 병참 기지를 공격해 점령했다. 쌍성총관부과 파사부 등지를 공격한 북벌은 중국 대륙 남쪽에서 일어난 반란 세력에 정신을 빼앗겨 요동 방어에 미처 신경을 쏟지 못한 원나라의 약점을 파고든 전략적 공략이었다. 그것은 적이 힘을 쓸 수 없을 때 공격하라는 전략의 원칙에 충실한 선택이었다. 특히 당시 고려군이 점령한 파사부는 요동으로 들어가는 첫 길목에 자리하고 있는 전초 기지였다. 옛 영토를 회복한 공민왕은 계속해서 원나라의 군사 편제를 완전히 폐지하고 예전 고려의 군사 편제를 복구하는 한편, 원나라에서 임명한 장수들의 직책을 없애고 자신이 직접 장수들을 임명해 군사권을 되찾았다.

그러나 공민왕이 품은 웅지는 여기에서 끝나지 않았다. 공민왕은 예전 고구려가 다스렸던 영토야말로 자신이 반드시 회복해야 할 고토(古土)라고 여겼다. 즉 고구려의 영광을 재현하는 것, 그것이 바로 공민왕이 품은 뜻이었던 것이다.

쌍성총관부와 파사부 등을 공략해 점령한 지 14년의 세월이 흐른 1370년 정월, 공민왕은 이성계에게 요동에 있는 동녕부를 공격하도록 명령했다. 뒤이어 8월에는 이인임을 도통사로 삼고 이성계와 지용수에게 군사를 내주어 북벌의 핵심 요충지인 요동과 심양을 공격한 후 "요동 지역과 심양 지역은 본래 우리나라의 옛 땅이고 백성 또한 우리나라 사람이다"라는 사실을 만천하에 공포했다. 공민왕이 요동과 심양을 공격해 점령하기 3년 전(1367년), 원나라는 내부의 권력 투쟁으로 인한 정치 혼란과 주원장이 이끄는 반란 세력에 떠밀려 수도 연경에서 쫓겨나는 신세로 전락하고 말았다.

주원장은 1368년 정월 명나라를 세우고 스스로 황제의 자리에 올랐고, 북쪽으로 쫓겨 간 원나라의 순제는 북원(北元)을 열었다. 떠오르는 명나라와 몰락해 가는 원(북원)나라가 대치하는 형세가 되면서 만주 지역은 권력의 공백 지대가 되어 버렸다. 당시 북원은 명나라에 맞서기에도 버거운 상태여서 동녕부의 방비에 전력을 기울일 수 없었다. 공민왕은 이러한 호기를 놓치지 않고, 고토 회복을 위한 북벌을 전격적으로 감행해 큰 승리를 이룬 것이다. 그것은 예전 쌍성총관부와 파사부 등을 공략할 때처럼, 적이 약해졌거나 쉽게 힘을 쓸 수 없는 틈을 활용해 전격적으로 공격을 감행한 전략의 승리였다고 할 수 있다.

정몽주의 실책 : 적의 힘이 온전할 때는 결코 공격하지 마라

손자의 전략을 역으로 해석하면, 적의 힘이 온전할 때는 절대로 공격해서는 안 된다는 가르침을 얻을 수 있다. 이러한 전략적 지혜를 발휘하지 못하면 승리는 고사하고 자칫 몰락을 재촉할 수도 있다.

정몽주는 역성혁명을 통해 새로운 왕조를 세우고자 계획한 이성계와 정도전 세력에 맞서 고려 왕조를 지키려 한 최후의 보루였다. 이색으로부터 성리학의 창시자라는 칭송을 들은 정몽주는 실제 고려 왕조를 지킬 만한 정치적 영향력을 지니고 있었다. 이성계의 입장에서 볼 때, 정몽주가 고려 조정에 버티고 있으면서 체제 개혁의 노력을 기울이고 있는 한, 쉽사리 고려를 멸망시키고 새로운 왕조를 세울 정당성과 명분을 확보할 수 없었다. 이성계가 지닌 군사력과 민심만큼이나 정몽주가 지닌 정치력과 민심 또한 만만치 않았기 때문이다. 이 때문에 고려 왕조를 개혁하자는 정몽주를 중심으로 한 온건 개혁파와 새로운 왕조를 세우자는 이성계와 정도전을 중심으로 한 역성 혁명파는 공양왕 말기 한동안 권력의 균형 상태를 유지할 수밖에 없었다.

정도전과 조준 등 급진 사대부 세력이 이성계를 왕으로 옹립해 새로운 왕조를 열려고 계획한 최초의 시기는 1389년 11월 창왕을 폐위한 직후였다. 정몽주는 이때부터 정도전과 조준 등이 언젠가는 이성계를 추대해 새로운 왕조를 여는 반란을 일으킬 것이라고 판단하고, 이제나저제나 그들을 제거할 기회만을 노렸다. 그런데 때마침 명나라에 사신으로 갔다가 귀국하는 세자 왕석을 마중하러 나선 이성계가 해주에서 사냥을 하다가 낙마해 큰 부상을 입는 사건이 일어났다. 이 소식을 들은 정몽주는 이성계 세력을 제거할 좋은 기회를 만났다면서, 정도전과 조준 등에 대한 숙청 작업에 나섰다. 그는 언관을 통해 조정 내에 여론을 조성하고 이색, 우현보 등의 원로대신들과 상의해 들어갔다.

"조준, 남은, 정도전 등 몇 사람을 탄핵하여 죽이면 남은 무리는 간단히 다룰 수 있소"

정몽주 일파는 날마다 대궐에 나아가 그들을 탄핵하는 상소와 시위를 벌였다. 그러나 공양왕은 단지 그들을 유배형에 처했을 뿐 목숨을 빼앗지는 않았다.

일순간 권력의 균형추가 정몽주에게 기우는 듯했다. 그러나 당시 거동조차 불가능할 만큼 큰 부상을 입었던 이성계가 자신을 추종하는 세력이 큰 위기에 몰렸다는 사실을 알고서는 아픈 몸을 이끌고 개경의 집으로 돌아왔다.《고려사 열전》정몽주 편에서는 이성계가 개경에 돌아왔다는 소식을 들은 "정몽주가 일을 이루지 못할 것을 근심해 3일간이나 식사도 하지 못했다"고 기록하고 있다. 왜 정몽주는 그토록 근심했을까? 이유는 간단하다. 이성계의 정치적 영향력과 군사적 힘이 온전히 남아 있었기 때문이다. 정몽주는 단지 이성계가 회복 불가능한 부상을 입었다는 정보에만 의지해, 적의 힘을 결정적으로 약화시킬 전략적 준비를 전혀 갖추지 않고서 무작정 공격에 나섰던 것이다. 선량한 의도는 결코 전략이 될 수 없다. 승리를 위해서는 무모하고 어리석은 선량함보다는 차라리 치밀한 악랄함이 훨씬 더 유익하다. 만약 정몽주가 조정 내부의 합법적인 절차와 과정을 무시하고서, 정도전과 조준 등 역성혁명파의 핵심 인사들을 단숨에 죽여 버렸다고 가정해 보자. 그랬더라면 고려 왕조가 멸망하고 조선이 과연 개국할 수 있었을지에 대해서는 장담하기 어렵다.

정몽주의 무모하고 어리석은 공격이 초래한 비극적 결과는 너무나 잘 알려져 있다. 당시 3일 밤낮을 고민한 정몽주는 적의 동정을 살피고 정국을 타개할 방법을 찾으려고 이성계의 집을 방문했다. 그리고 집으로 돌아오다가 길목을 지키고 있던 이방원의 수하 조영규의 손에 선죽교에서 처참하게 살해당하고 만다. 결국 정몽주의 죽음으로 고려 왕조는 이성계 세력을 방어할 최후의 방어막마저 잃고 말았다. 차라리 정몽주가 공격에 나서지 않고 건재한 채 조정에서 이성계 세력을 견제만 해 주었다고 해도 그토록 쉽게 고려 왕조는 멸망하지 않았을 것이다. 정몽주는 적의 힘이 온전한데도 섣불리 공격에 나섰다가 결과적으로 반격의 빌미와 기회만을 주었을 뿐이다. 이 때문에 고려 왕조를 지키면서 개혁을 추구한 온건파 사대부 세력은 초토화되었다. 이후 이성계와 정도전 세력은 아무런 장애물 없이 고려 왕조를 멸망시키고 조선을 개국할 수 있었다. 정몽주의 무모한 선택과 어리석은 행동은, 결국 목숨은 물론 자신이 그토록 지키고자 한 고려 왕조의 몰락을 재촉했을 뿐이라는 냉혹한 평가를 피할 수 없게 된 셈이다.

일단 공격에 나섰다면 인정사정을 두지 말라

정몽주의 경우를 보면, 전략 없이 선량한 의도만으로는 결코 권력을 지킬 수도, 또 얻을 수도 없다는 철의 법칙을 다시 한 번 확인할 수 있다. 일단 공격에 나섰다면 정몽주의 선량함보다는, 인정사정을 두지 않는 이방원의 지혜가 승리에 더 유익하다는 사실을 잊지 말라. 당시 이방원의 행적을 살펴보면, 그가 정몽주와는 정반대로 행동했다는 사실을 알 수 있다. 정몽주는 합법적인 과정과 절차를 밟고 공양왕의 승인을 얻어서 정적을 제거하려고 한 반면, 이방원은 정몽주를 제거할 경우 이성계가 격노해 자신을 내칠 수도 있다는 사실을 알면서도 인정사정을 두지 않고 정몽주를 습격해 살해해 버렸다. 그리고 왜 마음대로 한 나라의 대신을 죽였느냐는 이성계의 추궁에 "어찌 앉아서 멸망을 기다리겠습니까?"라고 맞섰다. 전쟁과 권력의 역사에는 – 냉혹하지만 – 승자와 패자가 있을 뿐이다. 만약 패자가 아닌 승자로 기록되고 싶다면, 정몽주처럼 선량한 의도보다는 차라리 이방원처럼 치밀한 악랄함을 배워라. 일단 적의 숨통을 끊어 놓겠다고 결심했다면 절대로 인정사정을 두어서는 안 된다.

19.
상대방이 약해졌거나 힘을 쓸 수 없을 때 공격하라

원문) 以治待亂 以靜待譁 此治心者也 以近待遠 以佚待勞 以飽待飢 此治力者也 無要正正之旗 勿擊堂堂之陳 此治變者也 故用兵之法 高陵勿向 背邱勿逆 佯北勿從 銳 卒勿攻 餌兵勿食 歸師勿遏 圍師必闕 窮寇勿迫 此用兵之法也

해석) 아군을 잘 다스림으로써 적의 혼란을 기다리고, 아군의 평정심을 유지시켜 적의 소란스러움을 기다린다. 이것은 아군과 적군의 심리를 다스리는 것이다. 가까움 으로써 먼 곳에서 오는 적을 기다리고, 편안함으로써 피로에 지친 적을 기다리고, 배부 름으로써 굶주린 적을 기다린다. 이것은 아군과 적군의 전투력을 다스리는 것이다. 깃 발이 잘 정돈되어 있는 적을 요격하지 않아야 하고, 진영이 당당한 적을 공격해서는 안 된다. 이것은 아군과 적군의 변화를 다스리는 것이다. 그러므로 병사를 잘 다루는 방법 은 높은 언덕에 자리하고 있는 적을 향해 공격하지 않고, 언덕을 등지고 있는 적에게 정면 공격을 하지 않고, 거짓으로 도망가는 적을 추격하지 않고, 적의 정예 부대를 공격 하지 않고, 적이 던지는 미끼를 먹지 않고, 자기 나라로 돌아가는 적의 후퇴로를 막지 않고, 적의 군사를 포위했을 때는 반드시 한쪽을 비워 두고, 궁지에 몰린 적을 지나치게 핍박하지 않는 것이다. 이것은 병사를 잘 운용할 줄 아는 법칙이다.

제8장

를 는 술
화 루 병
변 다 용

20.
후퇴와 패배도 전략이다
—천재 책사 최응의 기지와 흥선대원군의 연극

불리할 때는 재빨리 빠져나가라

불리한 조건과 상황에 처했을 때 어떻게 행동해야 하는가? 이것은 용병과 전략의 기술이 다루어야 할 기본 문제 중 하나라고 할 수 있다. 손자가 말하는 비지(圮地), 구지(衢地), 절지(絶地), 위지(圍地), 사지(死地)는 모두 장수가 마주칠 수 있는 불리한 지형 조건과 상황들을 뜻한다.

비지란 지형이 험해 수레나 군대가 통과하기 힘든 곳을 말하는데, 여기에서는 절대로 행군을 쉬지 말아야 한다.

구지란 교통(전략) 요충지이지만 다른 나라의 영토인 곳을 말하는데, 여기에서는 외교에 나서야 한다.

절지란 본국의 지원이나 보급로가 끊긴 곳을 말하는데, 여기에서는 군대를 주둔시켜서는 안 된다.

위지란 사방이 산이나 물로 둘러싸여 적의 공격을 받았을 때 빠져나가기 힘든 곳을 말하는데, 여기에서는 무조건 재빨리 벗어나야 한다.

마지막으로 사지란 앞으로 나갈 수도 뒤로 물러날 수도 없는 곳을 말하는데, 여기에서는 목숨을 걸고 적에 맞서 싸우는 도리밖에 없다.

이처럼 다섯 가지 불리한 입지 조건에 따른 대처 방식을 다룰 때, 손자가 전하는 핵심적인 가르침은 불리할 때는 자신을 드러내지 말고 몸을 낮추거나 무조건 재빨리 빠져나가라는 것이다.

진시황의 통일 제국(진나라)이 멸망한 후, 초나라와 한나라로 나뉘어 천하의 패권을 다툰 항우와 유방의 고사 중에 '홍문지연(鴻門之宴)'이라는 것이 있다. 진나라의 수도 함양에 입성해 자기 손으로 진나라를 멸망시키려고 했던 항우는 유방이 먼저 함양을 무너뜨렸다는 소식을 듣고 격노했다. 항우는 40만 대군을 휘몰아 당장이라도 유방을 공격해 죽이겠다고 별렀다. 당시 유방의 군대는 10만에 불과한 데다가 기세가 오를 대로 오른 항우의 군대를 상대하기에는 역부족이었다. 이 때문에 유방은 부랴부랴 100여 명의 기병을 이끌고 항우에게 배반할 뜻이 전혀 없음을 밝히기 위해 홍문으로 달려갔다. 항우는 유방의 사죄를 받아들이고, 잔치를 열어 함께 술을 마셨다. 이때 항우의 책사인 범증은 장차 다가올 화근을 없애려면 유방을 죽여야 한다고 생각하고, 항우에게 세 번이나 유방을 죽이라고 눈짓을 했다. 그러나 항우는 잠자코 응하지 않았다. 조바심이 난 범증은 장수 항장을 불렀다.

"군왕은 사람이 모질지 못하다. 그대가 연회에 들어가서 칼춤을 청해 추다가 기회를 보아 유방을 쳐서 죽여라. 그렇지 않으면 너희들은 모두 장차 유방의 포로가 되고 말 것이다."

항장은 범증의 명령대로 칼춤을 청해 추면서 유방을 죽일 기회를 엿보았다. 그런데 상황이 매우 위태롭다는 사실을 깨달은 유방의 수하 장수 번쾌가 칼을 차고 방패를 들고 연회에 들어와 크게 항의하는 바람에 항장은 뜻을 쉽게 이룰 수 없었다. 이런 상황에서 유방은 측간에 간다는 핑계를 대고 나와서는 번쾌를 불렀다. 그러면서 "항왕(항우)에게 미처 인사도 하지 않고 나왔는데 어찌 해야 하느냐?"고 물었다. 그러자 번쾌는 "지금 저들이 칼과 도마가 되고 주군께서 물고기 신세가 되었는데 무슨 인사 타령을 하십니까?"라고 하면서 뒤도 돌아보지 말고 줄행랑을 치라고 했다. 이 말이 끝나기가 무섭게 유방은 책사인 장량에게, 남아서 자신이 군영에 도착할 시간에 맞춰 항우에게 사죄하라는 말만 남기고 냅다 도망쳐 버렸다. 범증을 비롯해 항우의 수하 장수들이 계획한 유방 제거 작전은 그렇게 수포로 돌아가고 말았다. 홍문지연의 상황을 앞서 손자가 말한 불리한 지형 조건에 비유하자면, 당시 '유방은 위지에 처했다'고 말할 수 있다. 위지에 처했을 때 최상의 전략은 무엇일까? 무조건 재빨리 벗어나야 한다는 것이다. 이 가르침에 충실했기 때문에 유방은 체면과 자존심은 구겨졌을지 몰라도 목숨은 건졌고 훗날 천하를 차지할 수 있었다.

왕건 또한 궁예를 몰아내고 고려를 세우기 직전에 유방이 겪은 상황과 비슷한 처지에 놓인 적이 있다. 당시 궁예는 신하인 왕창근이 바친 거울에 새겨진 글귀 때문에 왕건이 역모를 꾀하고 있다고 의심했다. 이즈음 궁예는 자신을 미륵불이 환생한 몸이라고 여겨, 이른바 사람의 마음을 들여다 볼 수 있는 미륵불의 능력, 즉 미륵관심법(彌勒觀心法)을 내세워 숱한 신하들을 핍박하고 백성들을 공포에 떨게 했다. 이 미륵관심법에 걸려든 사람 치고 목숨을 지킨 사람이 없을 정도였다. 왕건을 불러들인 궁예가 추궁했다.

"그대가 어젯밤 사람들을 모아서 반란을 일으키려고 한 까닭은 무엇인가?"

이에 왕건이 얼굴빛을 조금도 바꾸지 않고 태연하게 대답했다.

"어찌 그런 일이 있을 수 있겠습니까?"

"나를 속이지 말라. 나는 관심(觀心)의 능력이 있기 때문에 그것을 안다. 내가 지금, 즉 입정(入定 : 정신을 한 곳에 집중하여 이치를 깨닫는 행위)한 후 그 일에 대해 말하겠다."

말을 마치자마자 즉시 궁예는 눈을 감고 뒷짐을 지더니, 한참 동안이나 고개를 젖히고 있었다. 궁예가 눈을 뜨는 순간 왕건의 목숨이 날아갈 수도 있는 위급한 상황이었다.

이때 궁예의 곁에 있던 최응이 일부러 붓을 떨어뜨린 후 뜰로 내려와 줍는 척하면서 왕건에게 다가와 나지막이 '불복즉위(不服卽危)', 즉 '궁예의 말에 복종하지 않으면 목숨이 위태롭다'고 했다. 어린 나이에 학문과 문장을 인정받아 궁예의 신하가 된 고려사 최고의 천재 소년 최응은 일찍부터 왕건을 임금의 재목으로 마음속에 품고 있었다. 최응의 충언을 듣고서야 비로

227

소 자신이 처한 상황의 위급함을 깨달은 왕건은 "사실은 제가 모반을 꾀했습니다. 죽을죄를 지었으니 용서해 주십시오"라고 간청했다. 그러자 궁예는 호탕하게 웃고 나서는 "그대는 정직한 사람이다" 하면서 오히려 금은으로 장식한 말안장과 굴레를 하사했다. 당시 최응이 보여준 기지는 홍문지연에서 번쾌가 유방에게 한 충고와 유사하다. 그것은 비록 비굴하더라도 앞뒤 가리지 말고 냅다 도망치거나 절대로 맞서지 말고 재빨리 피하라는 충고다. 만약 왕건이 끝까지 결백함을 주장하며 궁예에게 맞섰다면 어떻게 되었을까? 이 사건의 정황을 살펴볼 때, 아마도 궁예는 역모의 진실 여부보다는 왕건의 마음이 자신에게 충성을 다하고 있는가를 시험해 보려고 한 듯싶다. 따라서 왕건이 끝내 결백을 주장했다면 궁예는 그의 마음이 충성스럽지 못하다고 여겨 틀림없이 죽였을 것이다. 이처럼 느닷없이 공격을 받아 불리하거나 위급한 상황에서는, 정면으로 맞서기보다는 차라리 재빨리 그곳에서 벗어날 계책을 꾸미는 것이 훨씬 더 유익하다는 사실을 명심해야 한다.

약자 또는 패배자처럼 행동하라

재빨리 도망치거나 빠져나가라는 방어의 기술 이외에, 불리하거나 위급한 상황에서 사용할 수 있는 또 다른 전략 중 하나가 약자 혹은 패배자처럼 행동해 적의 공격 의지를 무너뜨리는 기술이다. 아마도 이러한 방어의 전략과 기술에 가장 능수능란한 우리 역사 속 인물을 찾자면, 고종 황제의 아버지인 흥선대원군이 첫 손가락에 꼽히지 않을까 싶다.

순조 이후 조선의 권력은 안동 김씨와 풍양 조씨 두 세도 가문에 의해 좌지우지되었다. 세도 권력의 문을 열었던 안동 김씨는 순조가 그들을 견제하기 위해 조만영의 딸을 효명세자빈으로 맞아들이는 바람에, 헌종 재위 기간에 풍양 조씨에게 권력을 내주어야 했다. 그러나 헌종이 후사를 남기지 못하고 죽자, 안동 김씨는 당시 왕실의 가장 웃어른인 순원왕후(김조순의 딸)를 중심으로 재빠르게 입맛에 맞는 인물을 임금의 자리에 앉혀 권력을 되찾아 왔다. 헌종에게는 6촌 이내의 친척이 없었다. 그래서 안동 김씨는 강화도에서 농사꾼으로 살고 있는, 헌종의 7촌 아저씨뻘 되는 이원범을 찾아내 반 억지로 임금을 만들었다. 이 임금이 바로 '강화도령'이라고 불리는 철종이다.

철종이 즉위한 후 안동 김씨는 권력을 빼앗겼던 쓰라린 경험을 두 번 다시 되풀이하지 않기 위해 왕위 계승 문제를 철저하게 관리·통제하기 시작했다. 먼저 그들은 김문근의 딸을 철종의 왕비로 삼았다. 그리고 권력에 위협이 될 만한 조그마한 씨앗도 자라날 수 없도록 피의 숙청을 시작했는데, 이때 가장 큰 피해를 입은 사람이 이씨 왕가의 피를 물려받은 왕족들이었다. 그 대표적인 피해자는 이하전이었는데, 그는 헌종 사후 왕위 계승권자로 거론되었다는 단 한 가지 이유 때문에, 안동 김씨에게 미움과 멸시를 당하다가 결국 역모의 누명을 쓰고 죽임을 당했다. 이 사건은 왕이 될 수 있는 자격을 갖춘 왕가의 사람들에게는 죽음의 경고나 다름없었다. 특히 훗날 흥선대원군이 되는 이하응은 안동 김씨가 노리는 표적 중 하나였다.

실제 이하응은 안동 김씨의 위세에 눌려 지내는 풍양 조씨와 손을 맞잡아 아들을 임금으로 세울 치밀한 계략을 품고 있었다. 이때는 앞서 언급했던 효명세자의 부인인 조만영의 딸, 즉 신정왕후가 궁궐의 가장 웃어른이었기 때문에, 만약 철종이 후사를 남기지 못하고 죽는다면 누구를 임금의 자리에 앉힐 것인가 하는 결정권이 그녀에게 있었다. 이하응은 안동 김씨에게 악감정을 지닌 신정왕후가 안동 김씨를 몰아내기 위한 제안을 결코 뿌리치지 못할 것이라는 확신을 갖고 있었다. 그런데 이하응의 앞에는 어떻게 계획을 도모할 수 있을 때까지 목숨을 부지할 수 있는가 하는 난제가 도사리고 있었다. 만약 조금이라도 위협이 될 만한 기미가 보인다면, 안동 김씨는 즉시 이하응의 목숨을 거두어 갈 수 있을 만큼 막강한 권력을 지니고 있었다.

이하응은 목숨을 부지하기 위해서는 무엇보다 안동 김씨의 공격 의지를 아예 무력화시켜 버리는 것이 가장 중요하다고 생각했다. 그는 만약 안동 김씨가 자신을 의심할 까닭도, 죽일 만한 가치도 없는 한심한 놈으로 자신을 평가한다면 틀림없이 목숨을 지킬 수 있을 것이라고 판단했다. 그래서 이하응은 시정잡배나 다름없는 파락호 행세를 하는 한편, 안동 김씨 일가를 찾아다니며 구걸 행각을 벌였다. 장안의 불량배들과 어울려 기생집이나 드나들며 동냥 술을 마시거나, 안동 김씨의 권세가들에게 빌붙어 자식들의 벼슬자리나 부탁하는 이하응을 두고, 세상 사람들은 모두 왕가 망신을 도맡아 하고 다니는 쓰레기 취급을 했다. 그러나 이하응을 향한 세상의 멸시와 비웃음이 커지면 커질수록 그의 목숨은 그만큼 연장되었다. 그리고 권력을 향한 이하응의 야심에 찬 계획은 점차 현실로 다가왔다.

마침내 철종의 죽음이 눈앞에 다가오자, 이하응은 신정왕후에게 접근해 둘째 아들인 이명복을 임금의 자리에 앉히기로 하는 밀약을 맺는다. 1863년 12월 신정왕후는 이명복을 남편인 익종(효명세자)의 양자로 삼아 왕위 계승의 정통성을 확보한 다음, 임금의 자리에 앉혔다. 이렇게 아들을 임금의 자리에 앉힌 이하응은 이후 흥선대원군으로 봉해져 섭정을 하게 된다. 임금의 자리에 오르지 못한 임금의 친부로서, 이하응은 이후 10여 년 동안 조선의 어떤 제왕보다 더 막강한 권력을 손에 쥐고 천하를 다스릴 수 있었다. 권력을 쥔 그는 무엇보다도 먼저 자신과 왕실을 업신여기고 능멸해 온 안동 김씨의 60년 세도를 처참하게 짓밟아 버렸다. 안동 김씨는 약자나 패배자처럼 행동해 적의 공격 의지를 무너뜨린 이하응의 방어 기술에 감쪽같이 당하는 바람에, 속수무책으로 자신들에게 몰아닥친 정치적 재앙을 피할 수 없었다.

후퇴와 패배도 전략의 하나로 다루어져야 한다

전쟁과 권력의 역사에는 절대 강자가 없다. 모든 싸움에서 승리할 수 없다면, 승리의 방법 못지않게 후퇴 혹은 패배하는 방법 또한 중요할 수밖에 없다. 만약 패배나 후퇴가 불가피하다면 적의 예봉을 피해 전력 피해와 손실을 최소화해야 한다. 그렇게 했을 때만 향후 반격을 준비하는 힘을 보존할 수 있기 때문이다. 그러나 승리의 기술만 다룰 줄 알 뿐 후퇴나 패배의 기술을 익히지 못했다면, 치명적인 상처를 피할 수 없다. 이 때문에 현명한 전략가는 백 번 싸워 백 번 모두 승리하는 사람이야말로 오히려 조직과 나라를 멸망의 길로 빠뜨릴 수 있는 위험천만한 인물이라고 경고한다. 후퇴와 패배 또한 전략의 하나로 다룰 줄 아는 능력, 그것은 전략가라면 반드시 갖추어야 할 덕목이다.

20.

후퇴 혹은 패배도 전략이다

원문) 孫子曰 凡用兵之法 將受命於君 合軍聚衆 圯地無舍 衢地合交 絶地無留 圍地
則謀 死地則戰 塗有所不由 軍有所不擊 城有所不攻 地有所不爭 君命有所不受 故將通
於九變之利者 知用兵矣 將不通於九變之利者 雖知地形 不能得地之利矣 治兵不知九變
之術 雖知五利 不能得人之用矣

해석) 손자가 말했다.

대개 용병의 원칙은 장수가 군주에게 명을 받고 군사를 모으고 백성을 징집할 때
다음과 같은 변화를 알아야 한다는 것이다. 비지(圯地 : 행군하기 불편한 지형)에서는 쉬지
말아야 하고, 구지(衢地 : 사통팔달의 지형)에서는 외교에 힘써 도움을 얻어야 하고, 절지
(絶地 : 길이 끊어져 연락이 어려운 지형)에서는 머물러서는 안 되고, 위지(圍地 : 산이나 물로
둘러 싸여 있는 지형)에서는 빨리 벗어날 계책을 세우고, 사지(死地 : 나아갈 수도 후퇴할 수
도 없는 막다른 지형)에서는 죽을 각오로 싸워야 한다. 길에는 통과해서는 안 될 길이 있
고, 적군 중에는 공격해서는 안 될 군대가 있고, 적의 성 중에는 공격해서는 안 될 성이
있고, 적지 중에는 빼앗아서는 안 될 땅이 있고, 군주의 명령 중에는 받들어서는 안 될
명령이 있다. 그러므로 아홉 가지 변화의 이로움에 통달한 장수는 용병의 원칙을 안다
고 할 수 있다. 장수가 아홉 가지 변화의 이로움에 통달하지 못하면 비록 지형을 알고

있다고 하더라도 땅의 이로움을 얻을 수 없다. 아홉 가지 변화의 기술을 알지 못한 채 병사를 다스리면 비록 다섯 가지 이로움을 알고 있다고 하더라도 병사들의 전투력을 능히 얻을 수 없다.

21.
이로움과 해로움을 섞어서 압박하라
—서희의 양면 협상 전략과 김유신의 포섭 전술

협상의 기술 : 이로움과 해로움을 함께 사용하라

전략가는 반드시 이로움과 해로움을 함께 생각해야 한다. 손자는 이로움과 해로움의 양면성을 이해하는 자만이 진실로 지혜로운 장수라고 말한다. 그렇다면 이로움과 해로움을 함께 생각한다는 가르침의 진정한 뜻은 무엇일까? 그것은 '雜於利而務可信也(잡어리이무가신야) 雜於害而患可解也(잡어해이환가해야)'라고 할 수 있다. 즉 "이로움 속에서 해로움을 보면 주어진 임무를 완수할 수 있고, 해로움 속에서 이로움을 보면 환난을 미리 해결할 수 있다"는 것이다. 이 말은 이로움을 생각할 때 불리한 측면을 함께 생각하면 일이 불리한 방향으로 가지 않고 잘 이루어질 수 있으며, 해로움을 생각할 때 유리한 측면을 함께 검토하면 뜻밖의 환난을 미리 제거할 수 있다는 뜻으로 해석할 수 있다.

필자가 생각할 때, 이러한 이로움과 해로움의 양면성이라는 전략의 원리를 가장 요긴하게 사용할 수 있는 곳은 외교와 협상의 장이 아닐까 싶다. 만약 이 원리를 잘 이해하고 활용한다면 상대방의 협상 전략에 숨겨져 있는 의도를 잘 간파할 수 있을 뿐만 아니라, 역으로 상대방을 옭아맬 수도 있기 때문이다. 즉 이로움과 해로움을 잘 섞어서 교란하거나 압박한다면, 상대방의 전략적 계산과 의도 자체를 혼란에 빠뜨릴 수도 있다는 얘기다. 따라서 해로움을 주어서 적을 위협하고, 일을 만들어서 적을 수고롭게 하고, 이로움을 던져서 적을 유인하는 것. 이 세 가지는 모두 외교와 협상 전략의 효과를 극대화하기 위해 반드시 필요하다고 할 수 있다.

서기 993년 8월 동북아시아의 새로운 강자로 떠오른 거란(요나라)의 80만 대군이 압록강을 건너 고려를 침략했다. 거란의 장수 소손녕은 고려의 성종에게 즉시 항복하라고 위협했다. 당시 고려 조정에서는 거란의 요구대로 항복하거나 서경 이북의 땅을 떼어 주고 화친을 맺자는 의견이 대세였다. 결국 성종도 거란에게 땅을 떼어 주고 화친을 맺는 쪽으로 마음이 기울었다. 그러나 서희가 나서 영토를 떼어 적에게 주는 행위는 만세의 치욕이라고 반대하면서, 자신이 직접 적장인 소손녕을 만나 담판을 짓고 난 다음 다시 논의해도 된다고 간언했다. 때마침 성종의 항복 회답을 기다리다 지쳐서 화가 난 소손녕이 안융진을 공격하다가 패배하는 바람에 전선은 교착 상태에 빠졌다. 소손녕은 후방이 불안한 상황에서 더 이상 진격하지는 못하고 거듭 고려 조정에 항복을 요구했다. 서희는 지금이야말로 담판을 벌여 적을 굴복시킬 적기라고 판단하고, 즉시 고려 조정의 교섭 대표로 소손녕을 만나러 떠났다.

서희는 982년 국교가 중단된 송나라와 다시 외교 관계를 회복하는 등 외교와 협상 무대에서 탁월한 능력을 발휘했고, 오랫동안 외교 일선에 있었기 때문에 송나라와 거란을 둘러싼 동북아시아 정세에 아주 밝았다. 이 때문에 서희는 거란의 진짜 목표는 중국 대륙의 송나라이고, 그들이 고려를 침략한 이유는 고려가 송나라와 연합해 자신들을 공격할까 두려워하기 때문임을 꿰뚫고 있었다. 상대방이 진정으로 원하는 것과 함께 상대방의 가장 취약한 것까지 모두 헤아린 서희는 자신만만하게 소손녕을 대할 수 있었다. 처음 서희를 만난 소손녕은 마치 속국의 아랫사람을 대하듯 행동했다. 그러나 서희가 자신은 동등한 자격에서 화친 교섭을 논의하러 왔다고 당당하게 밝히자, 소손녕은 그 기개와 비범함에 눌려 크게 당황하며 말했다.

"고구려의 옛 땅은 우리 영토이다. 고려는 신라를 계승한 나라일 뿐이다. 더욱이 바다 건너 송나라와 손을 잡고 우리의 영토를 침범하니 토벌하지 않을 수 없다. 지금 땅을 떼어서 우리에게 바치고 신하의 예로 우리를 섬기지 않는다면 80만 대군을 몰아 고려를 휩쓸어 버리겠다."

"그렇지 않다. 우리나라는 고구려를 계승한 나라이다. 이 때문에 나라의 이름을 고려라고 하고 평양을 국도(國都)의 하나로 삼고 있다. 영토로 말하자면, 거란의 동경(東京)은 우리나라의 영토에 속한다. 어떻게 침범했다고

237

할 수 있는가? 압록강의 안과 밖 역시 우리나라의 국경 안에 있다."

"좋다. 그 말이 맞다고 하자. 그렇다면 왜 지리적으로 가까운 우리와는 내왕하지 않으면서 멀리 바다 건너 송나라와 손을 잡았는가?"

"지금 여진족이 고려와 거란의 중간을 도적 떼처럼 점거한 채, 완고하고 간사하게 길을 막고 있다. 그래서 바다를 건너는 것보다 더 왕래가 어려워 거란과 교통할 수 없었다. 이것은 우리 고려의 책임이 아니라 단지 여진족 탓이다. 만약 지금 여진족을 쫓아내고 우리나라의 옛 땅을 회복해 성곽과 보루를 쌓고 도로를 뚫는다면, 어찌 수교와 왕래를 마다하겠는가? 장군이 나의 말을 거란의 임금에게 전달하면 반드시 내 뜻을 받아들일 것이다."

서희는 거란의 입장에서 볼 때 고려가 송나라와 연합해 자신들을 적대하는 것이 해로움이고, 고려와 화친을 맺어 송나라를 고립시키는 것은 이로움이라는 사실을 정확히 간파하고 있었다. 그래서 이로움과 해로움을 섞어서 상대방을 압박하며 협상의 주도권을 장악할 수 있었던 것이다. 더욱이 서희는 고려가 송나라와 국교를 단절하고 거란과 화친을 맺는 조건으로, 여진족을 쫓아내고 압록강 동쪽 일대의 땅을 개척할 수 있는 동의까지 얻어냈다. 이렇게 해서 고려는 994년부터 3여 년에 걸쳐 여진족을 몰아내고 흥화진, 용주, 통주, 철주, 귀주, 곽주 등 이른바 강동 6주를 새롭게 개척해 고구려의 옛 땅을 회복하는 한편 영토를 압록강까지 확장할 수 있었다.

회유와 포섭의 전략 : 공포와 기대 심리를 동시에 활용하라

외교와 협상의 자리에서뿐만 아니라 상대방을 회유하거나 포섭할 때 역시 이로움과 해로움의 양면성이라는 전략의 원리를 적용해 볼 수 있다. 특히 이때는 무엇보다도 공포와 기대 심리를 동시에 활용하는 것이 유효적절하다고 할 수 있다.

삼국통일을 위해서는 먼저 백제를 공격해 멸망시켜야 한다고 여겼던 김유신은 일찍부터 백제 땅 곳곳에 첩자를 심어서 정탐하는 한편, 백제의 권력 핵심부에 자신과 뜻을 함께할 세력을 만든 다음 국론을 분열시키고 민심을 뒤흔들 공작 계획을 세웠다. 신채호는 《조선 상고사》에서 김유신은 "지략과 용기가 있는 명장이라기보다는 음험하고 무서운 정치가로서, 평생의 큰 공이 전쟁터에 있기보다는 음모를 꾸며 적국을 혼란에 빠뜨리는 데 뛰어났다"고 기록하고 있다. 당나라를 끌어들여 이룬 신라의 삼국통일에 대해 아주 부정적인 시각을 지녔던 만큼, 김유신에 대한 신채호의 평가는 결코 호의적이지 않다. 그러나 신채호의 인물평을 긍정하든 부정하든, 김유신이 모략에 뛰어난 전략가였다는 사실만은 부정할 수 없다.

여하튼 이때 김유신이 포섭 대상으로 삼았던 인물은 백제의 좌평(佐平) 임자였다. 당시 김유신은 성충이 백제의 조정에 버티고 있는 한, 백제 공략은 불가능하다는 사실을 뼈저리게 실감하고 있었다. 충신이자 뛰어난 전략가였던 성충 때문에, 신라는 대야성을 비롯한 수많은 성을 빼앗기는 한편 고구려와의 동맹에도 실패했기 때문이다. 이에 김유신은 백제 조정에서 성충을 쫓아낼 목적으로, 의자왕과 성충 사이를 이간질할 계략을 꾸몄다. 임자는 의자왕과 성충 사이를 이간질할 인물을 찾던 김유신에게 하늘이 내려준 선물이었다. 그렇다면 김유신이 임자를 회유와 포섭의 대상으로 삼은 까닭은 무엇일까?

김유신이 임자를 포섭할 때 중요한 역할을 한 사람은 조미압이었다. 조미압은 신라 부산현(지금의 송도 부근)의 현령이었는데 한때 백제 군사에게 사로잡혀 좌평 임자의 집에서 종살이를 했다. 그런데 조미압이 주인에게 충성스럽고 성실했던 탓에, 임자는 그를 가엾게 여기고 아껴서 마음대로 문밖 출입을 할 수 있도록 했다. 그래서 조미압은 쉽게 백제를 탈출할 수 있었다. 그는 신라로 돌아와서는 곧장 김유신을 찾아가, 백제의 정치 상황을 상세하게 보고했다. 김유신은 조미압으로부터 임자가 성충 못지않게 의자왕의 총애를 받고 있다는 사실과 나라의 안위보다는 개인의 부귀에 더 관심이 많은 인물이라는 말을 듣고서는, 임자야말로 자신이 그토록 애타게 찾던 포섭 대상임을 직감했다.

"내 뜻을 임자에게 전해 신라가 그를 이용할 수만 있다면, 그대의 공이 누구보다 클 것이다. 위험을 무릅쓰고 백제로 돌아가서 내 말을 임자에게 전해줄 수 있겠느냐?"

"공께서 저를 보잘 것 없다고 내치지 않고 일을 맡겼는데 어찌 마다하겠습니까? 목숨을 돌보지 않고 따르겠습니다."

다시 백제로 들어간 조미압은 처음 임자에게 백제의 백성이 되었는데 나라의 풍속을 몰라서는 안 되겠기에 이곳저곳을 돌아다니다 주인이 그리워 다시 찾아왔다고 둘러댔다. 그리고 얼마 지나지 않아서 기회가 생기자 김유신의 뜻을 전했다. 이때 조미압이 임자에게 전한 김유신의 계략에는 상대방을 회유하고 포섭할 때 지켜야 할 원칙, 즉 공포과 기대 심리가 교묘하게 뒤섞여 있었다.

당시 김유신이 임자에게 전한 뜻은 이랬다.

"백제와 신라는 서로 적대해서 전쟁이 그치지 않는다. 두 나라 중 어느 한 나라는 반드시 멸망할 것이다. 그러면 우리 두 사람 중 한 사람은 현재의 부귀를 잃고 남의 포로 신세로 전락하고 말 것이다. 그러나 만약 우리 두 사람이 미리 서로 약속한다면, 신라가 망하더라도 내가 공을 의지해 백제에서 벼슬을 하고, 백제가 망하더라도 공이 내게 의지해 신라에서 벼슬살이를 할 수 있지 않겠는가? 두 나라 중 어느 곳이 망하든 우리 두 사람은 부귀영화를 누릴 수 있을 것이다. 나라의 권력을 홀로 장악하지 못하면 어떻게 계속해서 부귀를 누리겠는가? 내가 들어 보니 성충이 왕의 총애를 얻어서, 그가 말하면 모든 것이 다 이루어지는 반면 공은 겨우 그 밑에서 벼슬살이나 하고 있다. 어찌 치욕이 아닌가?"

김유신의 말은 두 가지 측면에서 임자의 공포 심리를 자극했다. 그것은 나라가 멸망하면 신라의 포로가 된다는 것과 성충이 조정을 장악하고 있는 한 임자는 언제 내쫓겨 권력과 부귀를 잃을지 모른다는 것이었다. 특히 백제가 신라에게 멸망할 것이라는 사실은 인정하기 힘들어도, 성충에게 내쫓겨 권력과 부귀를 잃을 수도 있다는 사실만은 부인하기 어려웠다.

반면에 김유신의 말은 두 가지 측면에서 임자의 기대 심리를 자극했다.

나라가 멸망해도 김유신에게 의탁해 살아남을 수 있다는 것과 성충을 내쫓고 권력을 독차지할 수 있다는 것이 바로 그것이다. 임자가 처한 상황에서 볼 때, 훗날 김유신에게 몸을 의탁하는 데까지 생각이 미치지 않더라도, 성충을 내쫓고 백제의 권력을 장악하라는 말은 너무나도 뿌리치기 힘든 유혹이었다. 결국 임자는 김유신과 손을 잡고서, 온갖 참소와 모함으로 성충과 의자왕을 이간질했다. 더욱이 임자는 김유신이 보낸 금화라는 요녀(妖女)를 의자왕에게 천거해 방탕과 환락을 일삼도록 했다. 성충을 비롯한 백제의 충신들이 의자왕의 행동을 온 힘을 다해 말렸지만, 이미 임자와 금화의 이간질에 넘어간 의자왕은 오히려 성충을 옥에 가두어 죽음에 이르게 했다. 성충이 죽자 김유신은 비로소 백제를 멸망시킬 때가 왔음을 기뻐하고, 백제 침략 계획을 서둘렀다. 그로부터 4년이 지나 백제는 나당 연합군의 공격 앞에 맥없이 무너지고 만다. 이 모든 것은 공포와 기대 심리를 교묘하게 뒤섞어서 임자를 포섭하는 데 성공한 김유신의 계략 덕분이었다고 해도 과언이 아니다.

이로움과 해로움 중 한 가지만 사용하는 전략은 어리석다

이로움과 해로움 혹은 공포와 기대 심리 가운데 한 가지만을 상대방에게 내보이는 전략은 어리석다. 왜 그런가? 대개 사람은 자신에게 이로움만 주는 상대에 대해서는 업신여기는 마음을 갖기 쉽다. 반면 해로움만 주는 상대에 대해서는 증오심을 품을 수 있다. 업신여기거나 증오하는 마음을 품으면, 의도와 계산대로 상대방을 통제하기 어렵다. 마찬가지로 공포와 두려움이 지나치면 경멸과 증오하는 마음을 가질 수 있고, 기대 심리가 지나치면 배신하는 마음을 품기 쉽다. 그러나 공포와 두려움은 배신할 마음을 억제하고, 기대 심리는 경멸과 증오하는 마음을 억누른다. 그러므로 반드시 이로움과 해로움, 공포와 기대 심리를 교묘하게 뒤섞어서 활용해야 한다.

21.
이로움과 해로움을 섞어서 압박하라

원문) 是故智者之慮 必雜於利害 雜於利而務可信也 雜於害而患可解也 是故屈諸
侯者以害 役諸侯者以業 趨諸侯者以利 故用兵之法 無恃其不來 恃吾有以待也 無恃其
不攻 恃吾有所不可攻也 故將有五危 必死可殺也 必生可虜也 忿速可侮也 廉潔可辱也
愛民可煩也 凡此五者 將之過也 用兵之災也 覆軍殺將 必以五危 不可不察也

해석) 이런 까닭에 지혜로운 장수는 반드시 이로움과 해로움을 섞어서 생각할 줄
안다. 이로움에도 해로움이 섞여 있음을 알면 한층 이롭게 할 수 있고, 해로움에도 이로
움이 섞여 있음을 알면 환난을 해결할 수 있는 것이다. 그러므로 제후를 굴복시키려면
해로움으로 하고, 제후를 부리려면 일을 만들고, 제후를 따르게 하려면 이로움으로 한
다. 따라서 용병의 원칙은 적이 침입하지 않으리라고 믿지 말고, 아군이 충분히 대비한
채 적을 기다리고 있음을 믿어야 한다. 또 적이 공격하지 않으리라고 믿지 말고, 아군이
적군이 공격하지 못하도록 충분히 대비하고 있음을 믿어야 한다. 그러므로 장수에는
다섯 가지 위기 상황이 있다. 첫째 죽기를 작정하고 싸우면 죽임을 당할 수 있고, 둘째
반드시 살려고 하면 포로가 되고, 셋째 화를 잘 내고 조급하면 업신여김을 당할 수 있
고, 넷째 지나치게 청렴결백하면 모욕을 당할 수 있고 다섯째 병사들을 아끼면 번거로
워질 수 있다. 무릇 이와 같은 다섯 가지는 장수의 과실이고 용병의 재앙이 된다. 군대

가 뒤집어지고 장수가 죽임을 당하는 경우는 반드시 이 다섯 가지 위기 상황 때문이다.

살피지 않을 수 없다.

제9장

행군의 용병술

22.
나는 잘 보이지만, 적은 나를 볼 수 없게 하라
−견훤의 무모한 자신감과 일본군의 공포 심리

적군에게는 불리하고, 아군에게는 유리한 곳이란?

적과 대치해 행군하거나 주둔할 때, 가장 시급하다고 할 수 있는 용병술은 아군에게는 유리하고 적군에게는 불리한 곳을 찾아 먼저 차지하는 것이다. 그렇다면 적군에게는 불리한 반면 아군에게는 유리한 곳이란 무엇을 말하는가? 그것은 아군은 잘 보이지만 적군은 아군을 잘 볼 수 없는 곳, 혹은 아군은 쉽게 움직일 수 있지만 적군은 움직이기에 불편한 곳이라고 말할 수 있다. 손자의 말을 들어 보자. 그는 산악 혹은 하천 지대에 주둔할 때에는 적보다 높은 곳을 먼저 차지해야 하는 반면, 낮은 곳에서 올려다보거나 하류에서 상류로 거슬러 올라가면서 적을 공격해서는 안 된다고 경고한다. 또한 평지에서는 높은 곳을 뒤로 등지고 낮은 곳을 앞으로 바라봐야 나아가기가 편리하고 적의 정면 공격에 대적하기가 쉬울 뿐 아니라, 아군의 배후를 노리는 기습 공격도 막을 수 있다고 한다.

이와 반대로 아군은 적군을 잘 볼 수 없고 적군은 아군을 쉽게 볼 수 있는 곳, 혹은 아군은 움직이기에 불편하지만 적군은 쉽게 움직일 수 있는 곳에서는 절대로 주둔해서는 안 되고, 행군을 할 때에도 오로지 재빨리 벗어나야만 한다. 손자는 절간(絶澗), 천정(天井), 천뢰(天牢), 천라(天羅), 천함(天陷), 천극(天隙)이 바로 그러한 곳이라고 지적한다.

절간(絶澗)이란 절벽으로 둘러싸인 좁은 골짜기로, 절벽에 숨어 기다리는 적군의 공격을 당하면 전멸당하기 쉽다. 천정(天井)이란 우물처럼 움푹 들어간 분지로, 적이 높은 곳에 자리하고 있다가 공격하면 꼼짝없이 당한다. 천라(天羅)란 기세가 험악한 산에 울타리처럼 둘러싸인 곳으로, 마치 사방이 꽉 막혀 있는 형국이어서 적의 공격 앞에 속수무책으로 당하기 쉽다. 천함(天陷)이란 풀과 나무가 너무 무성해 나아가기 어려운 곳으로, 적이 숨어 있더라도 알기 힘들어 쉽게 공격당할 수 있다. 마지막으로 천극(天隙)은 산과 산 사이의 좁고 험한 곳으로, 나아가거나 움직이는 것이 쉽지 않아 적이 공격하면 패배하기 쉽다.

적군이 잘 보이고 또 아군이 쉽게 나아가거나 움직일 수 있는 곳에 이르면 공격에 나서도 되지만, 적군을 쉽게 볼 수 없고 아군이 나아가거나 움직이기 어려운 곳에서는 반드시 재빨리 벗어나기 위해 온 힘을 쏟아야 한다.

이것이 손자가 가르치는 전투에서 유리한 곳과 불리한 곳에 처했을 때 취해야 할 요령이자 방법이다.

나는 보지만, 적은 보지 못하게 하라

행군을 서두르다가 견훤의 군대에게 참혹하게 패배를 당한 왕건의 팔공산 전투에 대해 앞에서 소개한 적이 있다. 이후 견훤은 북진을 계속하며 고려에 속하는 여러 성을 점령했다. 특히 930년 1월에는 크게 군사를 일으켜서 고려와 신라를 잇는 전략 요충지인 고창을 공략했다. 견훤의 군사가 고창을 포위하자 고려군 3,000여 명은 꼼짝없이 갇히는 신세가 되어 버렸다. 이때 왕건은 직접 군대를 지휘해 죽령 길을 뚫고 영주와 풍기 등을 순시하며 견훤의 고창 공략을 견제하려고 했지만 중과부적으로 퇴각해야 했다. 눈앞에서 고창이 견훤에게 함락당하는 상황을 지켜보아야 하는 왕건의 심정은 참담하기 그지없었다. 이렇지도 저렇지도 못한 상황에 놓인 왕건은 휘하 장수들을 불러 모아 의견을 물었다. 그러나 모두 섣불리 죽령을 넘었다가는 예전 팔공산 전투 때처럼 큰 낭패를 볼 수 있다면서 출전을 적극 만류할 뿐 뾰족한 대책을 내놓지 못했다. 왕건 역시 그때의 쓰라린 경험이 되살아나 출전을 포기하려고 했다. 그러나 측근 장수 유금필이 출병할 것을 강력하게 주장했다.

"무기가 흉악한 도구이듯 전쟁이 위험한 것은 당연합니다. 전쟁터에서는 살려고 애쓰기보다는 죽을 각오로 싸워야 승리할 수 있습니다. 그런데 적과 대치하고 있는 상황에서 싸워보기도 전에 패할 염려부터 하는 이유는 대체 무엇입니까? 지금 당장 고창성을 구원하지 않는다면 3,000여 고려 군사를 온전히 적에게 넘겨주는 것입니다. 어찌 억울하고 애통하지 않겠습니까?"

유금필의 주장에 마음이 돌아선 왕건은 결국 죽령을 넘어 고창성으로 향했다. 때마침 재암성(지금의 경북 진보)의 신라 장수 선필이 군대를 이끌고 왕건에게 투항하는 행운이 따랐다. 특히 선필은 그곳의 주변 지리에 밝아 전략 수립에 크나큰 역할을 했다. 선필의 도움을 얻은 왕건은 고창에 들어서자 병산에 진영을 세우고 전투 대형을 갖추었다. 견훤은 왕건의 진영에서 5,000여 보 가량 떨어진 석산에 주둔하고 있었다. 팽팽하게 대립하고 있던 양 진영의 정적을 먼저 깨뜨린 것은 견훤이었다. 병력이나 기세 모두 왕건을 압도하고 있던 견훤은 병산을 에워싸고 공격에 나섰다. 높은 지대를 차지하고 있는 적을 올려다보면서 싸워야 하는 전투의 불리함을 모르는 바 아니었지만, 견훤은 병산에 주둔하고 있는 왕건의 군대쯤은 어렵지 않게 물리칠 수 있다는 자신감으로 가득 차 있었다.

그러나 이때 견훤은 결정적인 실책을 범하고 있었다. 병산의 고지대에 자리한 채 시간을 끌면서 견훤이 선제공격에 나서 주기만을 손꼽아 기다리고 있던 왕건의 덫에 걸려들었던 것이다. 왕건은 견훤 진영의 전모를 시야에 두고 싸울 수 있었다. 더욱이 견훤의 예상과 달리. 왕건은 병산에 주둔한 군대 이외에 주변 신라군의 지원을 받고 있었다. 전투가 시작되자 견훤의 군사는 고지(高地)의 이점을 십분 활용한 고려의 선봉장 유금필의 기세에 눌려 후퇴를 거듭했다. 설상가상으로 김선평, 권행, 장길이 이끄는 신라군까지 공격에 가세해 견훤을 협공했다. 이른 아침부터 해가 저물 때까지 계속된 전투의 결과는 견훤의 참패였다. 이 전투에서 견훤은 8,000여 명의 군사를 잃는 것도 모자라 낙동강을 넘어 퇴각해야만 했다. 막강한 위용을 자랑하던 견훤의 군대가 이토록 처참하게 패배한 까닭은 무엇일까?

적과 맞설 때는 언제나 아군은 적군을 잘 볼 수 있는 반면, 아군은 적군에게 드러나지 않는 용병술과 전략을 갖추어야 한다. 앞서 손자가 지형의 유리한 곳과 불리한 곳을 지적할 때 전달하고자 하는 핵심 메시지 역시 '나는 잘 보지만, 적은 나를 보지 못하게 하라'는 것이다. 견훤의 치명적인 실수는 군대를 온전히 왕건에게 드러내 보인 반면, 자신과 맞서고 있는 적군의 규모조차 제대로 파악하지 못한 것이라고 할 수 있다. 왕건은 공격에 나선 견훤의 군사를 계산에 두고 싸웠지만, 견훤은 왕건의 군사는 물론 신라 지원군 때문에 이곳도 살펴야 하고 저곳도 살펴야 하는 어려운 상황에 빠져 패배의 쓴잔을 마실 수밖에 없었다.

보이지 않는 적에게 갖는 두려움을 이용하라

전략과 용병술을 다룰 때 가장 큰 위험은 대군이나 강군이 아니라, 보지 못하거나, 볼 수 없거나, 보이지 않는 적이라고 할 수 있다. 즉 아군의 시야나 계산에 드러나지 않는 적이야말로, 가장 무서운 적이다. 전투에서 전멸당하거나 참패를 당한 사례를 보면, 대개 이러한 적이 가하는 - 전혀 예상하지 못한 - 뜻밖의 공격인 경우가 많다.

임진왜란 초기 일본군이 그토록 빠른 시일 안에 국도인 한양과 평양을 점령할 수 있었던 배경에는, 우리나라 장수들의 어리석기 그지없는 용병술과 작전 능력이 있었다. 만약 당시 경상도에서 한양으로 향하는 관문인 조령 방어선만 잘 지키고 있었더라도, 일본군이 그렇게 쉽게 한양과 평양을 유린하지는 못했을 것이다. 왜 그럴까? 조령은 손자가 말한 절간과 천극의 지형을 갖춘 천혜의 요새였기 때문이다. 유성룡은 《징비록》에서 이 조령의 험준함을 이용하지 못한 어리석음을 이렇게 한탄했다.

"나중에 내가 들었는데, 적군이 상주에 들어와서는 오히려 험악한 지형을 지나는 일을 두려워했다고 한다. 문경현 남쪽 10여 리 밖에 고모성이라는 옛 성이 있는데, 경상좌도와 우도의 경계에 있는 양쪽 산골짜기가 하나로 묶여 있는 듯이 싸여 있고, 큰 하천이 가운데에 둘러 있고, 그 아래에 길이 나 있다. 적군은 혹 그곳을 지키는 우리 군사가 있을까 두려워 정탐병을 보내 두 번, 세 번 거듭 확인해 본 다음에야 지키는 군사가 없음을 알았다고 한다. 그리고 적군은 노래를 부르고 춤을 추면서 지나갔다고 한다.

그 후 명나라 장수 이여송이 적군을 추격해 조령을 지나다가 크게 한숨을 쉬며 '이렇게 험준한 곳이 있는데 지키지 못했다니, 신립은 참으로 계책이 없는 사람이구나'라고 했다. 대체로 신립은 날쌔고 용맹해 한때 이름을 얻었지만 용병술과 계략에 능한 장수가 아니었다. 옛 사람이 말하기를 '장수가 군사를 부릴 줄 모르면 나라를 적군에게 내어준다'고 했는데, 지금에 와서 후회한다고 한들 무슨 소용이 있겠는가마는, 그래도 훗날 사람들이 경계로 삼으라고 상세히 기록해 둔다."

전투 경험이 풍부하고 병법에도 능했던 일본군 장수들은 아는 것이 많은 만큼 보지 못하거나, 볼 수 없거나, 보이지 않는 적, 즉 자신들이 예측하지 못한 적에 대한 두려움이 컸다. 만약 이러한 심리를 잘 이용해 조령을 지키고 있었다면, 많은 군사를 두지 않고서도 일본군의 진격을 지연시키거나 막을 수 있었을 것이다. 조령을 수차례 정탐해 조금이라도 매복과 기습 공격의 기미가 보였다면, 일본군은 쉽게 조령을 넘지 않았을 것이기 때문이다. 실제 임진왜란의 전사를 보면, 적은 군사와 군력으로 일본군을 속여 승리한 사례가 적지 않다. 예를 들어 이순신이 노적봉에 짚과 섶을 두르고 군량미를 속여 군력을 과시한 것이나, 제1차 진주성 전투 때 김시민이 남강에 유등(油燈 : 기름불)을 띄워 도하를 저지하고 주변 지역의 의병들과 연락하는 형세를 취해 적의 공포 심리를 자극한 경우가 그렇다. 이렇듯 용병술과 전략의 ABC를 잘 알고 있는 적을 상대할 때는, 그것을 심리적으로 역이용해 승리를 취할 수도 있다.

만약 신립이 탄금대가 아닌 조령의 험준한 지형을 이용해 매복해 있다가 일본군을 급습했다면, 임진왜란의 초기 전세가 그토록 일방적으로 전개되지는 않았을 것이다. 설령 매복 사실이 드러났다고 하더라도 파죽지세로 북상하는 일본군의 행군은 저지할 수 있었을 테고, 조선은 그만큼 반격의 시간적 여유와 자신감을 챙길 수 있었을 것이다.

22.

나는 잘 보이지만, 적은 나를 볼 수 없게 하라

원문) 孫子曰 凡處軍相敵 絶山依谷 視生處高 戰隆無登 此處山之軍也 絶水必遠
水 客絶水而來 勿迎之於水內 令半濟而擊之利 欲戰者 無附於水而迎客 視生處高 無迎
水流 此處水上之軍也 絶斥澤 惟亟去無留 若交軍於斥澤之中 必依水草 而背衆樹 此處
斥澤之軍也 平陸處易 而右背高 前死後生 此處平陸之軍也 凡此四軍之利 黃帝之所以
勝四帝也 凡軍喜高而惡下 貴陽而賤陰 養生而處實 軍無百疾 是謂必勝 邱陵隄防 必處
其陽 而右背之 此兵之利 地之助也 上雨水沫至 欲涉者 待其定也 凡地有絶澗 天井 天牢
天羅 天陷 天隙 必亟去之 勿近也 吾遠之 敵近之 吾迎之 敵背之

해석) 손자가 말했다.

무릇 군대가 적과 대치하여 주둔할 때에는 험악한 산을 뒤로 하고 골짜기에 의지
해야 한다. 적이 잘 보이는 높은 곳에 주둔해야 하고, 높은 곳에서 싸우되 올려다보면서
싸워서는 안 된다. 이것이 산악 지대에서 싸우는 군대가 취해야 할 전투 방법이다. 물을
건널 때는 반드시 물에서 멀리 떨어진 곳에 주둔하고, 적이 물을 건너서 오면 물 속에
서 싸우지 말고 절반 정도 건널 때에 공격해야 이롭다. 싸우려고 하는 자는 물가에 지
나치게 가까이 붙어서 적과 싸워서는 안 된다. 적이 잘 보이는 높은 곳에 주둔해야 하
고 상류로 거슬러 올라가면서 적과 싸우지 않는다. 이것이 하천 지대에서 싸우는 군대

가 취해야 할 전투 방법이다. 습지대를 건널 때는 잠시라도 머물러서는 안 된다. 만약 습지대에서 적과 맞서 싸우게 되면 반드시 수초에 의지하고 우거진 나무를 등지고 싸워야 한다. 이것이 습지대에서 싸우는 군대가 취해야 할 전투 방법이다. 평지에서는 평탄한 곳에 주둔하되 오른쪽에 높은 언덕을 등지고 앞쪽은 낮고 뒤쪽은 높아야 한다. 이것이 평지에서 싸우는 군대가 취해야 할 전투 방법이다. 무릇 이와 같은 네 가지 전투 방법의 이로움은 옛날 황제(黃帝)가 사방의 제왕과 싸워서 승리한 것이다. 대개 군대는 높은 곳을 좋아하고 낮은 곳을 싫어한다. 양지를 귀중히 여기고 음지를 천시한다. 생명이 성장하고 결실이 풍족한 지대에 주둔하면 군대는 모든 질병을 물리칠 수 있다. 이것을 일컬어 '반드시 승리한다'고 한다. 구릉이나 제방에서는 반드시 양지바른 곳에 주둔해야 하되, 오른쪽과 뒤쪽에 구릉이나 제방을 두어야 한다. 이는 전투의 이로움이고 지형의 도움을 받는 것이다. 상류에 큰 비가 내리면 물거품이 떠내려 온다. 강을 건너려는 자는 물거품이 가라앉을 때까지 기다려야 한다. 무릇 지형에는 절간(絶澗 : 높은 절벽으로 둘러싸인 좁은 골짜기), 천정(天井 : 땅이 움푹 꺼진 분지), 천뢰(天牢 : 험악한 산에 둘러싸여 빠져나오기 힘든 곳), 천라(天羅 : 그물처럼 감싸 안고 있는 지형), 천함(天陷 : 함정처럼 한 번 빠지면 나오기 힘든 곳), 천극(天隙 : 좁다란 계곡 사이의 좁고 긴 곳)이 있다. 이러한 곳에서는 반드시 재빨리 빠져나와야 하고 가까이 해서는 안 된다. 아군은 이러한 곳을 멀리하고, 적군은 이러한 곳을 가까이 하도록 유인한다. 아군은 이러한 곳을 마주보고 싸우고, 적군은 이러한 곳을 등지고 싸우도록 해야 한다.

23.
상대방의 행동과 의도를 정확하게 살핀 다음 행동하라
─과거의 승리에 발목을 잡힌 고국원왕과 삼국 최고의 전략가 성충

과거의 경험과 방식에 안주하지 마라

병법과 전략의 진정한 어려움은 무엇인가? 그것은 내가 생각하고 행동하듯이 적 또한 그럴 수 있다는 것이다. 내가 알고 사용하는 병법과 전략의 ABC는 나만의 비밀 병기가 아니다. 적 역시 내가 알고 사용하는 바로 그 병법과 전략으로 내게 승리할 수 있다. 따라서 병법과 전략은 결코 일방적이어서는 안 된다. 만약 상대방의 용병술과 전략을 제대로 헤아리고 그 의도와 행동 방향을 정확하게 살피지 않는다면, 패배의 굴욕에서 벗어나기 힘들 것이다. 손자는 전투에 나설 때는 반드시 적의 행동 이면에 감추어져 있는 의도를 읽으라고 충고한다. 예를 들어서, 적이 멀리 떨어진 채 싸움을 거는 행동은 아군을 유인하기 위한 속임수이다. 적의 사신이 찾아와 겸손하게 말을 하면서도 실제 방비에 힘쓴다면, 그것은 공격의 징후이다. 반대로 말을 강경하게 하면서 금방이라도 공격할 태세를 갖춘다면, 그것은 후퇴할 의도를 감추려는 술책이다.

이렇듯 병법과 전략이란 나의 행동과 의도가 상대방에게 드러나지 않으면 승리할 수 있는 반면, 상대방이 내 행동과 의도를 꿰뚫어보면 패배할 수밖에 없다. 그런데 내가 상대방의 행동과 의도를 예측하기 위해 전력을 다하는 만큼, 적 역시 내 행동과 의도를 읽기 위해 온 힘을 쏟을 것이다. 병법과 전략의 진정한 난제가 바로 이것이다. 그렇다면 어떻게 행동해야 할까?

대개 적의 행동과 의도를 헤아리고 살필 때, 과거에 내가 적과 싸웠거나 적이 또 다른 적과 싸웠던 경험과 방식에 의존하게 마련이다. 특히 과거에 성공했던 경험과 방식에 대한 기억이 또렷하면 또렷할수록, 그것에 따라 적의 행동과 의도를 쉽게 판단하게 된다. 만약 적을 지휘하는 장수나 전략가가 평범한 인물이라면 그러한 판단은 나쁘지 않을 수도 있다. 그러나 내가 상대해야 할 적의 장수와 전략가가 과거의 선입견에 사로잡혀 행동하지 않는 창의적인 인물이라면, 엄청난 패배의 대가를 감수해야 한다. 전쟁의 역사를 살펴볼 때 위대한 정복자로 기록된 사람들은, 바로 과거의 경험과 방식이나 선입견을 벗어 던진 독창적이고 예측 불가능한 병법과 전략의 대가들이었다.

고구려는 서기 2세기 무렵부터 북방의 강자로 부상한 선비족과 오랜 세월 힘겨운 싸움을 벌여야 했다. 특히 미천왕이 고구려를 다스리던 때(서기 300년~331년), 선비 모용씨가 중국 대륙의 혼란을 틈타 강력한 세력을 형성하는 바람에 고구려는 그들과 숱한 전쟁을 치러야 했다. 신채호는 "이 31년간의 역사는 곧 선비 모용씨와 혈전한 역사이다"라고 했다. 더욱이 미천왕의 뒤를 이은 고국원왕에 이르러서는 모용 선비를 이끄는 모용황이 마침내 국호를 연(燕)이라고 하고, 본격적으로 고구려 침략을 계획했다. 모용황이 중원으로 진출할 원대한 야심을 실현하기 위해서는 반드시 고구려를 제압해 놓아야 했기 때문이다.

당시 고국원왕은 수도로 삼은 평양성이 서북 경영에 불편했기 때문에 환도성을 쌓아 도읍을 옮겼다. 모용황은 고국원왕이 환도성으로 천도했다는 말을 듣고, 먼저 고구려를 공격해 심대한 타격을 가할 계획을 세웠다. 그리고 한편으로는 고구려를 속여 방비를 허술하게 할 목적으로 오랜 본거지였던 극성을 버리고 서북쪽으로 더 달아나 용성으로 천도했다. 그리고 용성으로 도읍을 옮긴 직후, 마침내 모용황은 여러 신하들과 함께 고구려를 침략할 구체적인 전략을 짜기 시작했다. 고구려와 선비 모용씨는 워낙 오랜 세월 전쟁과 전투를 벌여왔기 때문에 서로가 사용하는 병법과 전략을 너무나 잘 알고 있었다.

신채호는 "모용황이 그 야심과 재략이 그 아비 모용외보다 뛰어난 효웅(梟雄)"이라고 평가했는데, 실제 모용황은 과거의 경험과 방식으로는 고구려를 절대 꺾을 수 없다는 사실을 이해할 만큼 뛰어난 전략적 자질을 갖춘 인물이었다. 반면 모용황을 상대한 고구려의 고국원왕은 신채호의 말처럼 야심은 미천왕보다 더 컸으나 지략은 그만 못했다. 이후 고국원왕이 과거에 승리한 경험과 선입견에 사로잡혀 모용 선비의 침략에 맞서 싸운 사실만 보더라도, 신채호의 인물평이 크게 틀리지는 않는 듯싶다.

서기 342년 11월 모용황은 5만 5,000명의 대군을 이끌고 고구려 침략에 나섰다. 이때 모용황의 휘하 장수 모용한은 자기 말에 따라 고구려를 침략하면 반드시 환도성을 점령해 고구려를 멸망시킬 수 있다면서, 여태까지 사용하지 않은 전혀 새로운 전략을 내놓았다.

"고구려를 치려면 두 개의 길이 있습니다. 하나는 북치로부터 환도성에 이르는 북쪽 길이고, 다른 하나는 남협과 목저로부터 환도성으로 향하는 남쪽 길입니다. 북쪽 길은 평탄하고 넓은 반면, 남쪽 길은 좁고 험난합니다. 고구려는 반드시 남쪽 길보다 북쪽 길을 방비하는 데 힘을 기울일 것입니다. 우리가 먼저 일부 병사들을 북쪽으로 보내 공격하는 척 속이고, 은밀하게 대군을 남쪽 길로 보내 습격한다면 어렵지 않게 환도성을 수중에 넣을 수 있을 것입니다."

모용황은 이 계책에 따라 자신이 지휘하는 4만 명의 병력은 남쪽 길로 향하고, 나머지 1만 5,000의 병력은 왕우에게 맡겨 북쪽 길로 보냈다. 그렇다면 고국원왕은 어떻게 전략을 세워 모용황의 침략에 대비하고 있었을까?

그는 모용황의 계책은 까마득히 모른 채, 아주 당연하게도(?) 동생 무가 지휘하는 5만의 대군을 북쪽 길로 보내 방어하도록 했다. 그리고 자신은 1만 밖에 되지 않은 소수의 군대를 이끌고 남쪽 길을 방어하고 있었다. 전쟁의 양상이 어떻게 전개되었을지는 불을 보듯 뻔하다. 무가 이끄는 고구려의 5만 대군은 북쪽 길로 오는 모용 선비의 군사 1만 5,000명을 전멸시켰다. 그러나 남쪽 길에서 모용황의 4만 대군을 만난 고국원왕은 대패를 당해 홀로 몸을 피하는 신세가 되었고, 모용 선비는 결국 고구려의 수도 환도성을 함락시켰다.

환도성 함락 이후, 고구려는 개국 이후 단 한 번도 경험하지 못한 참담한 상황을 겪어야 했다. 고구려를 멸망시켜 다스릴 만큼 국력이 충분하지 못하다고 생각한 모용황은, 다시는 고구려가 자신들에게 도전해 오지 못할 수단을 찾았다. 그래서 미천왕의 무덤을 파헤쳐 시신을 꺼내고, 태후 주씨와 왕후를 포로로 잡아 용성으로 데려갔다. 그 외에 궁궐을 파괴하고 환도성을 불태우는 것도 모자라 고구려 백성 5만 명을 사로잡아 끌고 갔다.

피해는 여기에서 그치지 않았다. 모용황은 미천왕의 시신과 포로로 잡아간 태후와 왕후의 신변을 위협 수단으로 삼아 고구려를 신하국으로 대했다. 이로 인해 고구려는 한동안 모용 선비와 굴욕적인 외교 관계를 맺을 수밖에 없다. 고국원왕의 참담한 패배는 시시각각 변화하게 마련인 적의 전략과 의도를 헤아리지 않은 채 오로지 과거의 승리에 의존해 싸운 결과였다. 과거에 승리한 기억이 또렷하면 할수록, 거기에 발목이 잡혀 있어서는 안 된다. 과거의 경험에 안주하도록 만드는 그 승리의 기억 때문에 참혹한 패배를 당할 수 있기 때문이다. 고국원왕이 남긴 역사적 가르침이 바로 그렇다.

먼저 상대방이 처한 상황과 의도부터
주도면밀하게 헤아려라

고구려, 백제, 고구려의 삼국간 전쟁과 정치의 역사를 볼 때, 가장 탁월한 전략가를 꼽는다면 누구를 들 수 있을까? 아마도 많은 독자들이 신라의 김유신을 떠올릴 것이다. 그러나 필자는 백제의 성충이야말로 진정으로 탁월한 전략가였다고 생각한다. 앞에서 잠깐 언급했듯이 성충이 건재했을 때, 신라는 백제의 적수가 되지 못했다.《삼국사기》에 보면 김춘추가 고구려와 신라 간의 동맹을 추진하러 고구려에 갔다가, 오히려 연개소문에게 볼모로 잡혀 목숨을 잃을 뻔한 이야기가 흥미진진하게 기록되어 있다. 이때 성사 직전이었던 고구려와 신라 간의 동맹을 깨뜨리고, 도리어 고구려가 백제와 동맹을 맺도록 한 인물이 성충이었다. 성충은 늘 상대방의 이면에 숨겨져 있는 진정한 의도를 읽는 데 온 힘을 쏟았다. 이 때문에 그는 전략을 세우고 행동에 옮길 때 실수가 없었다. 백제의 군사 외교 전략을 두고 성충과 의자왕이 나눈 대화, 그리고 이후 백제가 고구려와 동맹을 맺는 과정을 살펴보면, 삼국 최고의 전략가는 성충이라는 필자의 주장에 어느 정도 공감이 갈 것이다.

의자왕이 성충의 계책에 따라 대야성을 비롯한 크고 작은 신라의 성 40여 개를 차지한 후 얼마 지나지 않아, 고구려에서는 연개소문이 영류왕을 죽이고 권력을 장악하는 사건이 일어났다. 이때 의자왕이 성충에게 물었다.

"신하의 신분으로 임금을 죽였는데, 왜 고구려 백성 모두 연개소문에게 복종할 뿐 그 죄를 묻는 자가 하나도 없는가?"

"고구려가 중국과 수백 년 동안 전쟁을 치렀지만 영양왕 때에 이르러 100만의 수나라 군사를 물리쳐 나라의 위엄을 크게 떨쳤습니다. 그래서 온 나라의 군사와 백성이 중국과 맞붙어 싸워 보려는 의지가 하늘을 찔렀습니다. 그런데 영류왕은 오히려 온 나라의 민심을 억압하고 중국과 화친을 맺어서 군사와 백성들의 노여움을 산 지 오래입니다. 연개소문은 그 집안이 누대의 장상명가(將相名家)로서 당나라를 정벌하자는 주장을 앞세워 온 나라의 민심을 얻었습니다. 따라서 영류왕을 죽인 죄를 묻지 않을 뿐 아니라, 도리어 그의 공로를 칭송하고 있는 것입니다."

다시 의자왕은 고구려와 당나라가 싸우면 누가 이길 것인지를 물었다.

"당나라가 비록 대국이나 연개소문의 전략을 이세민(당태종)이 따라올 수 없기 때문에 고구려가 승리할 것입니다. 하지만 고구려 또한 당나라를 공격하거나 멸망시키기는 어려울 것입니다."

성충의 말을 듣고 난 의자왕이 또 물었다.

"만약 백제가 북서쪽으로는 강성해진 고구려나 당나라의 공격을 받고 동쪽으로는 신라에게 반격을 당할 경우 어떻게 해야 하겠는가?"

"현재의 형세를 볼 때, 고구려가 당나라를 공격하지 않는다면 당나라가 고구려를 침략해 서로 대립할 것입니다. 연개소문 또한 이러한 사실을 잘 알고 있을 것입니다. 그런데 고구려가 당나라에 맞서 싸우려면, 반드시 남쪽의 백제 또는 신라와 화친을 맺어 두어야 배후를 방어하는 부담을 덜게 됩니다. 이것 역시 연개소문은 잘 알고 있을 것입니다. 백제와 신라는 서로 적대감이 뿌리 깊어서, 고구려가 이 두 나라 중 한 나라와 화친을 맺으면 다른 한 나라와는 적국이 된다는 사실 또한 연개소문은 분명하게 알고 있을 것입니다. 따라서 연개소문은 두 나라 중 한 나라와 화친을 맺어 두면, 고구려가 당나라와 전쟁을 할 때 백제와 신라가 서로 견제해 고구려의 뒤쪽을 넘보지 못할 것이라고 여길 것입니다. 제 생각으로는 빨리 고구려와 화친을 맺어서 백제는 신라를, 고구려는 당나라를 각자 맡아 싸우는 것이 좋을 듯합니다. 신라는 백제의 적수가 되지 못합니다. 기회를 틈타 이로움을 따르면, 유리한 것은 모두 고구려보다 백제에 있습니다."

의자왕은 그 즉시 성충의 말을 받아들여서 그를 고구려에 화친을 맺을 사신으로 보냈다.

고구려에 간 성충은 백제, 고구려, 신라, 당나라 4개국 간에 얽힌 군사·외교적 이해관계로써 연개소문을 설득해 동맹 조약을 거의 성사시켰다. 그런데 갑자기 연개소문이 성충을 멀리하면서 여러 달 동안 일체 만나 주지도 않았다. 성충은 즉시 그 까닭을 탐지했는데, 신라에서 김춘추가 사신으로 와서 고구려-백제 동맹을 훼방 놓고, 고구려-신라 동맹을 추진하고 있기 때문이었다. 이에 성충은 고구려-백제 동맹은 연개소문에게 이로움을 주지만, 고구려-신라 동맹은 오히려 해로울 뿐이라는 내용의 글을 써서 보냈다. 그 내용은 이랬다.

"중국의 여러 나라가 고구려와 싸울 때 가장 곤란하고 불편한 점은 군량의 운반이다. 수나라가 바로 그 증거다. 만약 백제가 당나라와 연합하면, 당나라는 육로로는 북쪽의 요동에서 고구려를 공격하고 서해 바다로 군사를 옮겨 백제로 들어온 후, 백제의 쌀을 먹으면서 남쪽에서 고구려를 칠 것이다. 이렇게 되면 고구려는 남쪽과 북쪽 양측에서 협공을 받게 되는데, 그 위험이야 말할 필요가 있겠는가? 그러나 동해안에 자리하고 있는 신라는, 당나라가 군사와 군량미를 운반할 때의 편리함이 백제만 못하다. 또한 신라는 믿을 수 없는 나라다. 일찍이 신라가 백제와 약속을 맺고 고구려를 공격하다가, 다시 백제를 속이고 죽령 밖 고현 안쪽의 10개 군을 차지한 사실을 잘 알고 있지 않는가? 신라가 오늘은 고구려와 동맹을 맺지만, 다음날에는 당나라와 연합해 고구려의 영토를 공격하지 않는다는 보장이 어디에 있는가?"

성충이 보낸 글을 읽은 연개소문은 즉시 김춘추를 가두고 오히려 마목현과 죽령 일대의 신라 영토를 빼앗으려고 했다. 그리고 성충은 고구려와 동맹을 맺고 돌아왔다. 자신이 상대하는 적의 상황과 행동 이면에 감추어져 있는 의도를 읽는 것, 이것은 전략가라면 반드시 갖추어야 할 덕목 중의 덕목이다.

23.
상대방의 행동과 의도를 정확하게 살핀 다음 행동하라

원문) 軍旁有險阻蔣潢 幷生葭葦 山林翳薈 必謹覆索之 此伏姦之所藏處也 敵近而
靜者 恃其險也 遠而挑戰者 欲人之進也 其所居者易利也 衆樹動者 來也 衆草多障者 疑
也 鳥起者 伏也 獸駭者 覆也 塵高而銳者 車來也 卑而廣者 徒來也 散而條達者 樵採也
少而往來者 營軍也 辭卑而益備者 進也 辭詭而强進驅者 退也 輕車先出居其側者 陳也
無約而請和者 謀也 奔走而陳兵車者 期也 半進半退者 誘也 倚仗而立者 飢也 汲而先飮
者 渴也 見利而不進者 勞也 鳥集者 虛也 夜呼者 恐也 軍擾者 將不重也 旌旗動者 亂也
吏怒者 倦也 粟馬肉食 軍無懸甀 不返其舍者 窮寇也 諄諄翕翕 徐言入人者 失衆也 屢賞
者 窘也 數罰者 困也 先暴而後畏其衆者 不精之至也 來委謝者 欲休息也 兵怒而相迎 久
而不合 又不相去 必謹察之

해석) 군대가 나아갈 때 근처에 험악한 골짜기나 수풀이 무성한 웅덩이, 그리고 갈대가
우거진 습지, 초목이 무성한 숲이 있으면 반드시 조심하고 철저하게 수색해야 한다. 이러한
곳은 복병과 정탐꾼이 매복해 있을 가능성이 높다. 아군이 적군에게 가까이 다가가도 안정
되어 있다면 험악한 지형을 믿고 있기 때문이다. 적이 멀리 떨어져 있으면서 싸움을 도발하
는 것은 아군을 나오게 하려고 하기 위해서이다. 평지에 주둔하고 있다면 이로움이 있기 때
문이다. 무성한 숲의 나무가 움직이는 것은 적군이 온다는 징후이다. 풀이 무성한 곳에 수많

은 장애물을 설치하는 것은 아군이 의심을 품도록 하기 위해서이다. 새들이 갑자기 날아오르는 것은 복병이 있기 때문이다. 짐승들이 놀라서 달아나는 것은 적의 기습이 있다는 징후이다. 먼지가 높고 날카롭게 일어나는 것은 적의 전차가 진격해 오기 때문이다. 먼지가 낮고 넓게 퍼지는 것은 적의 보병이 쳐들어오기 때문이다. 먼지가 흩어지고 나무줄기처럼 일어나는 것은 적이 땔나무를 채취하여 끌고 가기 때문이다. 먼지가 적게 일어나고 사람들이 왔다 갔다 하는 것은 적군이 진영을 꾸리려 하기 때문이다. 적의 사신이 말을 겸손하게 하면서 더욱 방비에 힘쓰는 것은 전진하기 위해서이다. 적의 사신이 말을 꾸며 강경한 태도를 보이고 당장이라도 진격할 태세를 보이는 것은 후퇴하기 위해서이다. 적의 경차(輕車 : 빠른 전차 부대)가 선두에 나와서 적군의 양쪽에 자리하는 것은 진을 치기 위해서이다. 아무런 약속도 없이 화의를 청하는 것은 계략이 있기 때문이다. 적군이 분주히 움직이고 병거(兵車)가 진을 형성하는 것은 결전을 기약함이다. 반쯤 전진했다가 반쯤 후퇴하는 것은 아군을 유인하기 위해서이다. 병장기에 의지해 서 있는 것은 굶주렸기 때문이다. 물을 길어서 먼저 마시려고 다투는 것은 목이 마르기 때문이다. 이로움을 보고서도 진격하지 못하는 것은 피로하기 때문이다. 새 떼가 모여 있는 것은 적군의 진영이 비어 있기 때문이다. 한밤중에 서로 부르는 것은 두려움 때문이다. 적군이 소란스러운 것은 장수가 신중하지 않거나 위엄이 없기 때문이다. 깃발이 어지럽게 움직이는 것은 적군이 혼란에 빠져 있기 때문이다. 적군의 지휘관이 화를 내는 것은 지쳐 있기 때문이다. 곡식 대신 말고기를 먹고 병사들이 솥을 걸지 않고 자기 막사로 돌아가지 않는 것은 막다른 궁지에 몰려 있기 때문이다. 부하들에 대해 온순하게 타이르듯 말하고 비위를 맞추는 것은 적군의 장수가 신망을 잃었기 때문이다. 부하들에게 자주 상을 주는 것은 군색하기 때문이다. 부하들에게 수차례에 걸쳐 벌을 주는 것은 곤경에 처했기 때문이다. 먼저 난폭하게 대하고 나중에 부하들을 두려워하는 것은 부하들을 지휘하고 통솔하는 능력에 정통하지 못하기 때문이다. 적의 사신이 와서 비굴하게 인사하는 것은 휴식을 취하고자 하기 때문이다. 적군이 분노해 서로 대치한 채 오랫동안 맞붙지 않고 물러나지도 않는다면 반드시 신중하게 그 의도를 살펴야 한다.

24.
어떤 경우에도 적을 가볍게 여겨서는 안 된다
─동천왕의 오만과 장수왕의 이이제이 전략

적을 업신여기면 반드시 해로움을 입는다

'無慮而易敵者(무려이이적자) 必擒於人(필금어인)', "아무 생각 없이 적을 가볍게 여기는 자는 반드시 적에게 사로잡힌다"는 말은 적을 맞아 싸우는 장수에게 손자가 보내는 최고의 경고 문구이다. 전략가는 군대의 숫자나 전력의 우세 혹은 승리의 감정에 도취되어서는 안 된다. 오로지 아군의 전투 능력을 아우르고 적군의 상황을 명확하게 헤아려 적절한 전략을 취할 뿐이다. 어떤 경우에도 적을 업신여기거나 쉽게 생각해 함부로 행동해서는 안된다.

동천왕이 나라를 다스리던 때, 고구려는 위, 촉, 오 3국으로 분열한 채 패권을 다투는 중국 대륙의 정세를 활용해 정치·군사적 영향력을 확대하고자 했다. 당시 동천왕은 조조가 세운 위나라와 화친을 맺어 고구려를 위협하던 연나라의 공손 세력을 정벌했다. 이후 위나라는 고구려의 요동 진출을 막기 위해 옛 한나라가 군현을 둔 현도와 낙랑, 대방 지역까지 은밀히 관리를 파견했다. 그러나 동천왕 역시 꾸준하게 서진 정책을 펼쳐 요동의 서안평(현재 하북성 덕주)을 공격해 깨뜨리고, 황하를 넘어 산동성으로까지 고구려의 세력을 확장했다. 중국 대륙을 향한 고구려의 서진 정책은 위나라를 크게 자극했다. 자칫 고구려의 세력에 밀려 황하 이북의 땅을 완전히 빼앗길 수도 있었기 때문이다.

이에 위나라는 요동의 기후와 지리 조건에 밝은 유주자사 관구검에게 군사 1만을 내주어 고구려에 예속된 현도를 침략하게 했다. 관구검이 휘하에 둔 군사 수만 명과 위나라 조정에서 보낸 군사 1만 명으로 현도 공격에 나서자, 동천왕은 친히 보병과 기병 2만 명을 거느리고 나아가 싸웠다. 양 진영의 대군이 직접 맞부딪친 비류수 전투에서 동천왕은 적군 3,000여 명의 목을 베었고, 뒤이은 양맥 골짜기의 전투에서도 3,000여 명의 적을 베는 대승을 거두었다. 연이어 위나라의 대군을 상대로 크게 승리하자, 동천왕은 기고만장해졌다. 동천왕은 여러 장수들이 모인 자리에서 의기양양해하며 뽐을 내었다.

"위나라의 대군이 적은 숫자의 우리 군사만도 못하구나. 관구검이란 놈은 위나라의 명장이라고 하던데, 오늘 그의 목숨이 나의 손아귀에 있구나!"

관구검이 지휘하는 위나라의 군대는 적수가 아니라는 생각에, 동천왕은 철기병(鐵騎兵) 5,000명을 앞세우고 전 병력을 투입해 적을 몰살하기로 했다. 그러나 위나라 군대는 여전히 고구려 군사보다 많았고, 관구검 역시 호락호락 당할 장수가 아니었다. 동천왕이 앞뒤 가리지 않고 군사력을 총동원해 공격에 나서자, 관구검은 방어의 진을 치고 죽기를 각오하고 싸웠다. 적을 가볍게 여긴 동천왕의 무모한 행동이 낳은 결과는 참담했다. 이 전투에서 고구려 군사 1만 8,000여 명이 죽었고, 간신히 목숨을 건진 동천왕은 겨우 패잔병 1,000여 명의 호위를 받아 압록원으로 달아났다.

승기를 거머쥔 관구검은 그대로 고구려의 수도 환도성을 공략해 함락하는 한편, 장군 왕기에게 동천왕을 추격해 사로잡거나 죽이라고 명령했다. 동천왕은 남옥저로 달아나 죽령에 이르렀는데, 이때 군사들은 흩어져 거의 남아 있지 않고 오로지 동부 사람 밀우만이 홀로 곁에 있었다. 밀우는 동천왕에게 간언했다.

"적의 추격이 코앞에 이르렀습니다. 상황이 아주 급박해 벗어나기가 어렵습니다. 제가 죽음을 각오하고 막겠습니다. 대왕께서는 급히 몸을 피하십시오!"

밀우가 패잔병으로 결사대를 조직해 위나라 군사와 맞서는 동안 동천왕은 겨우 몸을 피할 수 있었다.

동천왕은 이리저리 헤매다가 겨우 남옥저에 이르렀지만, 위나라 군사의 추격은 멈추지 않았다. 이미 어떻게 손을 써 볼 계책조차 사라진 동천왕은 완전히 자포자기하는 심정에 빠졌다. 이때 왕을 끝까지 따라온 동부 사람

유유가 나섰다.

"제가 거짓 항복으로 적을 속였다가 틈을 보아서 위나라 장수를 칼로 찔러 죽일 테니, 그 틈을 이용해 온 힘을 쏟아 공격에 나서십시오."

동천왕은 마지막 희망을 품고 유유를 적의 진영으로 보냈다.

"우리 임금이 대국에 죄를 지어서 바닷가까지 도망해 몸 둘 곳조차 없소. 그래서 장차 그대에게 나아가 항복하고 목숨을 맡기고자 하시오. 먼저 나를 보내 변변치 않은 음식을 바쳐 그대 군사들을 대접하게 했소."

이렇게 유유는 거짓 항복으로 적군의 눈을 속인 다음, 음식을 가지고 위나라 장수 앞으로 나아가다가 그릇 속에 숨겨둔 칼을 뽑아 찔러 죽였다.

이 틈을 놓치지 않고 동천왕이 군사를 세 갈래로 나누어 갑자기 들이닥치자, 위나라 군사는 크게 당황해 갈팡질팡하다가 참패했다. 유유의 희생으로 전열을 정비한 동천왕은 천신만고 끝에 위나라 군사를 고구려 땅에서 몰아낼 수 있었다. 그러나 환도성이 불에 타 사라졌고, 수많은 군사와 백성들이 관구검의 칼날 앞에 목숨을 잃은 후였다. 결국 동천왕은 도읍지를 평양성으로 옮겨야 했고, 천도 직후 병까지 얻어서 시름시름 앓다가 다음해(248년) 9월 40세의 젊은 나이로 세상을 뜬다. 관구검이 고구려를 침략한 해가 246년 8월이니까 겨우 2년 만에 충격을 이기지 못하고 숨을 거둔 것이다. 짧은 순간 단 한 번 적을 업신여겨 불러들인 후폭풍의 대가는 그토록 혹독했다.

두 개의 전쟁을 동시에 수행하지 않는다

　마키아벨리는 로마가 주변의 경쟁 국가나 세력들을 제압해 세계 제국을 형성하고 발전시킬 수 있었던 비결 중 하나로 두 개의 중대한 전쟁을 동시에 수행하지 않았다는 점을 꼽았다. 로마의 전쟁사를 뒤져 보면 이 같은 사실이 아주 또렷하게 드러난다.

　로마는 아이퀴인들과 볼스키인들을 물리친 다음 비로소 삼니움인들과 전쟁을 시작했고, 이 전쟁이 끝나기 전에 라티움인들이 반란을 일으키자 오히려 삼니움인들과 동맹을 맺고 군사 지원을 받아 라티움인들을 제압했다. 라티움인들을 제압한 다음에 삼니움인들과의 전쟁이 다시 벌어졌고, 거듭된 승리로 삼니움인의 세력이 크게 약화되자 이번에는 에트루리아인들과 싸움을 시작했다. 에트루리아인과의 전쟁이 잠잠해지자 피루스 왕이 이탈리아로 침입해 왔고, 이것을 기회 삼아 삼니움인들이 반란을 일으켰다. 피루스 왕이 이탈리아를 떠나자 로마는 카르타고(한니발)와 제1차 포에니 전쟁을 치렀다. 이 전쟁이 끝나자 알프스의 양쪽 지방에 있던 모든 갈리아인들이 동맹을 맺어 로마에 대항했는데, 그들은 포폴로니아와 피사의 중간 지점에서 무참히 살육당한 다음 정복되었다. 이 전쟁이 끝난 후 20여 년 동안 로마는 중요한 전쟁을 경험하지 않았다. 리구리아인과 롬바르디아에 있던 갈리아인들과 싸운 전쟁이 고작이다. 이러한 상황은 16년 동안 이탈리아 전역을 뒤흔든 카르타고(한니발)와의 제2차 포에니 전쟁이 일어날 때까지 지속되었다. 카르타고와의 전쟁에서 승리한 로마가 가장 위대한 영광을 구가할 때 마케도니아와의 전쟁이 시작되었고, 이 전쟁이 끝난 다음 안티오코스와 아시아와의 전쟁이 일어났다. 그리고 로마가 이 모든 중대한 전쟁에서 승리한 후부터는 어떤 나라나 부족도 혼자의 힘으로든 동맹을 맺어서든 로마의 군사력에 대항할 수 없었다(마키아벨리,《로마사 논고》p267~268 참조).

이렇듯 로마인들은 로마의 역사가 시작한 초기부터 어떤 경우에도 두 개의 중요한 전쟁을 동시에 수행하지 않는 것을 국가 정책으로 삼았다. 또한 상대방을 압도하고도 남을 만한 정치 군사력을 가진 초강대국에 올라선 다음에도 이러한 기본 정신을 잃지 않았다. 왜 그랬을까? 그것은 세상에 존재하는 어떤 적도 절대로 업신여기거나 가볍게 상대해서는 안 된다는 철칙을 간직하고 있었기 때문이다. 이러한 정신과 철칙을 고수했기 때문에 로마인들은 어느 누구와 싸워도 결코 패배하지 않을 수 있었다.

고구려가 가장 강성했던 때는 광개토대왕과 장수왕의 시대였다. 그런데《삼국사기》의 기록을 읽다 보면, 이러한 역사 상식에 대해 의문을 품게 된다. 장수왕 때에 와서 유독 중국의 위(魏 : 선비족이 세운 북위)나라에 조공 사신을 들여보냈다는 기록이 많이 등장하기 때문이다. 그렇다면 고구려는 북위의 신하국에 불과했다는 말인가? 천만의 말씀이다. 이것은 장수왕이 추구한 전쟁 전략, 즉 두 나라를 상대로 동시에 싸움을 시작하지 않고, 하나의 적을 제압하기 위해 다른 적을 이용하는 이른바 이이제이(以夷制夷) 전략이었다.

장수왕은 국내성에서 평양성으로 도읍을 옮길 만큼 남진 정책에 적극적이었다. 장수왕은 백제, 신라, 가야를 고구려의 수중에 두는 것을 전략의 제1

차 목표로 삼았다. 특히 세 나라 중 당시 고구려에 맞설 만큼 강력한 군사력을 가진 백제와의 전쟁에 사활을 걸었다. 그런데 여러 역사 기록과 문헌을 보면, 장수왕은 고대 로마인들처럼 두 나라를 상대로 동시에 전쟁을 벌이지 않았다는 사실을 확인할 수 있다. 이러한 장수왕의 전쟁 전략은 선왕인 광개토대왕의 전쟁 전략을 비판적으로 변경한 것이라고 할 수 있다. 광개토대왕은 북방 이민족의 여러 나라, 즉 중국, 선비, 과려족 등을 정복하고 남쪽의 백제, 신라, 가야 등을 공략해 복속시키는 전략을 동시에 추진한 반면, 장수왕은 남쪽의 백제가 이미 강성하고 신라와 가야 또한 점차 세력이 커지고 있는 상황에서 선왕의 전략을 그대로 계승하는 것은 위험하다고 여겼다. 그래서 평양성으로 천도를 단행해, 북쪽은 방어에 치중하고 남쪽은 공략해 평정하는, 이른바 북수남진(北守南進) 전략을 국가 정책의 제1순위로 삼았다. 물론 장수왕의 궁극적인 전략 목표는 북진에 있었다. 그것을 위해서도 일단 남쪽의 백제, 신라, 가야를 평정해 복속시켜야 했다.

장수왕은 북수남진 전략을 강력하게 추진하기 위해서는, 먼저 당시 중국 대륙의 동북방을 장악해 신흥 강국으로 부상한 북위와의 관계를 안정시킬 필요가 있다고 여겼다. 특히 고구려의 남진 정책에 크게 위협을 느낀 백제, 신라, 가야가 군사 동맹을 맺어 고구려에 대항했기 때문에 북쪽 나라와의 군사·외교적 안정이 절실했다. 다른 한편으로 장수왕은 북위를 이용해, 고구려에 대항하는 공수 동맹의 중심축인 백제를 공략할 계책을 짰다. 장수왕은 해마다 황금과 명주를 북위의 임금에게 가져다주다가, 여러 해가 지난 다음 빈손으로 사신을 보냈다. 이에 북위의 임금이 까닭을 묻자, 황금과 명주를 구할 수 있는 땅을 모두 백제가 차지해 가져올 수 없었다면서 북위가 백제를 공격하도록 부추겼다. 그리고 자신은 군사를 휘몰아 신라를 정벌해 남한강 유역의 여러 성들을 함락한 다음, 그곳에 중원고구려비를 세워 고구려 남쪽 변경의 표지로 삼았다.

북위를 이용한 이이제이 전략으로 백제를 옭아매고 신라를 정벌한 다음, 장수왕은 승려 도림을 백제에 첩자로 들여보내 대규모 공사와 부역을 일으키도록 했다. 이것은 백제의 개로왕이 민심을 잃고 나라의 재정을 소진하게끔 했다. 이 또한 섣불리 적을 공격하지 않은 장수왕의 주도면밀함을 알 수 있는 대목이다. 그리고 마침내 백제의 국력이 약해지고 민심이 동요하는 틈을 타 대규모 공격에 나섰다. 결국 장수왕은 백제의 수도 한성을 함락하고 개로왕을 사로잡아 죽였다. 이로써 한성 이북은 모두 고구려의 영토가 되었다.

장수왕 시대 고구려의 군사력은 백제, 신라, 가야 모두를 압도할 만큼 막강했다. 또한 막강한 군사력으로 중국 대륙 동북방의 혼란을 틈타 광개토대왕 때처럼 영토를 확장할 수도 있었다. 그러나 장수왕은 남쪽과 북쪽에서 동시에 전쟁을 수행하는 전략은 나라를 큰 위험에 빠뜨릴 수 있다고 판단했다. 그래서 철저하게 북쪽은 방어하고 남쪽은 공략하는 전쟁 전략을 고수했다. 더욱이 남쪽의 백제, 신라, 가야를 공략할 때에도 막강한 군사력을 믿고 여러 나라를 상대로 동시에 전쟁을 벌이는 어리석은 행동을 하지 않았다. 오히려 한 나라를 공략할 때에는 다른 나라가 연합해 고구려에 맞서지 못하도록 계략을 써서 옭아매거나, 혹은 내부의 분열과 혼란을 부추겨 충분히 국력을 약화시켜 놓은 다음 공격에 나서곤 했다. 어떤 적을 상대로 싸우든 전력을 집중해 최선을 다하는 전쟁 전략을 폈기 때문에, 장수왕이 다스린 78년 동안 고구려는 최고의 전성기를 구가하며 동북아의 최강국으로 군림할 수 있었다. 이렇듯 장수왕의 영광은 – 두 개의 중대한 전쟁을 동시에 수행하지 않았던 로마인들처럼 – 세상에는 쉽게 상대하거나 업신여길 적은 없다는 정신을 잃지 않았기 때문에 얻을 수 있었다.

24.

어떤 경우에도 적을 가볍게 여겨서는 안 된다

원문) 兵非益多也 惟無武進 足以併力料敵取人而已 夫惟無慮而易敵者 必擒於人

해석) 병사가 많다고 해서 유익한 것만은 아니다. 오로지 무모하게 전진해서는 안 된다. 아군의 힘을 아우르고 적군의 상황을 잘 헤아려서 적을 대할 뿐이다. 무릇 아무런 계책도 없이 적을 가볍게 여기는 장수는 반드시 적의 포로가 된다.

25.
부하들을 내 몸처럼 대하되,
신상필벌을 확실히 하라
―김용의 반란, 홍국영의 몰락, 모본왕의 죽음

사랑과 포상이 지나치면 재앙을 부른다

공격이나 방어의 기술 못지않게 중요한 용병술이 있다면, 그것은 조직
의 기술일 것이다. 그렇다면 조직을 효과적으로 지휘하고 체계적으로 운용
하는 기술 중에서 가장 중요한 일을 꼽는다면, 그것은 무엇일까? 그것은 다
름 아닌 용인술, 즉 사람을 부리는 기술이다. 그래서 손자는 하늘과 지리와
사람의 이로움을 얻는 장수에게는 어느 누구도 승리할 수 없다고 했다. 그
러나 그 중요성이 큰 만큼 사람에게서 이로움을 얻는다는 것은 그만큼 어렵
다. 손자는 사람을 부리는 기술의 어려움을 이렇게 토로했다.

"아직 친숙해지기 전에 엄하게 다스리면 진심으로 복종하지 않는다. 진심으로 복종하지 않는다면 부리기 어렵다. 이미 친숙해졌는데도 엄하게 다스리지 않으면 또한 부리기 어렵다."

공민왕이 원나라에서 인질 생활을 할 때 곁에서 그를 호종한 측근 세 사람이 있었는데, 정세운, 조일신, 김용이 바로 그들이다. 이 때문에 이들은 공민왕이 고려로 돌아와 왕위에 오르자 일약 권력의 핵심에 자리하게 되었다. 그런데 이들 세 사람 중 조일신과 김용은 공민왕의 총애를 업고서, 궁궐 안을 제 집처럼 드나들고 조정 대신들을 수하처럼 대하는 등 방약무인하기가 그지없었다. 심지어 이익과 권세를 지키기 위해 공민왕을 살해하려는 음모를 꾸미고 실제 행동에 옮기기까지 했다.

공민왕은 원나라에서 고려로 돌아온 다음해(1352년)에 교서를 내려 각종 개혁 정책을 발표하는 한편, 임금의 인사 권한을 제약해 온 정방(政房)을 철폐하고 왕권을 강화하고자 했다. 그런데 이와 같은 공민왕의 조치가 권세를 억누를 수 있다고 여긴 조일신은 노골적으로 반발하며 정방 부활을 요구했다. 더욱이 공민왕이 원나라에서 쌓은 옛 정 때문에 그를 내치지 못하고 달래기 위해 판삼사사 벼슬을 내리고 동덕좌리공신으로 칭하자, 오히려 정적이자 친원 세력의 수장인 기철과 그 일당을 제거한다는 명분을 내세워 정변을 일으키고 내친 김에 공민왕을 보호한다면서 이궁(離宮)을 포위해 스스로 우정승에 올랐다. 그리고 수하들을 조정의 요직에 앉히고, 기철 일당을 수색한다면서 조정을 공포 속으로 몰아넣었다. 특히 조일신은 자신이 정변을 일으켰다는 사실을 속이기 위해 수하들에게 역모의 혐의를 뒤집어 씌워 죽이는 만행까지 서슴지 않고 저질렀다.

　상황이 이때에 이르러서야 공민왕은 비로소 조일신이 반역의 뜻을 품고 있다는 사실을 깨닫고서 그를 제거할 계획을 세운다. 결국 이인복의 보좌를 받아서 조일신을 제거할 수 있었지만, 그때까지 공민왕과 고려 조정은 너무나 많은 것을 잃었다.

　그러나 조일신의 반란은 그보다 10여 년 후에 일어난 김용의 난에 비교하면 작은 소동에 불과했다고 할 수 있다. 김용은 워낙 성질이 음흉하고 속마음을 잘 드러내지 않아서 원나라에서 시종할 때부터 공민왕의 극진한 총애를 입었다. 공민왕이 즉위한 후 응양군 상호군 벼슬에 오른 김용은 조일신에 의해 여러 차례 탄핵당했으나 번번이 임금의 총애에 힘입어 살아남았다. 오히려 시종공신 1등에 수충분의공신(輸忠奮義功臣)으로 봉해져 토지와 노비를 하사받고 밀직부사의 자리에까지 올랐다. 이렇듯 공민왕의 총애를 받았지만, 그는 조일신이 반란을 일으켜 공민왕이 거처하는 이궁을 포위하고 숙위(宿衛)하던 사람들을 수없이 피살했을 때, 정작 홀로 화를 피하려고 임금을 적극적으로 보호하지 않았다. 이 때문에 조일신의 반란이 평정되고 난 후 임금을 제대로 보필하지 않았다는 죄를 입어서 곤장을 맞고 섬으로 유배되었다.

　그러나 김용과 맺은 옛정을 잊지 못한 공민왕은 얼마 지나지 않아서 다시 그를 불러들여 안성군으로 봉하고 도첨의사사의 벼슬까지 내렸다. 그 뒤 김용은 자신과 더불어 공민왕의 총애를 다투던 김보를 제거할 목적으로 어명을 조작했다는 죄를 입고 또 제주도로 유배되었지만, 다시 풀려나 중서문하시랑 평장사에 올랐다. 이후 공민왕은 김용이 신귀의 처 강씨와 간통한 사건이나, 김용의 휘하 장수들이 임금을 호위하는 장수를 몽둥이로 때린 사건 등 여러 물의를 일으키고 행패를 부린 것을 모두 눈감아 주었다.

공민왕의 이러한 태도는 그를 더욱 기고만장하게 했다. 일찍부터 김용은 정세운과 공민왕의 총애를 다투었는데, 특히 정세운이 홍건적의 난을 평정하는데 큰 공을 세우자 자칫 권세를 잃을까 두려워, 왕명을 위조해 안우, 김득배, 이방실 등을 시켜서 정세운을 살해했다. 그리고 다시 그들 세 사람에게 정세운을 살해했다는 죄를 뒤집어 씌워서 모두 죽음으로 내몰았다. 김용의 악행은 여기에서 그치지 않았다. 공민왕이 언젠가는 자신이 저지른 일을 눈치 챌 것이라는 두려움을 느낀 김용은 급기야 공민왕을 살해할 음모를 꾸민다.

1363년 윤3월 김용은 수하들을 시켜 홍왕사에 행궁(行宮)을 차려 하룻밤을 묵고 있던 공민왕을 급습했다. 이때 환관 이강달이 공민왕을 업어 태후의 밀실에 숨겨두고, 대신 공민왕과 외모가 비슷한 환관 안도적을 임금의 잠자리에 눕게 하여 화를 면했다. 김용은 공민왕을 드디어 죽였다고 기뻐하며 만세를 부르다가, 얼마 지나지 않아서 임금이 살아 있다는 사실을 알게 되었다. 그러자 김용은 즉시 수하들에게 행궁의 모든 일을 관장하도록 하는 한편, 공민왕의 의심을 피하기 위해 주방의 궁중 요리사에게 임금의 진지를 마련하도록 재촉했다. 다른 한편으로 김용은 개경에 머물러 있던 재상들을 살해하려고 했다. 그런데 여러 재상들이 임금의 홍복을 빌러 묘련사에 갔다가 홍왕사의 소식을 듣고는 군사를 몰아 반란 세력을 토벌하려고 했다. 이때 김용은 자신이 적을 토벌하겠다고 떠벌리면서 잡혀 오는 반란 가담자들을 심문하지도 않고 처형해 버렸다. 자신이 연루되어 있다는 사실이 드러날까 입막음을 한 것이다.

그렇게 반란이 평정된 후, 어처구니없게도 공민왕은 반란 진압의 공로를 높이 사 김용에게 1등 공신을 하사했다. 그러나 홍왕사에서 체포된 반란 세력의 잔당 90여 명에 대한 심문 과정에서 김용이 한 사람도 제대로 심문하지 않자, 이를 크게 의심한 공민왕은 그를 밀양으로 유배 보냈다. 이때도 공민왕은 김용에 대한 애틋한 마음을 차마 버리지 못했다.

"너를 순군의 감옥에 가두고 심문할 것이나, 다만 지난날의 공을 생각하고 가볍게 벌을 내린다."

그러나 김용이 유배되고 난 후 조정에서는 임금 시해 사건의 진상을 제대로 밝혀야 한다는 여론이 거세게 일었고, 결국 공민왕은 김용을 경주로 옮겨서 국문했다. 마침내 임금을 시해할 목적으로 홍왕사에 침입한 김용의 죄상이 낱낱이 드러나자, 공민왕은 그의 사지를 찢어 전국에 보내고 머리는 개경으로 가져와 저자거리에 효수했다. 그러나 그 후에도 공민왕은 김용에 대한 정을 모두 버리지 못했던지 틈만 나면 "앞으로 누구를 믿고 의지할 것인가"라며 눈물로 탄식했다고 한다.

조일신과 김용의 사례를 보면, 이미 친숙해졌는데도 엄하게 다스리지 않으면 부리기 어렵다는 손자의 용인술이 떠오른다. 그리고 손자의 용인술이 가르쳐주는 첫 번째 경고가 다름 아닌 '사랑과 포상이 지나치면 반드시 재앙을 부르게 된다'는 것임을 알 수 있다.

공적이 큰 부하일수록 엄격하게 다스려라

사랑과 포상은 결코 지나쳐서는 안 된다는 것이 용인술의 첫 번째 경고라면, 그 다음은 '공적이 큰 부하일수록 엄격하게 다스려야 한다'는 것이다. 만약 그렇게 하지 않을 경우 공적을 앞세운 부하들에게 업신여김을 당하거나, 심하게는 허수아비 신세를 면키 어려울 수도 있기 때문이다.

정조는 세손 시절, 아버지 사도세자를 모함해 뒤주에 가두어 죽이게 한 노론 강경파의 공격 앞에서 바람 앞의 촛불 같은 삶을 살아야 했다. 더욱이 임금이 된 직후에도 자신을 내쫓거나 살해하고 새로운 임금을 세우려는 노론 측의 공격에 끊임없이 위협을 당했다. 이렇듯 사면초가의 위기에 몰린 정조를 세손 시절부터 보위하며 지켜 준 인물이 다름 아닌 홍국영이다. 세손 시절 정조의 철저한 방패막이로 역할을 다한 홍국영은 정조 즉위 초기 개혁 정치의 수문장 역할을 톡톡히 해냈다.

정조는 즉위하자마자 세손 시절 마음속 깊이 담아 두었던 아버지 사도세자의 명예를 회복하는 한편, 즉위를 방해한 정후겸, 홍인한, 홍상간, 윤양로 세력을 제거했다. 또한 규장각을 설치해 개혁 정치를 뒷받침할 신진 관료를 양성할 계획을 본격적으로 추진했다. 그러나 지난 50여 년 동안 조정 구석구석에 깊게 뿌리박힌 노론 세력을 모두 상대하기에 정조의 힘은 아직 부족했다. 정조는 언제 어느 곳에서 노론이 반격을 가해, 자신을 왕좌에서 끌어내리거나 혹은 목숨을 해칠지도 모른다는 두려움 속에서 살아야 했다. 이로 인해 홍국영을 믿고 의지하는 정조의 마음은 더욱 깊어질 수밖에 없었다. 그래서 정조는 즉위와 동시에 홍국영을 동부승지로 삼았다가 다시 도승지로 승진시키는 한편, 자신을 호위할 군사들을 선발해 숙위소를 설립한 후 홍국영으로 하여금 숙위대장까지 겸직하도록 했다. 오늘날로 치자면, 비서실장과 경호실장 모두를 홍국영에게 맡긴 셈이다.

상황이 이렇게 되다 보니 홍국영은 조정 내 모든 실권을 장악하게 되었고, 조정 대신들은 물론 전국팔도의 지방관들까지 모두 그에게 머리를 조아리게 되었다. 홍국영은 누이동생을 정조의 후궁(원빈)으로 입궁시켜 권력 기반을 더욱 탄탄하게 다졌다. 정조 초기 4년간은 홍국영의 세상이나 다름없었다. 그러나 조선사 최고의 천재 중 한 사람이자 개혁 군주였던 정조는, 홍국영처럼 공적이 큰 인물은 장차 큰 정치의 뜻을 펼칠 때 부담이 된다는 사실을 정확히 꿰뚫고 있었다. 이럴 경우 군주가 취할 수 있는 길은 두 가지 중 하나이다. 하나는 공적을 인정해 곁에 두되 임금과 신하의 위계질서를 확실히 해 두는 것이다. 그러나 권력과 권세를 한 번 손에 틀어쥔 공신은 대개 쉽게 그것을 놓지 못한다. 그래서 대부분은 임금과 신하 사이의 위계질서를 거부하는데, 이때 임금은 가차 없이 그를 제거해야만 한다. 만약 그렇지 않을 경우 앞서 살펴본 조일신과 김용의 사례 같은 일이 필연적으로 일어난다.

정조는 처음에 임금과 신하 사이의 위계질서를 확실히 하는 방식으로 홍국영의 권력 독점을 경계했다. 홍국영은 누이동생인 원빈이 병을 앓다가 세상을 뜨자, 정조의 왕비인 효의왕후를 음해하고 독살하려는 계획까지 세 웠다. 마침내 정조는 홍국영을 불러 들여 '봉조하'의 직함을 내리면서 정계 은퇴를 강권했다. 봉조하란 종2품 이상의 고위 관료가 퇴직할 때 내리는 직 책으로서, 평생 그 신분에 맞는 녹봉을 하사받지만 조정의 대소사에 아무런 실권이 없는 일종의 명예직이다. 정조는 명예는 손상하지 않으면서도 실권 을 빼앗는 방식으로, 자신과 홍국영 사이에는 임금과 신하의 위계질서가 자 리하고 있다는 사실을 확실하게 보여준 것이다. 그러나 정조는 그마저도 안 심이 되지 않았던지, 이듬해 다시 홍국영을 방귀전리(放歸田里 : 멀리 고향으 로 돌려보내 도성 안으로는 일체 발을 들이지 못하게 하는 처벌)하고, 그의 재산 까지 모두 몰수해 버렸다. 이것은 조정 내부에 잔존하는 홍국영 세력의 싹 을 아예 뿌리 채 뽑아 버리기 위해 내려진 조치였다. 결국 죄인의 신세나 다 름없이 쫓겨난 홍국영은 술에 취해 살다가 병을 얻어 강릉에서 죽고 만다.

독자들 가운데에는 이러한 정조의 처사가 지나쳤다고 생각하는 사람도 있을 것이다. 그러나 권력이란 냉혹한 것이어서, 자신이 갖지 않으면 빼앗 기고 또 죽이지 않으면 자신이 죽어야 한다. 특히 지나치게 큰 공적 때문에 권력을 움켜쥔 부하를 그대로 둔다면, 평생 업신여김을 당하거나 허수아비 신세로 살아야 할지도 모른다. 오히려 공민왕과 정조의 사례를 비교해 보 면, 자신이 품은 큰 뜻(개혁 정치)을 펼치기 위해서는, 한때의 은혜와 옛정에 매달리기보다는 비록 자신을 임금으로 세운 큰 공을 있는 부하일지라도 기 꺼이 내칠 수 있는 냉정함이 더 필요하다고 할 수 있다. 임금의 자리란 공을 세운 사람들의 권세를 위해 존재하는 자리가 아니라, 나라와 백성의 안락한 삶을 위해 존재하는 자리이기 때문이다.

위태롭거든 가까이 두지 말고, 가까이 두려거든 진심으로 대하라

그렇다면 손자의 용인술이 가리키는 세 번째 경고는 무엇일까? 그것은 사람을 부릴 때 '위태롭다면 절대로 곁에 두지 말고, 곁에 두려거든 반드시 진심으로 대하라'는 것이다.

제5대 모본왕 시절 고구려는 지금의 중국 북경 근처인 북평, 어양, 상곡을 공격해 빼앗고, 산서성의 성도(城都)인 태원까지 점령했다. 모본왕은 한나라의 영토였던 요서 지역을 정벌하고 황하의 동쪽 모두를 차지한 셈이다. 더욱이 이 지역들은 한나라의 수도인 장안성과도 멀리 떨어져 있지 않았기 때문에, 한나라는 장군 채동을 요동 태수로 임명해 고구려를 물리치려고 했다. 그러나 고구려와의 싸움에서 거듭 패배하자, 계책이 궁해진 한나라는 결국 굴욕적인 화친 조약을 맺을 수밖에 없었다.

그런데 한나라와 전쟁에서 큰 승리를 거두자 모본왕은 매우 교만하고 포악해지기 시작했다. 천하에는 자신을 당할 사람이 없으며, 세상사람 모두가 자신을 신처럼 떠받들어야 한다고 생각했다. 그래서 항상 앉을 때는 사람을 깔고 앉고, 누울 때는 사람을 베개 삼아 누웠다. 만약 자신이 깔고 앉거나 베고 누운 사람이 조금이라도 움직이면 인정사정 두지 않고 베어 죽여 버렸다. 그렇게 죽어 나간 사람이 한 둘이 아니었다.

당시 모본왕을 곁에서 보좌한 신하 가운데 두로라는 이가 있었다. 그는 항상 모본왕의 베개 노릇을 했는데, 차마 그 고통을 이기지 못하고 어느 날 친구에게 처량한 신세를 하소연했다. 그러자 그 친구는 함께 임금을 죽일 계획을 세우자고 했다.

"임금은 우리를 편안하고 잘 살 수 있게 해 주는 사람이므로 섬기는 것 인데, 오히려 우리를 괴롭히고 죽이려 든다면 그 사람은 임금이 아니라 원 수일 뿐이네. 원수는 마땅히 죽여야 하네. 더욱이 지금의 임금은 사람을 수 도 없이 죽였으니, 백성의 원수이기도 하네."

결국 두로는 모본왕을 죽이기로 결심하고 칼을 품고 다니다가, 모본왕 이 자신을 깔고 앉자 그 즉시 칼로 찔러 죽여 버렸다.

모본왕과 두로의 고사는 임금을 업신여기고 깔보는 수하를 곁에 두는 것 이상으로, 수치심과 모욕감을 주면서도 그 부하를 곁에 두는 일이 위험 하다는 경고라고 할 수 있다. 전자의 경우 권력은 잃어도 목숨을 부지할 수 있지만, 후자의 경우 권력은 물론 목숨까지 모두 잃을 수 있기 때문이다. 따 라서 권위와 위엄을 세우되, 결코 부하들을 업신여기거나 모욕해서는 안 된 다. 그리고 만약 그러한 부하가 있다면 절대로 주변에 가까이 두거나 중요 한 일을 맡기지 마라.

25.
부하들을 내 몸처럼 대하되, 신상필벌을 확실히 하라

원문) 卒未親附而罰之 則不服 不服則難用也 卒已親附而罰不行 則不可用也 故令之以文 齊之以武 是謂必取 令素行以敎其民 則民服 令不素行以敎其民 則民不服 令素信著者 與衆相得也

해석) 장수가 병사와 친밀해지기 전에 벌을 주면 복종하지 않게 된다. 병사가 복종하지 않으면 부리기가 어려워진다. 병사가 이미 장수와 친밀해진 다음에 잘못을 저질러도 벌을 주지 않게 되면 또한 부릴 수 없다. 그러므로 장수는 명령을 내리되 문(文 : 덕)으로 하고, 가지런히 하되 무(武 : 위엄)로써 해야 한다. 이것을 '반드시 얻는다'고 한다. 명령이 평소에 행해지도록 병사들을 가르치면 곧 복종하게 된다. 명령이 평소에 행해지지 않도록 병사들을 가르치면 곧 복종하지 않게 된다. 명령이 평소 믿음이 가도록 한 장수는 병사들과 더불어 서로 한마음을 얻을 수 있다.

제10장

술을 짓는 지리의 1:
병가가 형루를 병용하고
지용을 6가지 다용

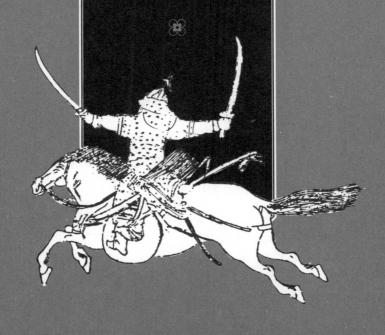

26.
형세에 따라 전술을 다르게 하되, 기본에 충실하라
—홍경래의 송림 전투와 임진왜란 임진강 전투

《손자병법》의 강점은 구체적인 전술에 있다

조선 시대에는 유학을 공부할 때 반드시 읽어야 할 기본 서적, 즉 경전으로 사서삼경 또는 13경이 있었다. 이처럼 병법과 군사 전략을 논할 때에도 반드시 익혀야 할 일곱 가지 병법서가 있었다. 무경칠서(武經七書)가 바로 그것인데, 여기에는 《손자병법》와 더불어 전국시대 위나라 오기의 《오자병법吳子兵法》, 춘추시대 제나라 사마양저의 《사마법司馬法》, 전국시대 진나라 울료의 《울료자尉繚子》, 당나라 이정의 《이위공문대李衛公問對》, 한나라 황석공의 《삼략三略》, 주나라 여상의 《육도六韜》가 있다. 이 가운데 오늘날까

지 가장 오랫동안, 그리고 널리 읽혀 온 병법서는《손자병법》과《오자병법》
이다.《사기》의 저자인 사마천조차 "세상에서 병법을 말하는 자들은 누구나
《손자》13편과《오자병법》을 거론한다. 이 두 책은 세상에 많이 알려져 있
다"고 기록하고 있을 정도니, 이 두 병법서의 명성은 거의 2,000여 년을 이
어져 왔다고 할 수 있다.

　　그런데 병법서의 양대 산맥이라고 할 수 있는《손자병법》과《오자병법》
은 매우 두드러진 차이를 보여준다.《오자병법》이 국가 차원의 전쟁 수행 능
력, 즉 한 나라가 전쟁을 수행하기 위한 준비 태세와 군사 전략에 중점을 두
고 있다면,《손자병법》은 국가 차원의 전쟁 전략뿐만 아니라 전투 현장에서
의 구체적인 용병술과 전술에 대한 지침을 풍부하게 담고 있다.《손자병법》
은 전투에 임하는 장수가 특정한 상황과 형세에 따라 해야 할 행동에 관한
구체적인 가르침을 담고 있는 현장 교본으로서도 손색이 없다. 이 때문에
지난 2,000여 년 동안 병법서의 최고 자리를 지킬 수 있었던 것이다. 전투 현
장 주변의 지리적 형세에 따라 장수가 취해야 할 행동을 구체적으로 밝혀
놓은 이번 장이 좋은 사례가 될 수 있다.

　　먼저 손자는 전투 현장의 지형을 통형(通形), 괘형(挂形), 지형(支形), 애형
(隘形), 험형(險形), 그리고 원형(遠形)으로 구분한다. 그런 다음 각각의 경우
에 장수가 취해야 할 행동과 취해서는 안 될 행동을 구체적으로 언급한다.

　　예를 들어 애형이란 사방이 높고 험한 산으로 둘러 싸여 있고 들어가는
입구가 좁은 지형을 말하는데, 이곳에서는 반드시 먼저 그곳을 차지하고 나
서 방어 태세를 충실하게 한 다음 적을 기다려야 한다. 만약 적이 그곳을 먼

저 차지했다면 어떻게 해야 할까? 적의 방어 태세가 충실하다면 싸울 생각을 해서는 안 되고, 그 반대라면 공격해도 된다.

또한 괘형이란 전진하기에는 편리하지만 되돌아 나오기는 아주 어려운 지형을 말하는데, 여기에서는 적이 아무런 대비도 없으면 전진해서 쉽게 승리할 수 있지만 만약 적이 충분히 대비하고 있다면 싸워도 이기기 어렵고 더군다나 후퇴조차 어렵게 되어 큰 패배를 당할 수 있다.

물론 여기에서 손자가 언급한 내용들은 전투 현장에서 지켜야 할 병법과 용병술의 ABC, 즉 기본에 해당한다. 이것은 승리를 위한 필요조건일 뿐 충분조건은 아니다. 그러나 어떤 일이든 기본이 제대로 갖추어져 있지 않고서는 승리의 충분조건이라고 할 수 있는 창의적인 전략도, 임기응변의 전술도 나오기 힘들다. 더욱이 전쟁이든 정치든 혹은 경영의 현장에서든 기본적인 사항에 무지하거나 또는 그것을 무시하는 섣부른 행동은 자칫 큰 재앙을 불러올 뿐이다.

통형에서의 전투 : 홍경래의 난과 송림 전투

통형이란 사방이 아무런 장애물 없이 트여 있는 지형을 말한다. 이곳에서는 아군이 아무런 거리낌 없이 나아가고 물러날 수 있듯이 적군 역시 그렇다. 여기에서는 무엇보다 시계(視界)를 확보할 수 있는 높은 지대를 먼저 점령하는 것이 중요하다. 아군을 둘러싼 주변 지형을 한눈에 내려다볼 수 있어서 적군의 진영은 물론 그 움직임을 파악할 수 있기 때문이다. 그렇다면 만약 적군에게 먼저 높은 지대를 빼앗겼다면 어떻게 해야 하는가? 그때는 절대로 정면 승부를 걸어서는 안 되고, 후방을 교란하고 보급로를 끊어서 적이 누리고 있는 지형의 이점을 빼앗아야 한다.

1810년(순조 10년) 12월, 홍경래가 주동이 되어 일으킨 서북 지방 최대의 농민 항쟁인 이른바 평안도 농민 반란의 승패를 가른 분수령은 박천의 송림 전투였다. 반란 초기 승승장구하던 홍경래의 봉기 세력은 이 전투에서 관군에게 치명적인 패배를 당한 후 재기 불능 상태가 되고 만다. 이 송림 전투의 전개 과정을 살펴보면, 전투 현장에서 병법과 전술의 ABC를 지키는 일이 승패에 얼마나 큰 영향을 미치는지를 새삼 확인할 수 있다.

홍경래는 봉기한 지 열흘 만에 관군의 특별한 저항 없이 가산, 곽주, 정주, 선천 등 청천강 이북의 주요 지역을 차례로 점령했다. 더욱이 홍경래의 봉기에는 서북 지역의 농민은 물론 향반(鄕班)이나 부호들까지 협조했기 때문에, 그 기세가 가히 하늘을 찌를 듯 했다. 뒤늦게 봉기 진압에 나선 관군은 12월 29일 박천의 송림에서 봉기군과 마주쳤다. 당시 이곳에는 봉기군의 선봉장을 맡은 홍총각이 이끄는 300여 명의 군사가 24일부터 진영을 갖추고 있었고, 그 뒤 홍경래와 봉기군의 책사 우군칙이 이끄는 500여 명의 군사가 합류했다. 거기에 주변 지역의 농민들까지 합세해 봉기군은 대략 2,000여 명의 병력을 보유하고 있었다. 관군 또한 이곳저곳에서 모은 병사가 2,000여 명 정도 되었다. 비슷한 병력 규모였지만, 초기 승세(勝勢)에 잔뜩 사기가 오른 봉기군을 감당하기에 관군의 역량은 턱없이 모자랐다. 그럼에도 불구

293

하고 봉기군은 관군에게 치명적인 패배를 당했다. 그 이유는 무엇일까?

그것은 순전히 양쪽 지휘관의 용병술과 전술을 운용하는 능력의 차이 때문이었다.

송림 전투는 평야 지대에서 벌어진 싸움이었다. 즉 손자가 말한 사방이 트인 통형에서의 전투였다고 할 수 있다. 송림에 주둔하고 있는 봉기군을 공격하러 나선 평안병사 이해우는 가장 먼저 봉기군의 전력 배치와 이후 전개될 전투 상황을 한눈에 파악할 수 있는 높은 지대를 차지했다. 이렇다 보니 봉기군의 지휘부는 낮은 평야에 있는 반면 관군의 지휘부는 높은 언덕 위에 자리하는 형국이 되었다. 부대 진영과 지휘부의 포진에서 이미 전투가 시작되기도 전에 승패는 판가름 난 것이나 다름없었다.

만약 봉기군의 지휘부가 용병술과 전술에 능숙했다면, 이 경우 정면 승부를 피하고 관군의 후방을 공략하거나 교란하는 작전 계획을 세웠을 것이다. 그런데 오히려 봉기군은 손자가 절대 해서는 안 된다고 말한 정면승부를 걸었다. 관군의 본대, 즉 중앙군을 공격한 것이다. 관군의 지휘부는 전투의 전체 상황을 내려다볼 수 있는 곳에 위치해 있었기 때문에, 봉기군의 병력 2/3가 관군의 중앙을 공격해 들어오자 즉시 군사를 출동시켜 봉기군의 후방을 급습했다. 봉기군의 지휘부는 평야에 자리하고 있었던 탓에, 관군의 병력 배치와 이동을 전혀 감지할 수 없었다. 결국 후방을 공격당한 봉기군은 그나마 홍총각의 용맹에 힘입어 전투 대오를 유지한 채 버텼지만, 관군의 좌우익 부대가 동시에 협공을 가해 오자 완전히 전열이 무너져 버렸다. 전투의 결과는 봉기군의 참혹한 패배였다. 그 뒤 패퇴를 거듭한 봉기군은 관군의 기세에 밀려 정주성에 갇힌 채 석 달을 넘게 농성을 벌이다 진압되고 만다.

지형에서의 전투 : 임진왜란의 임진강 전투

지형이란 아군이 공격해도 불리하고 적군이 공격해도 불리한 곳을 말한다. 예를 들자면, 아군과 적군이 강이나 습지 혹은 협곡을 두고 대치하는 형세가 그렇다. 이때 장수가 취해야 할 전술은 무엇일까? 이곳에서는 적군이 이로움으로 아군을 유인하더라도 절대로 먼저 공격에 나서면 안 된다. 오히려 아군의 군대를 이끌고 떠나는 척 속여서 적군이 절반쯤 쫓아오게 한 다음 반격을 가하면 크게 승리할 수 있다. 손자가 말한 지형 전투의 전형적인 모델로 삼을 만한 사례가 있다. 임진왜란 초기 임진강을 사이에 두고 일본군과 싸운 임진강 전투가 그것이다. 그런데 안타깝게도 지형에서의 전술에 말려들어 크게 패배한 쪽은 일본군이 아니라 우리 조선의 군사들이었다.

임진왜란 초기 조선군이 일본군에게 일방적으로 패배한 가장 큰 원인 중 하나는, 일본의 장수들이 전투 현장에서의 전술에 능숙한 반면 조선의 장수들은 그렇지 못했다는 것이다. 조선이 200여 년 가까이 큰 외침 없이 태평한 세월을 누렸을 뿐만 아니라 문을 숭상하고 무를 천하게 여기는 문치주의를 국가 정책의 기본 뼈대로 삼았기 때문이다. 문과 무가 균형을 이루지 못한 나라는 근본적으로 외세의 침략 앞에 취약할 수밖에 없다. 여하튼 일본군의 북진을 결정적으로 저지할 수 있는 전략 요충지였던 임진강 전투의 상황을 보면, 조선군을 이끈 최고 지휘관들이 얼마나 전투 현장에서의 병법과 전술에 무지했는가를 다시 한 번 확인할 수 있다.

임진왜란이 발발한 지 불과 20일 만에 일본군은 수도 한양을 점령했고, 선조는 임진강을 건너 북쪽으로 몸을 피해 달아났다. 일본군은 선조를 뒤쫓아 임진강에 이르렀으나, 김명원이 지휘하는 조선군이 강 건너에 방어선을 치고 있었기 때문에 감히 도하하지 못했다. 이때 김명원은 임진강 북쪽에서 강의 여울을 따라 군사들을 나누어 적군을 방어하는 한편, 모든 배를 거두어서 북쪽 언덕에 매어 두었다. 임진강 남쪽에 진영을 세운 일본군은 배를 구하지 못해 강을 건너지 못했기 때문에, 단지 선봉대만 출동시켜 서로 강을 사이에 두고 대치할 뿐이었다. 이러한 상황이 계속되어 10여 일이 지날 때쯤 적군이 갑자기 강가의 여막(廬幕)을 불사르고 장막과 군기(軍器)를 거두어 수레에 싣고 후퇴했다. 이것은 우리 군사를 유인하기 위한 기만 술책이었다. 그러자 부원수 신할이 적군이 정말로 후퇴하는 것이라고 여겨 강을 건너 뒤를 추격하려고 했고, 여기에 경기감사 권징까지 합세했다. 군영의 분위기가 강을 건너 적군을 치는 쪽으로 급격하게 쏠리자, 총사령관 김명원 역시 적극적으로 말리지 못했다.

이날 평안도지사 한응인도 군사 3,000여 명을 거느리고 임진강에 도착했는데, 그 역시 휘하의 군사를 모두 이끌고 강을 건너 적군의 뒤를 쫓으려고 했다. 그런데 한응인 휘하의 군사들은 대부분 압록강의 연변 출신의 날쌘 장사들로서, 북쪽 오랑캐와 싸운 경험이 있었기 때문에 전투의 형세에

296

익숙했다. 그들은 한응인에게 이렇게 고했다.

"군사들이 먼 곳에서 오느라 피로하고 여태 밥조차 먹지 못했습니다. 병장기도 정비하지 못했고 뒤따르는 부대 또한 아직 당도하지 않았습니다. 또한 적군이 후퇴하는 형세를 볼 때 정말로 물러가는 것인지 아니면 아군을 속이기 위한 술책인지 헤아리기 어렵습니다. 잠시 휴식을 취하고 대열을 정비한 다음, 내일 적군의 형세를 살펴 나가 싸우는 것이 좋겠습니다."

그러나 한시라도 빨리 전공을 세워야겠다는 욕심에 한응인은 군사들이 핑계를 대며 나아가지 않는다면서, 본보기로 서너 사람의 목을 베어 버렸다. 또한 별장 유극량이 경솔히 나아가서는 안 된다며 강을 건너 적군을 추격하는 일을 적극 만류하자, 이번에는 부원수 신할이 나서서 그의 목을 베려고 했다. 이에 분개한 유극량은 휘하의 군사들을 거느리고 가장 먼저 강을 건넜다.

"내가 죽음이 두려워 이러겠는가? 나라의 큰 일을 그르칠까 두렵기 때문이다!"

임진강 북쪽에 주둔하며 방어선을 치고 있던 조선 군사들은 일제히 강을 건너 일본군을 뒤쫓았다. 그러나 적군을 추격한 우리 군사가 험난한 곳으로 들어서자, 이미 산 뒤에 매복해 있던 일본군 정예 부대가 일제히 공격해 왔고, 예상치 못한 기습을 당한 조선 군사들을 모두 패전해 달아나기에 바빴다. 유극량과 신할이 그 자리에서 전사했고, 적을 피해 언덕까지 달아난 조선 군사들은 스스로 강물에 몸을 던져 뛰어들었는데, 마치 바람 앞에 어지러이 떨어지는 나뭇잎과 같았다. 미처 강에 뛰어들지 못한 군사들은 뒤쫓아 온 적군의 긴 칼날 앞에 저항도 하지 못하고 엎드린 채 처참하게 죽임을 당했다. 강 건너 북쪽에서 이 모습을 지켜본 김명원과 한응인은 완전히 기가 꺾여서 이러지도 저러지도 못하고 있었다. 그런데 이때 상산군 박충간이라는 자가 군중(軍中)에 있다가 말을 타고 달아나는 모습을 보고 누군가가 소리쳤다.

"원수(元帥) 김명원이 달아난다!"

이 소리를 듣고, 임진강 북쪽에 자리하고 있던 모든 조선 군사들이 흩어져 달아나 버렸다.

임진강 북쪽의 방어선이 이토록 허무하게 무너져 내리자 기세를 탄 일본군은 즉시 도하 작전을 시작했고, 끝내 평양성까지 함락시켰다. 병법과 전술의 기본 원칙을 망각한 섣부른 행동이 불러들인 대가치고는 너무나 참혹했다. 이 임진강 전투는 병법과 용병술에 미흡한 장수에게 군대를 맡기면 그 부하들을 죽음으로 내몰 뿐 아니라, 나라와 백성까지 고통 속으로 몰아넣는다는 교훈을 다시금 새기게 한다.

26.
형세에 따라 전술을 다르게 하되, 기본에 충실하라

원문) 孫子曰 地形有通者 有挂者 有支者 有隘者 有險者 有遠者 我可以往 彼可以
來曰通 通形者 先居高陽 利糧道 以戰則利 可以往 難以返 曰挂 挂形者 敵無備 出而勝
之 敵若有備 出而不勝 難以返 不利 我出而不利 彼出而不利 曰支 支形者 敵雖利我 我
無出也 引而去之 令敵半出而擊之利 隘形者 我先居之 必盈之 以待敵 若敵先居之 盈而
勿從 不盈而從之 險形者 我先居之 必居高陽 以待敵 若敵先居之 引而去之 勿從也 遠形
者 勢均 難以挑戰 戰而不利 凡此六者 地之道也 將之至任 不可不察也

해석) 손자가 말했다.

지형에는 통형(通形 : 사방으로 길이 통하는 지형), 괘형(挂形 : 한 번 들어가면 나오기 힘든
지형), 지형(支形 : 산이 서로 지탱하고 있는 지형), 애형(隘形 : 양쪽 산이 계곡으로 통하는 지형), 험
형(險形 : 언덕이나 능선으로 되어 있는 지형), 원형(遠形 : 멀리 떨어져 있는 지형)이 있다.

아군이 나아갈 수도 있고 적군이 쳐들어올 수도 있는 곳을 통형이라고 한다. 통형
에서는 먼저 높고 양지바른 곳을 점거해 식량의 보급로를 편리하게 해 놓은 다음 싸우
면 유리하다.

나아갈 수는 있으나 되돌아오기가 어려운 곳을 괘형이라고 한다. 적군이 대비하지
않고 있을 경우에 나아가면 승리하지만, 적군이 만약 준비를 갖추고 있을 때 나아가면

승리할 수 없고 되돌아오기도 어려우니 불리하다.

아군이 나아가도 불리하고 적군이 나아가도 불리한 곳을 지형이라고 한다. 지형에서는 적군이 비록 아군을 이롭게 하더라도 나아가 싸워서는 안 된다. 아군을 이끌고 그곳을 벗어나 적군으로 하여금 절반쯤 쫓아오게 한 다음 공격하면 유리하다.

애형에서는 아군이 먼저 그곳을 점령한 다음 반드시 방어 태세를 갖추고서 적군을 기다려야 한다. 만약 적군이 먼저 그곳을 점령했을 경우 적이 방어 태세를 갖추고 있으면 공격하지 말고, 그렇지 않으면 공격한다.

험형은 아군이 먼저 그곳을 차지한 다음 반드시 높고 양지바른 곳에 자리하고서 적군을 기다려야 한다. 만약 적군이 먼저 그곳을 차지하면 아군은 군대를 이끌고 철수해야지 절대 공격해서는 안 된다.

원형에서는 세력이 균형을 이루고 있으면 도전(挑戰)하기 어려우니 싸우면 불리하다. 무릇 이 여섯 가지는 지형을 운용하는 원칙으로 장수의 중요한 임무이다. 살피지 않을 수 없다.

27.
패배하는 까닭을 헤아릴 줄 알아야 한다
─진성여왕, 광해군, 신돈의 실패한 개혁

리더의 여섯 가지 잘못이란?

천시는 지리만 같지 못하고, 지리는 인사만 같지 못하다는 말이 있다. 즉 아무리 좋은 때와 상황을 마주하더라도 사람에게 능력이 없다면 일은 성공하기 어렵다. 손자는 오로지 지도자의 잘못과 능력 부족 때문에 발생할 수 있는 재앙으로, 모두 여섯 가지가 있다고 했다. 이 여섯 가지는 지도자가 조직을 운용하고 그 세력을 다룰 때 저지를 수 있는 잘못들이다.

첫 번째 잘못은 주(走)인데, 아군과 적군의 병력이 균등함에도 아군 1명이 적군 10명을 상대하도록 하는 것이다. 이 경우 병사들은 압박감을 이겨 내지 못하고 포기하거나 도망치게 된다. 여기에서 '走'는 달아난다는 뜻이다.

두 번째 잘못은 이(弛)인데, 그 세력은 강하지만 그들을 이끄는 리더가 허약한 것이다. 이 경우 부하들은 리더를 업신여겨서 지휘에 따르지 않으며 기강은 해이해진다. 여기에서 '弛'는 해이해진다는 뜻이다.

세 번째 잘못은 함(陷)인데, 리더는 강하지만 그 세력은 허약한 것이다. 이 경우 리더의 계획과 전략을 그 부하들이 제대로 받아들이지 못해서 승리하기 어렵다. 여기에서 '陷'은 결함이 있다는 뜻이다.

네 번째 잘못은 붕(崩)인데, 리더가 사람들의 능력을 제대로 활용할 줄 모르는 것이다. 이 경우 리더의 지휘에 그 부하들이 불만을 품어서 명령에 복종하지 않고 자기 멋대로 행동하기 때문에 조직의 질서와 체계는 무너지기 쉽다. 여기에서 '崩'은 무너진다는 뜻이다.

다섯 번째 잘못은 난(亂)인데, 조직 내부의 규율과 훈련이 제대로 행해지지 않은 것이다. 이 경우 싸움에 나서면 대형과 전술이 혼란스러워서 반드시 패배한다. 여기에서 '亂'은 혼란스럽다는 뜻이다.

마지막 여섯 번째 잘못은 배(北)인데, 열세인 상황에서 전력이 우세한 적을 공격하거나 약한 병사로 강한 병사를 공격하는 것이다. 이 경우 상황 파악도 제대로 못한 리더 때문에 강력한 적의 반격에 쫓겨 목숨을 잃기 쉽다. 여기에서 '北'는 패배해 도망간다는 뜻이다.

리더는 강하지만 그 세력이 허약하면 반드시 패배한다.

앞에서도 슬하게 언급했지만, 손자의 병법은 군사 전략으로서뿐만 아니라 정치 전략 혹은 경영 전략으로서도 활용 가치가 아주 높다. 아마도 인간 사회에서 아군과 적군의 구분이 가장 뚜렷하고, 승자와 패자의 명암이 가장 또렷하며, 경쟁이 가장 치열한 곳이 이 세 영역이기 때문인 듯싶다. 여기에서는 앞서 언급한 리더의 여섯 가지 잘못을 정치 전략의 측면, 특히 실패한 개혁가들의 사례들과 관련지어서 얘기해 보려고 한다.

먼저 개혁이 실패하기 쉬운 첫 번째 이유는 장수는 강하지만 병사는 허약하기 때문이다. 다시 말해 리더의 과욕에 비해 대개 그것을 뒷받침하는 개혁 세력이 허약하면, 개혁은 반드시 패배한다.

삼국을 통일한 후 200여 년이 흐르면서, 신라는 진골-6두품-5 · 4두품-신라 백성-고구려 · 백제 출신 유민으로 서열화되어 있는 폐쇄적인 사회 신분제, 즉 골품제 때문에 내부로부터 서서히 붕괴되어 가고 있었다. 진골 귀족의 권력 독점과 왕위를 둘러싼 연이은 다툼은 나라의 기강을 무너뜨려 부정과 부패가 판치도록 했을 뿐만 아니라, 사회 각 계층의 저항과 반발을 불러 일으켰다. 특히 제51대 진성여왕(서기 887년~897년 재위) 때에 이르러서는 전국 각지에서 도적 떼와 반란 세력이 창궐해 나라가 큰 위기에 빠졌다. 즉위 초부터 쓰러져 가는 신라를 일으킬 구상에 몰두한 진성여왕은 재위 8년째인 서기 894년, 강력한 개혁 정책을 단행했다. 이때 진성여왕은 당나라에서 학문으로 크게 명성을 떨친 최치원을 전격 등용해 개혁의 선봉장으로

303

삼았다. 여왕은 최치원의 명망과 그가 당나라에서 쌓은 행정 경험을 십분 활용해 진골 귀족 세력의 저항을 꺾을 심산이었다.

당시 진성여왕으로부터 나라를 구할 시무책(時務策)을 작성해 올리라는 명령을 받은 최치원은 시국과 정무에 관한 의견 10여 조목을 올렸다. 여기에서 최치원은 진골 귀족의 사회적·귀족적 특권을 축소할 것을 주장하는 한편, 신분보다는 능력에 따라 인재를 두루 등용할 것을 주문했다. 진성여왕은 최치원의 시무책을 받아들여서 그를 6두품 중 최고 관직인 아찬에 임명하고 개혁 정치를 진두지휘하도록 했다. 그러나 개혁을 향한 열정에 비해 진성여왕과 최치원의 시무책을 조정 안팎에서 뒷받침할 수 있는 정치 세력의 힘은 너무나 미미했다. 수백 년 동안 신라의 조정과 사회 구석구석에 깊게 뿌리박힌 채 성장해 온 진골 귀족 세력을 상대하려면, 무엇보다 먼저 개혁 정책을 강력하게 받쳐 줄 수 있는 세력부터 길러야 했다. 진골 귀족이 강하게 반발하고 저항하리라는 것은 불을 보듯 뻔한 일이었기 때문이다. 아무리 탁월하고 훌륭한 정책도 뜻과 이해관계를 함께하는 세력을 얻지 못하면 성공할 수 없다. 진성여왕과 최치원의 잘못은 바로 여기에 있었다. 《삼국사기》에는 진성여왕의 개혁 정책은 "의심하고 꺼리는 자가 많아서 그 뜻이 허용되지 않았고, 최치원 또한 처신하기 어렵고 고단하여 움직이면 곧잘 허물을 입게 되었다"고 기록되어 있다. 결국 개혁을 향한 마지막 꿈과 희망이 꺾여 버린 최치원은 40세의 나이에 관직을 버리고 은둔의 길로 들어서고 말았다.

진성여왕과 최치원의 개혁 정책은 시작부터 이미 실패를 예고하고 있었다. 역사적 경험을 들춰 보면, 개혁이 혁명보다 더 어렵다는 사실을 어렵지 않게 확인할 수 있다. 혁명은 적대 세력을 일거에 숙청하기 때문에 전격적으로 이루어질 수 있다. 하지만 개혁은 적대 세력을 온전히 둔 채 점진적으로 추진하기 때문에 훨씬 주도면밀한 준비와 전략이 필요하다. 따라서 개혁의 리더 못지않게 개혁을 뒷받침하고 추진할 수 있는 강력한 세력이 존재해야 성공할 수 있다. 그런 점에서 최치원은 탁월한 학자였는지는 몰라도 훌륭한 개혁가는 아니었다고 할 수 있겠다.

사람들의 능력을 제대로 활용할 줄 모르면
반드시 패배한다.

개혁이 실패하는 두 번째 이유는 리더가 사람들의 능력을 제대로 활용할 줄 모르기 때문이다. 다시 말해 리더가 자신만이 옳다는 생각에 빠져 독단과 전횡을 일삼고, 개혁의 우군이나 지지 세력의 역량과 능력을 제대로 활용할 줄 모르면 개혁은 반드시 패배한다.

광해군은 인조반정(쿠데타)의 주역들에 의해 폭군이라는 오명을 뒤집어써야 했다. 하지만 실제로는 성리학의 보수적 명분에서 벗어나 명나라와 청나라 사이에서 중립 외교를 벌이는 한편, 왜란으로 피폐해진 나라 경제와 백성의 삶을 복구하기 위해 개혁 정치를 실행한 현군(賢君)이었다. 당시 광해군과 더불어 개혁 정치를 이끈 주역은 남명 조식의 제자인 정인홍을 중심으로 한 대북파였다. 광해군과 대북파 정권은 국가 경제와 백성의 삶을 안정시키는 일을 정책의 최우선 과제로 삼아 여러 가지 개혁 조치들을 단행했다. 광해군이 즉위하자마자 경기도에서 시범적으로 실시했던 대동법을 대표적인 사례로 거론할 수 있다. 이렇듯 경제 재건과 민생 안정을 우선적으로 살핀 개혁 정책으로 적지 않은 업적을 쌓았지만, 대북파 정권은 집권을 위해 다른 당파들에 대해 지나치게 편협하고 강경한 입장을 취했다. 이 때문에 광해군의 개혁 정책은 곧 심각한 반발과 저항에 부딪쳐야 했다.

대북파 정권은 자신들이 집권한 정당성을 확보하고 남명 조식을 모든 사림이 존경하는 스승으로 삼을 목적으로, 문묘(文廟)에 종사(從祀)하려고 했다. 그러나 이러한 일이 뜻대로 되지 않자 이언적과 이황을 문묘에 종사하는 일을 극력 반대하고 나섰다. 이 사건으로 정치적 적대 세력이었던 서인은 물론 영남의 사림(남인)들까지 대북파 정권에 등을 돌리게 되었다. 더욱이 대북파는 이후 일어난 칠서(七庶)의 옥을 빌미 삼아, 장차 권력을 위협할 수 있는 존재였던 영창대군과 그의 외할아버지 김제남을 죽음으로 몰아넣었다. 그리고 그것도 모자라 영창대군의 친모이자 광해군의 계모인 인목대비를 폐서인으로 만들려고 했다. 특히 인목대비 폐모론은 조선이 국시로 삼은 유학의 근본인 충과 효를 뒤흔드는 것이어서, 일부 대북파 핵심 멤버를 제외한 대다수 당파와 사림의 분노를 샀다. 그러나 대북파 정권은 인목대비 폐모론을 반대하는 모든 당파를 조정에서 내쫓는 극단적인 행동을 취했다. 광해군 즉위 초기, 경제 재건과 민생 안정을 위해 여러 실질적인 개혁 조치들을 취했던 대북파. 그들은 왜 이토록 모든 당파를 적으로 삼을 만큼 극단적인 정책을 펼쳤을까?

　대개 개혁을 향한 뜻이 강하고 완고한 개혁가일수록 자신만이 옳고 반대하는 세력은 모두 정적이라는 생각에 쉽게 사로잡힌다. 대북파가 그랬다. 그들은 동조하지 않은 모든 세력을 적으로 돌려 세워 조정에서 축출하고 탄압했다. 심지어 대북파 내부에서조차 자성과 비판의 소리가 일었지만, 정인홍을 주축으로 한 핵심 리더들은 그러한 의견들을 무시하거나 짓밟아 버렸다. 이러한 상황에 이르자, 대북파는 이미 내부에서부터 붕괴되어 가고 있었다. 결국 이제나저제나 광해군을 몰아낼 명분만 찾던 서인 당파는, 대북파의 내부 분열과 인목대비 폐서인에 반발하는 조정 안팎의 여론을 업고 마침내 거병하여 권력을 탈취하기에 이른다.

　개혁 정치란 플러스(+) 정치여야지 마이너스(-) 정치여서는 안 된다. 즉 개혁에 동조하거나 협조하는 우군을 배가하면서 그 역량과 능력을 잘 활용하면 성공하지만, 개혁의 명분에 사로잡히거나 자신만이 옳다는 독단과 독선에 빠져 고립의 덫에 걸리게 되면 반드시 실패한다. 광해군과 대북파는 스스로를 고립의 덫에 옭아매었다. 그리고 그로 인해 서인 당파의 쿠데타는 - 민심의 지지를 별로 얻지 못했으면서도 - 어렵지 않게 성공할 수 있었다.

　규율과 훈련이 무너지면 반드시 패배한다.

　개혁이 실패하는 세 번째 이유는 손자가 말한 '난'에서 찾을 수 있다. 즉 개혁 세력 내부의 규율과 훈련이 무너져 혼란스러워지면 개혁은 반드시 패배한다. 개혁이란 대부분 권력을 독점하고 부정부패를 일삼은 세력에 맞서 싸워야 하기 때문에, 그 명분과 행동이 정치적으로나 도덕적으로 정당하기 마련이다. 그래서 잘 준비되고 훈련된 개혁 세력일수록, 명분이 또렷하고 행동이 정당하며 규율이 잘 서 있다. 그러나 자기 관리에 실패해 권력의 단맛에 빠져들게 되면, 내부의 규율은 무너지고 모두 제멋대로 행동하는 혼란 상황이 벌어져 개혁은 실패하고 만다. 이러한 개혁 실패의 대표적인 사례로는 고려 말기 신돈의 개혁 정치를 들 수 있다.

신돈은 어머니가 사찰의 여종이었던 이른바 천출이었다. 당시 공민왕은 과거의 폐단을 혁신할 개혁 정치에 뜻을 두고 있었다. 하지만 조정 안팎의 신료와 지식인들이 모두 같은 이해관계로 얽혀 서로의 잘못을 덮어 주는 한통속이었기 때문에 함께 뜻을 펼칠 신하를 얻지 못하고 있었다. 그러다가 공민왕은 김원명의 추천으로 신돈을 만났다. 공민왕은 신돈이 품은 뜻이 자신과 다르지 않다는 사실에 크게 힘을 얻었고, 특히 척결해야 할 대상으로 삼고 있는 권신대족(權臣大族)과 아무런 이해관계를 함께 하고 있지 않은 출신 배경에 매료되었다.

공민왕은 즉위한 지 15년째 되는 해(1365년)에 마침내 신돈에게 국정과 개혁에 관한 전권을 넘겨주었다. 신돈은 오랜 세월 착실히 준비한 만큼, 즉시 고려 사회에 대한 근본적인 개혁에 착수했다. 그는 전민변정도감을 설치하고, 권문세족의 권력 기반이 되어 온 대토지 소유와 노비 제도를 대대적으로 수술했다. 무신정권에 뒤이은 몽고 지배 이후, 권문세족들은 온갖 불법적이고 강압적인 수단을 동원해 국가 토지를 개인 소유의 토지로 만들고 양인 신분의 농민들을 사노비로 전락시켰다. 신돈은 이러한 토지와 사노비들을 원래 상태로 되돌려 놓았다. 이것은 권문세족들의 권력 기반을 약화시켰을 뿐만 아니라, 나라의 재정과 세금 및 부역의 중심축을 이루고 있는 공전(公田)과 양인의 확대를 가져와 왕권을 강화시키는 역할을 했다. 아무런 정치적 기반이 없었던 신돈은 오로지 공민왕의 후원과 하위직 관리, 그리고 백성들의 지지에 힘입어 이러한 엄청난 일들을 처리해 나갔다.

그러나 권문세족들 또한 가만히 앉아서 당하고 있지만은 않았다. 그들은 집요하게 공민왕과 신돈 사이를 이간질해 갈라놓으려고 했다. 특히 신돈과 그를 추종하는 세력들에 관한 온갖 추잡하고 지저분한 소문을 공민왕의 귀에 들어가게 해 개혁 세력의 입지를 약화시키려고 했다. 신돈은《고려사 열전》에 반역자로 기록되어 있다. 물론《고려사 열전》의 기록은 조선 세종 때의 것인 만큼, 우왕과 창왕을 신돈의 핏줄로 몰아 폐위시킨 이성계와 개국공신들의 입장이 전적으로 반영되어 있기 때문에 완전히 신뢰하기는 힘들다. 그러나 신돈의 악행과 패덕을 모두 부정하기도 힘들다. 특히 신돈을 둘러싸고 있던 추종 세력들은 태어날 때부터 권력과 출세와는 거리가 먼 하층민 출신들이었기 때문에, 훨씬 더 쉽게 권력의 유혹과 단맛에 빠졌을 가능성이 높다. 더욱이 공민왕이 신돈을 동등하게 대우해 주는 광경을 지켜본 조정 안팎의 간신배와 아첨꾼들은, 앞을 다투어 뇌물과 여자 그리고 온갖 사탕발림으로 그를 유혹했다.

점차 초기 개혁의 뜻이 후퇴하고 또한 권력의 단맛이 무엇인지 알게 되자, 신돈과 그 추종 세력들은 서서히 부정부패의 늪 속으로 빠져 들어갔다. 공민왕 또한 처음에는 신하들이 신돈을 둘러싼 소문을 전해도 이간질에 불과하다고 여겼지만, 신돈의 권력이 점차 커져 나가자 서서히 불안감을 느끼기 시작했다. 예전에 자신이 허락했던 신돈의 행동조차 이제는 자신을 무시한 방약무인한 처사로 보였다. 권문세족들은 이 기회를 놓치지 않았다. 때마침 선부의랑 이인이라는 자가 '한림거사(寒林居士)'라는 가명을 사용해 재상 김속명에게 신돈이 임금을 살해하고 스스로 왕이 되려 한다는 내용의 투서를 보냈고, 이 글이 공민왕의 손에 전해졌다. 공민왕은 즉시 신돈과 그를 추종하는 35명의 인물들을 잡아들여 반란죄로 처형해 버렸다. 공민왕과 신돈의 찬란한(?) 개혁 정치는 그렇게 끝을 맺었다.

신돈이 실패한 원인은 여러 가지로 해석할 수 있다. 그러나 그와 추종 세력들이 권력의 단맛에 빠져 자기 관리에 실패했기 때문에 공민왕으로부터 의심과 견제를 샀고, 이로 인해 반역의 오명까지 뒤집어쓴 것이 실패의 가장 큰 원인이라는 사실만은 부인하기 힘들다. 아무리 큰 뜻을 품었어도 자기 관리에 실패한 개혁 세력은 결코 성공할 수 없다는 것, 이것이 신돈의 사례에서 배울 수 있는 교훈이다.

27.
패배하는 까닭을 헤아릴 줄 알아야 한다

원문) 故兵有走者 有弛者 有陷者 有崩者 有亂者 有北者 凡此六者 非天之災 將之
過也 夫勢均 以一擊十曰走 卒强吏弱曰弛 吏强卒弱曰陷 大吏怒而不服 遇敵懟而自戰
將不知其能曰崩 將弱不嚴 敎道不明 吏卒無常 陳兵縱橫曰亂 將不能料敵 以少合衆 以
弱擊强 兵無選鋒曰北 凡此六者 敗之道也 將之至任 不可不察也

해석) 그러므로 군대에는 주군(走軍), 이군(弛軍), 함군(陷軍), 붕군(崩軍), 난군(亂軍),
배군(北軍)이 있다. 무릇 이 여섯 가지는 하늘의 재앙이 아니라 장수의 잘못이라고 할
수 있다.

대저 아군과 적군의 세력이 균등한데 1의 병력으로 10의 병력을 공격하는 경우를
'주군(도망가는 군대)'이라고 한다.

병사는 강한 반면 장교가 나약한 경우를 '이군(느슨해진 군대)'이라고 한다.

장교는 강한 반면 병사들이 나약한 경우를 '함군(무너지는 군대)'이라고 한다.

고급 지휘관이 흥분하여 복종하지 않고, 적을 마주치면 제멋대로 나가 싸워도 장수
가 통제할 능력을 알지 못하는 경우를 '붕군(허물어지는 군대)'이라고 한다.

장수가 나약해서 엄격하지 못하고, 지시와 원칙이 분명하지 않아 장교와 병사들
이 일정하지 않고, 진을 칠 때 종횡으로 어지러운 경우를 '난군(혼란스러운 군대)'이라

고 한다.

장수가 적의 상황을 헤아리지 못하고, 적은 병력으로 많은 적군과 맞붙어 싸우고, 약한 병력으로 강한 적을 공격하면서 선발된 정예 부대도 없는 경우를 '배군(패배한 군대)'이라고 한다.

무릇 이 여섯 가지는 패배의 길이다. 장수의 지극한 책임이니 살피지 않을 수 없다.

28.
절반의 승리와 온전한 승리의 차이를 살펴라
—고려군의 퇴각 전술과 멸망을 피하지 못한 백제

절반의 승리와 온전한 승리의 차이는?

손자가 말하는 승리의 방정식을 잠시 살펴보자. 그는 승리에는 '勝之半也(승지반야)', 즉 절반의 승리와 '勝乃可全(승내가전)', 즉 온전한 승리가 있다고 했다. 절반의 승리란 무엇인가? 그것은 승리와 패배의 확률이 각각 절반이어서, 내가 승리할 수도 있지만 적이 승리할 수도 있는 경우를 말한다. 이러한 경우는 크게 세 가지로 살펴볼 수 있다. 첫째, 아군의 공격 능력을 잘 알고 있지만 적군의 방어 능력을 잘 모른다면 승리할 가능성은 절반이라고 할 수 있다. 둘째, 적군의 방어 능력을 잘 알면서도 아군의 공격 능력을 잘 모른다면 승리의 가능성은 절반밖에 되지 않는다. 셋째, 아군의 공격 능력과 적군의 방어 능력을 모두 잘 안다고 하더라도 지형이 불리하다는 것을 알지 못하면 승리와 패배의 가능성은 각각 절반이다.

그렇다면 싸우면 반드시 이기는 온전한 승리는 어떻게 가능한가? 그것은 '知彼知己(지피지기) 勝乃不殆(승내불태) 知地知天(지지지천) 勝乃可全(승내가전)' 즉, "적의 능력을 알고 나의 능력을 알면 승리가 위태롭지 않고, 천시와 지형을 알면 승리는 무궁하고 온전하다"는 것이다. 그러므로 뛰어난 전략가는 싸움을 하기 전에 이미 승리와 패배의 가능성을 정확하게 헤아려 싸움의 목표를 분명하게 세운다. 또한 나의 능력과 적의 능력을 무시하거나 천시와 지형의 불리함을 살피지 않는, 무모하고 섣부른 행동을 자제하기 때문에 스스로 곤경에 빠지지 않는다.

자신의 능력과 상대방의 능력을 알면,
승패의 확률은 반반이다.

싸움을 하기 전에 이미 승리와 패배의 가능성을 헤아릴 수 있다면, 그 싸움이 승리를 위한 것인지 아니면 패배하지 않기 위한 것인지 정확하게 판단할 수 있다. 싸움에서 승리 못지않게 중요한 것이 있다면, 그것은 패배하지 않는 것이다. 아군이 승리할 수는 없지만 적군 역시 아군을 패배시킬 수 없게 만드는 능력이야말로, 진정 뛰어난 용병술이라고 할 수 있다. 앞서 손자가 말한 절반의 승리 법칙에 따르자면, 적군의 공격 능력이 제 아무리 뛰어나도 아군의 방어 능력을 제대로 알지 못한다면, 승리와 패배의 가능성은 각각 절반이다.

공민왕 19년(1370년) 고려 조정은 지용수와 서북면부원수 양백안, 그리고 안주상만호 임견미를 파견해 이성계와 더불어 원나라의 동녕부를 공격하도록 명령했다. 또한 시중 이인임을 도통사로 임명해 안주에 머물도록 했다. 요동 및 심양 일대를 회복하겠다는 공민왕의 오랜 숙원이 이루어지는 순간이었다. 의주에 도착한 고려군은 압록강에 부교를 가설하여 이성계가 임견미와 함께 앞서고, 이어서 모든 군대가 강을 건넜다. 3일 만에야 도하가 완료될 만큼 힘든 행군이었다. 압록강을 건넌 고려군은 요동 공략의 전략적 요충지인 요양(요동성)에서 이틀 거리 정도 떨어진 나장탑에 이르자, 치중부대(輜重部隊)는 남겨 두고 7일치 양식만 지닌 채 빠른 속도로 행군했다. 그러면서 비장 홍인계와 최공초에게 날쌘 기병 3,000여 명을 거느리고 가서 먼저 요양을 공격하게 했다.

당시 그곳에는 원나라 관리 사인테무르와 김백안이 군사를 이끌고 지키고 있었다. 처음 적군은 고려군의 숫자가 적은 것을 보고 쉽게 대적할 수 있다고 여겼으나 뒤이어 대군이 당도하자 크게 낙담했다. 그렇지만 적군은 항복을 거부하고 필사적으로 항전했다. 천혜의 요새인 요동성에 의지해 고려군을 물리칠 수 있다고 여겼기 때문이다. 적군은 고려군을 향해 화살을 빗발처럼 퍼부었고 돌과 나무를 날려 보냈다. 그러나 고려의 군사들은 화살과 돌이 날아오는 것도 아랑곳하지 않고 성에 육박해 마침내 함락시켰다. 사인

테무르는 도망쳤고, 김백안은 사로잡혔다. 고려군은 금주와 복주 등지에 방문을 붙여 아직 투항하지 않은 지역 우두머리들에게 항복을 권유하는 한편, 주변 고을들을 하나둘씩 장악해 나갔다.

그런데 연이은 승전에도 불구하고, 고려군은 군사를 되돌려야 할 만큼 큰 장애에 부딪치게 되었다. 애초 가져온 7일치 양식이 바닥나 말과 군사들이 굶주림에 시달린 데다가, 만주 벌판의 혹독한 겨울바람과 추위로 도로가 얼어붙고 말과 군사들이 죽어 나갔기 때문이다. 특히 성을 함락할 때 창고에 쌓여 있던 군량미까지 거의 다 불살랐기 때문에 마땅히 양식을 구할 방법도 없었다. 자칫 회군이 늦어지면 굶주림과 추위에다 적군의 반격에 휘말려 몰살을 당할 수도 있는 상황이었다. 고려의 장수들은 급히 군사를 돌리기로 결정했다. 그런데 이때 가장 큰 어려움은 뒤쫓아 오는 적군이 밤을 틈타 급습할 경우 대비할 뚜렷한 방법이 없다는 것이었다. 굶주림과 추위에 지친 병사들은 대열조차 제대로 갖추지 못했고, 장수들에 대한 불평불만으로 명령을 제대로 지키지 않았다.

이런 상황에서 고려의 장수들은 어떤 묘책을 세워 적군의 공격을 막았을까? 그들은 고려군의 방어 능력이 견고하다는 사실을 보여주어서, 적군의 공격 의지를 미리 꺾어 버렸다. 이때 고려군 장수들이 사용한 방어책이란 아주 단순하면서도 교묘한 것이었다. 즉 야영할 때면 반드시 군사들을 시켜 변소와 마구간을 지어 놓았는데, 이것은 고려군의 규율과 훈련이 아직 잘 정비되어 있음을 적군에게 과시하기 위해서였다. 실제 적장 나카초가 회군하는 고려군을 급습할 목적으로 이틀이나 뒤쫓아 오다가 "변소와 마구간을 지은 것은 행군의 질서가 정연한 것을 말한다. 습격하기 힘들다" 하면서 다시 돌아갔다. 고려군은 회군한 지 3일 만에 겨우 송참이라는 곳에 도착했는데, 때마침 진무 라천서가 양곡 수백 석을 구해 줘서 겨우 살아날 수 있었다. 당시 고려군이 몰살의 위기를 넘길 수 있었던 까닭은 순전히 아군의 방어 능력을 과시해 적군의 공격 능력을 무력화시켜 버린 지혜 때문이었다고 할 수 있다. 이 싸움에서 고려의 장수들은 아군이 승리할 수 없다면, 적군 역시 아군을 패배시킬 수 없도록 하라는 손자의 병법을 창의적으로 적용했다고 할 수 있다.

적을 알고 나를 알면 위태롭지 않고, 천시와 지리까지 알면 반드시 승리한다

적을 알고 나를 아는 것은 순전히 전략가의 능력에 해당한다. 그러나 손자는 이 능력은 승리를 위태롭게 하지 않을 수는 있지만, 승리를 완전하게 보장할 수는 없다고 했다. 적을 알고 나를 아는 능력에 덧붙여서 천시와 지형을 알아야 비로소 온전한 승리를 이룰 수 있다. 여기에서 천시란 하늘이 주관한다고 여긴 시간과 기후이고, 지형이란 땅의 지리적 이점을 말한다. 그런데 대개 사람들은 이 천시와 지형을 운(행운 혹은 불운)이라고 여긴 반면, 손자의 병법에서는 전략가의 능력에 포함시켰다. 즉 시간과 기후, 그리고 지리적 이점을 활용하는 능력 역시 장수나 전략가의 덕목 중 하나로 평가했던 것이다. 탁월한 전략가라면 주변의 상황과 조건조차 능력 안으로 끌어들여 전략적으로 다스릴 줄 알아야 한다.

이렇게 되면, 예를 들어서 일본 본토를 정벌하려고 출병한 여몽 연합군이 태풍을 만나 패배한 사실은 하늘이 돕지 않았다거나 운이 나빴기 때문이 아니라, 오로지 장수들의 능력이 부족했기 때문이라고 해석할 수 있다. 압도적으로 우세한 전력을 보유하고 있다고 해도, 천시와 지형을 제대로 알지 못하면 승리와 패배는 결코 장담할 수 없다. 반면 적군의 공격 능력이 제 아무리 뛰어나고 아군의 방어 능력이 취약하다고 해도, 적의 능력을 알고 나의 능력을 헤아리고 또한 지형의 이로움까지 더한다면 온전히 승리할 수 있다. 이러한 경우로는 백제의 충신 성충과 흥수의 방어 전략을 예로 들 수 있다. 그들은 나당 연합군의 수십 만 대군이 백제를 향해 밀려올 경우, 백제는 그 공격을 감당할 능력이 없다는 사실을 잘 알고 있었다. 다만 나당 연합군과의 정면 승부를 피하고 그들이 백제로 진격해 오는 주요 길목, 즉 전략 요충지를 먼저 차지한 다음 굳건히 지킨다면, 반드시 나라의 운명을 보존할 수 있다고 확신했다.

성충이 의자왕에 의해 궁중 감옥에 갇혔을 때 좌평 흥수 역시 고마미지(지금의 전남 장흥)로 유배를 떠났다. 감옥에서 죽음을 앞둔 성충은 마지막으로 유언의 상소를 의자왕에게 올렸다. 그것은 나당 연합군의 공격에 대비하는 방어 전략이었다.

"충신은 죽으면서도 임금을 잊지 못합니다. 그러므로 신이 한 말씀 올리고 죽으려고 합니다. 신이 천시와 인사를 살펴보니, 장차 전쟁의 재앙이 나라를 덮칠 것입니다. 무릇 군사를 쓰려면 지형지세를 잘 골라서 적을 대적해야 완전하다고 할 수 있습니다. 만약 적군이 쳐들어오면 육로로는 탄현을 막고 수로로는 기벌포를 막아 험한 곳에 의지해 싸우십시오."

이후 성충은 음식을 끊고 28일 만에 세상을 떠났다. 그러나 의자왕은 성충의 말을 끝내 받아들이지 않았다.

성충이 죽은 지 3년이 채 되지 않은 서기 660년 6월, 마침내 나당 연합군이 서쪽의 바닷길과 동쪽의 육로를 통해 백제를 총공격했다. 의자왕은 조정 대신들에게 나당 연합군을 어떻게 방어해야 할지 물었지만 의견만 분분해서 선뜻 결론을 얻지 못하고 있었다. 답답한 마음에 의자왕은 고마미지에 귀양 가 있는 흥수에게 사람을 보내 계책을 물었다. 이때 흥수가 전한 말 역시 성충과 똑같았다.

"당나라 군사들은 숫자가 많고 군대의 규율이 엄숙합니다. 게다가 신라와 더불어 앞뒤에서 우리를 협공하고 있습니다. 만약 평탄한 벌판이나 너른 들에 진을 치고 상대하다가는 승패를 장담할 수 없습니다. 탄현과 기벌포는 나라를 지킬 수 있는 요충지입니다. 한 사람이 칼을 들고 막고 있으면 1만 명의 적군이 덤벼도 뚫을 수 없는 곳입니다. 수군과 육군의 용맹한 정예 병사들을 가려 뽑아서 당나라 군사는 기벌포에 들어오지 못하도록 막고, 신라 군사는 탄현을 넘지 못하도록 하십시오. 그리고 대왕께서는 성문을 굳게 닫아걸고 지키면서, 신라와 당나라의 전쟁 물자와 군량미가 다 떨어지고 군사들이 지칠 때까지 기다리십시오. 그런 다음에 힘껏 공격한다면 반드시 백전백승할 것입니다."

홍수의 말을 전해들은 의자왕은 그 계책을 쓰려고 했다. 그러나 임자 등 간신배들은 성충을 따르는 세력이 다시 중용될까봐 두려워서 이를 적극 만류했다.

"홍수가 오랫동안 귀양살이를 해 임금을 원망하면서 성충의 옛 은혜를 생각해 항상 보복할 마음을 품었습니다. 이제 성충이 죽기 전에 올린 상소문의 찌꺼기들을 주워서 나라를 잘못된 길로 이끌려 합니다. 그의 말을 귀담아 들어서는 안 됩니다. 당나라 군사는 기벌포를 통과하게 하고 신라의 군사는 탄현을 넘게 한 다음 우리가 공격한다면, 마치 항아리 속의 자라를 잡듯이 적군을 모두 분쇄할 수 있습니다. 그런데 어찌 험한 곳을 막고 적군과 대치하느라 시간을 낭비하고 군사들의 사기를 꺾어 놓으려 하십니까?"

결국 의자왕은 간신배들의 달콤한 말에 속아서 백제를 구할 수 있는 홍수의 마지막 계책마저 내팽개쳐 버렸다.

일찍이 의자왕이 성충의 방어 전략을 받아들였다면, 나당 연합군은 백제 공격을 쉽게 결정하지 못했을 것이다. 또한 뒤늦게라도 홍수의 의견을 채택했다면, 백제는 나당 연합군의 공격을 물리치고 심지어 신라에 심대한 타격을 입힐 수도 있었을 것이다. 만약 그렇게 되었다면, 삼국통일은 신라가 아닌 백제에 의해 이루어지지 않았을까? 백제는 성충과 홍수라는 탁월한 전략가를 둘씩이나 보유하고 있었지만, 간신배들의 감언이설을 물리치지 못한 임금 때문에 멸망의 비극을 피할 수 없었다.

28.
절반의 승리와 온전한 승리의 차이를 살펴라

원문) 夫地形者 兵之助也 料敵制勝 計險阨遠近 上將之道也 知此而用戰者 必勝 不
知此而用戰者 必敗 故戰道必勝 主曰無戰 必戰可也 戰道不勝 主曰必戰 無戰可也 故進
不求名 退不避罪 唯民是保 而利合於主 國之寶也 視卒如嬰兒 故可與之赴深谿 視卒如
愛子 故可與之俱死 厚而不能使 愛而不能令 亂而不能治 譬如驕子 不可用也 知吾卒之
可以擊 而不知敵之不可擊 勝之半也 知敵之可擊 而不知吾卒之不可以擊 勝之半也 知
敵之可擊 知吾卒之可以擊 而不知地形之不可以戰 勝之半也 故知兵者 動而不迷 擧而
不窮 故曰 知彼知己 勝乃不殆 知地知天 勝乃可全

해석) 대저 지형이란 전쟁의 보조 조건이다. 적의 상황을 헤아려 승리를 만들며, 지
형의 험하고 평탄한 것과 멀고 가까운 것을 살펴서 계책을 세우는 것은 상장군의 도리
이다. 이것을 알고 전쟁에 활용하는 자는 반드시 승리하는 반면, 이것을 알지 못하는 자
는 반드시 패배한다. 그러므로 전쟁의 도리가 반드시 승리할 수 있게 되어 있다면 군주
가 싸우지 말라고 해도 반드시 싸워야 한다. 전쟁의 도리가 승리할 수 없게 되어 있다
면 군주가 반드시 싸우라고 해도 싸워서는 안 된다. 따라서 장수는 진격할 때에도 명예
를 구하지 않고 물러날 때에도 처벌을 회피하지 않는다. 오직 백성을 보존하고 군주의
이로움에 합치되는 것만이 나라의 보배이다. 병사들을 마치 어린아이처럼 보호하기 때

문에 장수와 더불어 깊은 계곡에도 들어갈 수 있다. 병사들을 사랑하는 자식처럼 돌보기 때문에 장수와 더불어 죽을 수 있다. 후하게 대하되 부리지 못하고, 사랑하되 명령하지 못하고, 문란하되 다스리지 못한다면 비유하건대 교만한 자식처럼 아무런 쓸모가 없게 되고 만다. 아군의 공격 능력을 알지만 적의 방어 능력을 알지 못한다면 승리할 가능성은 절반이다. 적의 공격 능력을 알지만 아군의 방어 능력을 알지 못한다면 승리할 가능성은 절반이다. 적의 방어 능력을 알고 아군의 공격 능력을 알아도 지형이 공격하기에 불리하다는 것을 알지 못한다면 승리할 가능성은 절반이다. 따라서 병법을 아는 장수는 군대를 움직이되 미혹되지 않고, 군사를 일으키되 곤란에 빠지지 않는다. 이런 까닭에 '적을 알고 나를 알면 승리가 위태롭지 않고, 땅을 알고 하늘을 알면 승리가 온전할 수 있다'고 하는 것이다.

제II장

병가의 지리술 2: 지형을 이용하는 9지 용병

29.
이롭다면 재빨리 움직이고,
이롭지 않다면 그만두어라
−노론의 왕세제 책봉과 공민왕의 부원 세력 제거 전략

아홉 가지 상황과 형세에 따른 처세술

자신을 둘러싼 객관적인 상황과 형세가 이로운가, 해로운가 혹은 유리한가, 불리한가에 따라 전쟁의 현장은 다시 아홉 가지로 나누어 살펴볼 수 있다. 산지(散地), 경지(輕地), 쟁지(爭地), 교지(交地), 구지(衢地), 중지(重地), 비지(圮地), 위지(圍地), 사지(死地)가 바로 그것이다. 손자는 이 아홉 가지 상황과 형세에 따라 전략가는 용병과 처세의 기술을 달리해야 한다고 했다.

산지란 영토 안에서 벌어진 싸움을 말하는데, 이 경우 될 수 있는 한 전투를 피해야 한다. 패배는 말할 것도 없고 승리하더라도 아국(我國)의 피해를 피할 수 없기 때문이다.

경지란 다른 나라의 영토 안으로 깊숙이 들어가지 않은 국경 근처를 말하는데, 이때는 머뭇거리지 말고 빠르게 행군하거나 적극적으로 공격해야 한다.

쟁지란 아군이 점령하면 유리하지만 적군이 점령하면 불리한 전략상 요충지를 말하는데, 이곳에서는 아군에게 유리하면 공격하고 적군에게 유리하면 절대 공격해서는 안 된다.

교지란 아군이 공격하기 쉽지만 적군이 공격해 올 수도 있는 평탄한 교차 지대를 말하는데, 이 경우 각 부대 사이에 긴밀한 연락을 유지하고 보급로가 끊어지지 않도록 각별히 조심해야 한다.

구지란 두 나라가 또 다른 제3국과 국경을 맞대고 있는 곳으로 먼저 도착해 차지하면 이롭다. 특히 이때는 제3국과 외교 관계를 잘 맺는 쪽이 반드시 승리한다.

중지란 적의 영토 안으로 깊숙이 들어가 배후에 강력한 적군을 많이 두게 되는 위험한 곳으로서, 이곳에서는 식량과 물자를 현지에서 탈취해 싸워야 한다.

비지란 험한 산림이 뒤덮고 높다란 절벽이 감싼 산악지대나 험난한 늪지대 등 행군하거나 싸우기 곤란한 지대를 말하는데, 이 경우 빠르게 행군해 즉시 벗어나야 한다.

위지란 나아가는 곳은 좁고 험준한 반면 물러설 곳은 멀고 험난해 적군

325

이 소수의 병력으로 에워싸서 아군의 많은 병사를 공격할 수 있는 곳으로, 이곳에서는 상대방의 허를 찌르는 계략을 써야 벗어날 수 있다.

마지막으로 사지란 죽을 각오로 싸우면 살아남지만 그렇지 않을 경우 전멸을 당할 수 있는 곳으로, 이때는 아무런 전략도 세울 수 없고 오로지 죽을힘을 다해 싸워야 한다.

이롭거나 유리하다면 절대로
우물쭈물해서는 안 된다

손자가 말한 아홉 가지 상황과 형세에 따른 용병과 처세의 기술이 전하는 병법과 전략의 철학은 무엇일까? 싸움을 피할 곳에서는 반드시 물러서야 하지만, 싸워야 할 곳에서는 반드시 온 힘을 다해 싸워야 한다는 것이다. 즉 자신에게 이롭거나 유리한 상황에서는 재빨리 움직여 승리를 얻고, 자신에게 해롭거나 불리한 상황이라면 즉시 벗어나 패배를 모면하라는 것이다. 전략가는 싸워야 할 곳과 싸워서는 안 될 곳, 빠르게 공격하거나 재빨리 벗어나야 할 때를 정확하게 헤아리고, 각각의 상황에 맞는 용병과 처세의 기술을 적용해야 한다. 특히 상황과 형세란 천변만개하기 때문에, 만약 이롭거나 유리한 상황을 만났다면 절대로 우물쭈물 공격을 늦추어서는 안 된다. 그렇지 않을 경우 자칫 상대방의 강력한 반격으로 자신에게 이로운 상황과 형세가 오히려 몰락을 재촉하는 불리한 상황과 형세로 역전될 수 있기 때문이다.

1720년 6월 숙종이 죽고 경종이 즉위하자, 서인 노론 당파는 경악하지 않을 수 없었다. 경종은 자신들이 죽음으로 내몬 장희빈의 아들이었기 때문이다. 숙종 연간 온갖 피 바람을 이겨 내고 간신히 권력을 장악한 노론의 정치적 미래는 갑자기 암담해져 버렸다. 노론은 이러한 상황을 막기 위해 숙종이 살아 있을 때 장희빈의 아들인 세자를 끌어내고, 자신들이 후원하는 숙빈 최씨의 아들인 연잉군(훗날의 영조)에게 왕위를 잇게 하려고 전력을 다했다. 그러나 노론의 권력 독점을 견제하려는 소론 당파의 반발 때문에 세자를 폐위하려는 노론의 음모는 실현되지 못했다. 이러한 상황에서 경종이 왕위에 오르자, 노론은 경종을 허수아비 임금으로 만들거나 아니면 집권을 확실히 할 보장책을 마련하기로 결심한다.

노론은 여전히 집권당으로서 강력한 정치적 힘을 발휘한 반면 경종의 왕권은 미약했다. 그러나 정치적 반대파인 소론의 세력이 만만치 않고 또한 시간이 지날수록 경종의 정치적 영향력 또한 커질 것이기 때문에, 노론은 그냥 이대로 상황을 지켜보고 있을 수만은 없었다. 노론은 자신들에게 유리한 현재의 상황과 형세가 언제 어떻게 바뀔지 모른다는 불안감 속에서 계속 사느니, 차라리 당파의 명운을 걸고 한판 승부를 벌이기로 했다. 이때 노론이 던진 승부수는 다름 아닌 연잉군을 경종의 뒤를 이을 왕세제(王世弟)로 책봉하는 것이었다. 당시 노론은 이 승부수를 경종의 후사를 정하는 문제를 떠나, 경종을 하루라도 빨리 왕위에서 몰아내고 대변자인 연잉군이 왕위를 차지하는 문제로 보았다.

경종이 왕위에 오른 지 두 달 뒤인 1720년 8월, 노론은 경종의 건강이 점점 악화되고 있고 뒤를 이을 후사를 두지 못했다는 이유로 연잉군을 왕세제로 삼는 일을 들고 나왔다. 당시 경종과 그의 왕비였던 선의황후는 후사가 없을 경우 양자를 들여서 왕위를 잇도록 하려고 계획하고 있었는데, 노론은 선수를 쳐서 왕세제 책봉을 주장하고 나선 것이다. 노론은 정언 이정소가 후사 책봉을 건의하는 상소를 올린 바로 그날 밤, 영의정 김창집과 좌의정 이건명을 앞세워 경종을 압박하기 시작했다. 노론은 정치적 반대파인 소론 몰래 왕세제 책봉 문제를 매듭짓기 위해, 한밤중에 중신들을 총출동시켜 경종의 결단을 촉구했다. 집권당인 노론의 왕세제 책봉 요구는 즉위한 지 두 달 밖에 되지 않은 경종이 감당하기에는 너무나 벅찬 정치적 협박이었다. 결국 경종은 노론의 요구에 굴복해 연잉군을 왕세제로 삼았다. 그러나 노론의 계획은 여기에서 끝나지 않았다. 그들은 왕실의 가장 웃어른인 대비 인원왕후 김씨에게 수결을 받아서, 경종이 결정을 번복하지 못하도록 쐐기를 박아 버렸다. 이 사건은 노론이 집권당의 힘을 악용해 이룬 하룻밤의 쿠데타였다.

당시 노론이 던진 승부수는 자칫 역적으로 몰릴 수도 있는 위험한 행동이었다. 그러나 노론은 상황과 형세를 통제할 수 있는 힘은 경종이 아니라 자신들에게 있다고 확신했다. 조정의 핵심 관직을 여전히 독차지하고 있고, 대비(인원왕후 김씨) 또한 자신들 사람이었기 때문이다. 그러나 임금이 살아 있는데 후사 문제를 거론하는 것은 대단히 민감한 문제여서, 만약 소론이 반발하고 나설 경우 성공을 장담하기 어려웠다. 따라서 조정 내부에서 반대의견이 나올 틈을 아예 봉쇄해 버려야 했다. 노론이 상소가 올라간 바로 그 날 밤 당력을 총동원해 왕세제 책봉을 매듭지은 이유 역시 여기에 있었다. 한마디로 노론이 계획한 하룻밤의 쿠데타가 성공할 수 있었던 까닭은, 자신 들에게 유리한 형세를 이용해 조금도 우물쭈물하지 않고 목표를 향해 돌진 했기 때문이다. 소론은 뒤늦게 연잉군을 왕세제로 책봉한 사실을 알고 노론 의 독단을 규탄하고 나섰지만, 상황은 이미 돌이킬 수 없었다. 연잉군을 왕 세제로 책봉하는 노론의 계획은 이렇듯 이롭거나 유리하다면 절대로 우물 쭈물해서는 안 된다는 공격 전략이 있었기 때문에, 반대파의 반발과 저항을 철저하게 무력화시키면서 실현될 수 있었다.

이롭지 않거나 불리하다면
즉시 중단해야 한다

이롭거나 유리할 때는 절대로 우물쭈물하거나 공격의 고삐를 늦추어서 는 안 된다면, 반대로 이롭지 않거나 불리할 때는 공격 계획을 즉각 중단하 는 것이 상책(上策)이라고 할 수 있다. 그러한 상황에서 섣부르고 무모하게 공격을 계속 추진하다 보면 치명적인 패배를 당할 수 있기 때문이다. 이때 는 공격 계획을 뒤로 미루고 먼저 상대방을 달래거나 협상을 해서, 반격의 틈을 주지 않는 것이 중요하다.

공민왕이 원나라에서 볼모 생활을 끝내고 고려로 돌아와 임금의 자리에 오를 때 권력을 장악하고 있던 세력은 기철을 중심으로 한 부원배들이었다. 특히 당시 원나라 황실의 권력 실세로 군림하고 있던 기황후의 친가인 기철의 집안은 왕 못지않은 대우를 받고 있었는데, 이들은 애초부터 공민왕을 누이동생인 기황후가 만들어 준 허수아비 임금정도로 여겼다. 그래서인지 기철은 공민왕이 행차할 때 임금과 어깨를 마주하며 말을 타고 가거나, 연회에서 나란히 앉을 정도로 안하무인이었다. 《고려사 열전》에서는 '기철 형제의 행동을 이렇게 기록하고 있다.

"기철, 기원, 기주, 기륜은 기황후의 권세를 믿고 욕심을 부리고 방자했으며, 그 친척들도 교만하고 횡포하기 그지없었다."

이 때문에 공민왕이 꿈꾼 고려의 자주성 회복과 개혁 정치의 최대 정적은 기철의 집안이 될 수밖에 없었다.

그러나 뛰어난 정치 전략가였던 공민왕은 섣불리 기철 일당을 제거하려고 시도하지 않았다. 원나라의 세력이 비록 예전만 못했지만 여전히 강력한 군사력을 보유하고 있었고, 기황후가 원나라 황실을 움직이는 권세를 부리는 상황이었다. 이 때문에 기철과 직접적으로 맞부딪히는 것은 결코 성급하게 서두를 일이 아니라고 여겼던 것이다. 그런데 기철 일당과의 충돌은 공민왕이 전혀 예상하지 못한 곳에서 갑작스럽게 찾아왔다. 공민왕이 전혀 눈치 채지 못한 사이에 조일신이 기철 일당을 제거한다는 명분을 앞세워 반란을 일으키고 권력을 장악하려고 했는데, 이때 기철의 바로 아랫동생인 기원이 목숨을 잃고 기철은 간신히 목숨을 건져 달아나는 사건이 일어났다. 더욱이 조일신은 기철의 집안을 수색하면서 기황후의 어머니와 그 집안사람들을 잡아서 감옥에 가두어 버렸다. 조일신은 공민왕의 측근 중 측근이었다. 이 때문에 원나라와 기황후의 입장에서 보면 공민왕이 사주해 집안사람들을 죽이고 부원배들을 핍박했다고 여길 수밖에 없었다.

이 사건은 공민왕에게는 위기이자 기회였다. 조일신의 습격으로 기철의 집안과 부원배들은 심각한 타격을 입었기 때문에 공민왕이 칼날을 빼들면 꼼짝없이 당할 수밖에 없는 상황이었다. 공민왕은 자신이 오래 전부터 꿈꿔온 기철 일당과 부원배를 제거할 계획을 실행에 옮겨야 할지 고민했다. 그러나 당시 공민왕은 세 가지 이유로 기철의 집안과 부원배들을 당장 제거하는 것이 자신에게 이롭지 않다고 판단했다. 먼저 자신이 나서서 기철과 부원배들을 제거하는 것은 개혁 정치에 반발해 반란을 일으킨 조일신의 행동에 정당성을 부여하는 꼴이었다. 이것은 자칫 왕권의 입지를 축소시킬 수 있기 때문에 전혀 이롭지 않았다. 다른 이유는 고려의 조정과 백성은 아직 원나라에 직접 맞서 싸울 준비가 되어 있지 않다는 것이었다. 섣부르게 움직일 경우 자신만 고립무원의 처지에 빠질 수 있었다. 세 번째 이유는 원나라의 강한 군사력을 움직일 수 있는 기황후의 권세가 건재한 상황에서 기철의 집안과 정면 승부를 벌이는 것은 자살 행위가 될 수도 있다는 것이었다.

이렇듯 기철과 부원배를 향해 당장 칼날을 겨눌 상황이 아니라는 판단이 서자, 공민왕은 즉시 조일신을 제거해 이 사건이 그의 독단적인 범행이었음을 원나라에 알렸다. 그리고 기철과 그 집안사람들이 다시 예전처럼 행세하며 살 수 있도록 하는 한편, 기황후에게 사죄와 화해의 손길을 내밀었다. 반격의 빌미나 기회를 주지 않기 위해서였다. 기황후 역시 친가 식구들이 고려에서 행세하고 살 수만 있다면 구태여 임금과 대립 각을 세우며 사사건건 충돌을 일으킬 필요가 없었다. 기황후는 공민왕의 사죄를 받아들이고 화해했다. 그러나 공민왕의 행동은 공격 계획을 단지 뒤로 미룬 것에 불과했다.

이때부터 공민왕은 원나라가 황실 내부의 권력 다툼과 대륙 곳곳에서 일어난 반란 세력에 의해 급격히 약화되는 정세를 꼼꼼하게 챙기면서, 반원 정책과 개혁 정치를 추진했다. 그리고 한편으로는 기철 일당을 제거할 적당한 시기를 끊임없이 모색했다. 결국 조일신의 반란이 있은 지 4년째 되는 1356년, 공민왕은 역모 사건을 이유로 기철 일당을 완전히 숙청하고, 더 나아가 원나라가 고려 내정에 간섭하기 위해 세운 정동행성을 폐지하면서 옛 관제를 회복했다. 그리고 원나라의 쌍성총관부를 공격해 고려의 옛 영토를 되찾았다. 공민왕은 이때 이미 원나라가 반원 정책과 공격에 제대로 대응하기 힘들 정도로 큰 혼란을 겪고 있음을 감지하고 있었다. 이렇듯 공민왕의 성공은 이롭지 않거나 불리할 경우에는 공격 계획을 즉각 중단하고, 반대로 이롭거나 유리할 경우에는 지체 없이 공격에 나서는 뛰어난 전략이 있었기 때문에 가능했다.

29.

이롭다면 재빨리 움직이고
이롭지 않다면 그만두어라

원문) 孫子曰 用兵之法 有散地 有輕地 有爭地 有交地 有衢地 有重地 有圮地 有圍地 有死地 諸侯自戰其地 爲散地 入人之地而不深者 爲輕地 我得則利 彼得亦利者 爲爭地 我可以往 彼可以來者 爲交地 諸侯之地三屬 先至而得天下之衆者 爲衢地 入人之地深 背城邑多者 爲重地 行山林險阻沮澤 凡難行之道者 爲圮地 所由入者隘 所從歸者迂 彼寡可以擊吾之衆者 爲圍地 疾戰則存 不疾戰則亡者 爲死地 是故 散地則無戰 輕地則無止 爭地則無攻 交地則無絶 衢地則合交 重地則掠 圮地則行 圍地則謀 死地則戰 所謂古之善用兵者 能使敵人 前後不相及 衆寡不相恃 貴賤不相救 上下不相扶 卒離而不集 兵合而不齊 合於利而動 不合於利而止 敢問 敵衆整而將來 待之若何 曰先奪其所愛則聽矣 兵之情主速 乘人之不及 由不虞之道 攻其所不戒也

해석) 손자가 말했다.

용병의 방법에는 산지(散地 : 흩어지기 쉬운 지형), 경지(輕地 : 동요하기 쉬운 지형), 쟁지(爭地 : 빼앗았다 빼앗겼다 하는 지형), 교지(交地 : 출입이 쉽고 편리한 지형), 구지(衢地 : 사통팔달의 요충지), 중지(重地 : 어떤 경우로도 움직일 수 없는 지형), 비지(圮地 : 출입이 어려운 지형), 위지(圍地 : 산이나 물로 둘러싸인 지형), 사지(死地 : 막바지에 몰린 죽음의 지형)가 있다.

자기 나라의 영토 안에서 싸움이 벌어진 경우를 '산지'라고 한다. 적의 영토 안으로 들어가되 깊이 들어가지 못한 경우를 '경지'라고 한다. 아군이 점령해도 유리하고 적군이 점령해도 이로운 경우를 '쟁지'라고 한다. 아군이 나아갈 수도 있고 적군이 공격해 올 수도 있는 경우를 '교지'라고 한다. 제후의 영토가 세 나라에 속해 있어서 먼저 이르면 천하의 백성을 얻을 수 있는 경우를 '구지'라고 한다. 적의 영토 안으로 깊숙이 들어가 수많은 성읍을 배후에 두는 경우를 '중지'라고 한다. 산림이 우거진 곳, 험난하고 장애가 많은 곳, 습지대 등 무릇 행군하기 어려운 경우를 '비지'라고 한다. 들어가는 곳은 좁고 돌아 나오는 곳은 멀어서 적군이 적은 군사로 아군의 많은 군사를 공격할 수 있는 경우를 '위지'라고 한다. 재빠르게 싸우면 보존하고 그렇지 못하면 멸망하는 경우를 '사지'라고 한다. 이런 까닭에 산지에서는 싸워서는 안 되고, 경지에서는 머물러서는 안 되고, 쟁지에서는 공격해서는 안 되고, 교지에서는 끊어져서는 안 되고, 구지에서는 외교를 잘 하고, 중지에서는 약탈을 하고, 비지에서는 행군하고, 위지에서는 계략을 세우고, 사지에서는 싸워야 한다. 예로부터 용병을 잘하는 장수는 적군으로 하여금 앞뒤 부대가 서로 끊어지도록 만들고, 본대와 소부대가 서로 의지하지 못하도록 만들고, 지휘관과 병사가 서로 구원하지 못하도록 만들고, 장수와 병졸이 서로 돕지 못하도록 만들고, 병졸들이 흩어져 모이지 못하도록 만들고, 병졸들이 모이더라도 다스려지지 못하도록 만들었다. 이롭다면 재빨리 움직이고, 이롭지 않으면 멈추었다. 묻는다. "적의 본대가 전열을 갖추고 장차 공격해 오면 어떻게 대처해야 하는가?" 대답한다. "먼저 적이 중요시하는 곳을 빼앗으면 효과가 있다. 용병은 신속함을 위주로 한다. 적군이 미치지 못함을 틈타서 전혀 예상하지 못한 방법으로 경계하지 않은 곳을 공격하는 것이다."

30.
사지에 빠뜨려야 목숨 걸고 싸운다
─사지를 선택한 계백의 전략과 원술의 분투

사지의 전략이란?

절체절명의 위기의식을 가질 때 병사들은 비로소 천하무적이 된다. 그래서 손자는 "위험한 곳에 깊이 빠지면 두려워하지 않고, 물러날 곳이 없으면 강해지며, 죽을 곳에 이르면 목숨을 걸고 싸운다"고 했다. 사람의 심리란 빠져나갈 곳이 없으면 힘을 합쳐 저항하고, 어쩔 수 없는 절박한 상황에 몰리면 필사적으로 싸우고, 절체절명의 위험에 빠지면 비로소 리더가 지휘하는 대로 복종하게 된다. 이 때문에 예로부터 뛰어난 전략가는 자신을 위험에 빠뜨려 승리하는 방법을 잘 다루었다. 그들은 절체절명의 위험 속으로 스스로 뛰어든 바로 그 순간, 폭발적으로 분출되는 삶을 향한 열정과 에너지를 상대할 수 있는 적은 없다는 사실을 이해했다. 손자는 사지에 들어선 순간 사람은 살아야겠다는 강렬한 욕망 때문에 기꺼이 악마가 될 수 있다는 사실을 깨닫고 있었다.

　이러한 손자의 사지 전략을 가장 잘 활용한 사례가 한신의 정형 전투이다. 이 전투에서 한신은 불과 2만 명의 병사로 조나라의 20만 대군을 격파했다. 이때 한신이 구사한 전술이 바로 그 유명한 배수의 진이다. 그런데 한신의 휘하 장수들은 산은 등지고 강은 앞에 두라는 병법의 ABC를 무시한 그의 행동을 도무지 이해하지 못했다. 전투가 끝난 후 한신은 그 해답을 내놓았는데, 그것은 바로 "사지에 몰아넣으면 병사들은 죽기를 각오하고 싸우므로 비로소 살아날 수 있다"는 것이었다. 한신은 아무리 강군이라고 해도 평상시처럼 행동해서는 도저히 20만의 대군을 감당할 수 없다는 사실을 잘 알고 있었다. 만약 병사들이 평소보다 몇 배, 아니 몇 십 배의 힘을 분출하지 못한다면 패배는 명약관화했다. 어떻게 하면 조나라 대군을 맞아 병사들이 필사적으로 싸우게 할 수 있을까? 한신의 고민은 여기에 있었다. 그리고 그가 얻은 결론은 '물러설 곳이 없어서 죽음을 앞에 둔 병사는 죽기를 각오하고 싸울 수밖에 없다'는 병법의 원리였다. 스스로 죽음과 삶, 승리와 패배, 성공과 실패 이외의 다른 탈출구를 봉쇄해 버리는 것, 그것이 바로 사지의 전략이 노리는 효과이다.

위기의식을 갖게 하라

조선 선조 시대의 대학자였던 유몽인이 지은 《어우야담》에는 고비라는 충주 지방의 부자가 전하는 축재법, 즉 부자가 되는 방법이 소개되어 있다. 어느 날 한 마을 사람이 고비를 찾아와 부자가 되는 비결을 가르쳐 달라고 애원했다. 고비는 그 사람에게 "며칠 후 성 위 소나무 사이에서 기다리고 있으면 재물을 모으는 방법을 알려 주겠다"면서 되돌려 보냈다. 약속한 날짜가 되자 그 마을 사람은 장막을 치고 술과 안주를 준비해 놓고 고비를 맞이했다.

고비는 성 위 소나무가 성벽 밖으로 멀리 뻗어 있고 또 성 밑이 낭떠러지라는 사실을 확인한 다음, 그 마을 사람에게 소나무에 오르라고 말했다. 소나무 위에 오른 모습을 지켜본 고비는 마을 사람에게 한 손으로 소나무 가지를 잡고 몸을 성 밑 낭떠러지로 늘어뜨리면 부자가 되는 방법을 알려 주겠다고 했다. 마을 사람이 시키는 대로하자 고비는 단 한마디를 남기고 그 자리를 떠나 버렸다. 그가 남긴 말은 이랬다.

"재물을 모으고 지키는 마음을 지금 당신의 한 손이 나뭇가지를 붙잡는 것처럼만 하면 부자가 될 수 있을 것이오."

죽느냐 사느냐 하는 절체절명의 순간에 다른 무언가를 떠올릴 사람은 없다. 그러한 상황에서는 누구나 오로지 살아야겠다는 한 가지 생각밖에 할 수 없다. 고비는 부자가 되는 방법 또한 이와 다르지 않다고 보았다. 고비가 마을 사람에게 가르쳐 준 축재의 비법은 다름 아닌 사지에서의 마인드이자 전략이라고 할 수 있다. 삶과 죽음의 갈림길에서 오로지 살 길만을 찾듯이,

스스로 위기의식을 갖고 필사의 각오로 재물을 모으고 지키려고 한다면 누구라도 부자가 될 수 있다는 사실을 가르친 것이다.

스스로를 사지로 몰아넣어라

5,000의 군사로 황산벌에서 신라의 대군에 맞서 국운을 건 싸움을 한 계백의 선택 역시 사지의 전략이었다. 패배는 곧 백제의 멸망이라는 사실을 계백은 알고 있었다. 그러나 자신에게 주어진 5,000의 군사로 신라의 대군을 물리칠 방법은 없었다. 단 한 가지 백제의 병사들이 죽음을 두려워하지 않는 필사의 각오로 싸운다면, 승리하기는 힘들어도 신라군의 진격을 막을 수는 있을 것이라고 생각했다. 신라군의 진격을 저지해 나당 연합군의 합류를 막는다면, 전쟁의 승패는 누구도 장담하기 힘든 상황으로 전개될 수도 있다는 것이 계백의 또 다른 전략적 판단이었다. 이때 계백은 처자식을 죽여서 스스로 사지를 선택하는 모습을 5,000 결사대에 보여줌으로써, 군심(軍心)을 하나로 모으고 사기를 고취시켰다.

조선의 역사학자 안정복은《동사강목東史綱目》에서 계백의 행동에 대해 스스로 사지를 찾아서 싸우겠다는 전의를 보여줌으로써 5,000 결사대를 죽음을 두려워하지 않는 군대로 만들었다고 평가했다.

"장수의 도란 무엇보다 내 집과 내 몸을 잊은 다음에야 비로소 사졸(士卒)들의 죽을 결심을 얻을 수 있는 법이다. 만약 조금이라도 내가 먼저 살려고 하는 마음을 보인다면, 군심은 해이해져 제각각 자기 살 궁리를 찾게 마련이다. 이것이야말로 더할 수 없이 군의 사기를 저하시키는 짓이다."

황산벌 전투의 초반 전세를 보면, 당시 계백이 선택한 사지의 전략이 유효했다는 사실을 부정하기 힘들 것이다.

황산벌에서 계백이 상대한 김유신 역시 사지의 전략에 능숙한 인물이었다. 계백의 패배 또한 김유신이 그 못지않게 이 전략의 효과를 잘 아는 장수였기 때문이라고 추측해 볼 수도 있겠다. 김유신이 사지의 전략에 능했다는 사실은, 훗날 당나라와의 전투에서 패배하고 돌아온 아들 원술을 대한 그의 태도를 통해 확인해 볼 수 있다. 백제와 고구려가 멸망한 후 당나라는 문무왕이 고구려 유민을 받아들이고 백제의 옛 땅까지 장악하자 군사를 보내 공격했다. 나당 전쟁의 시작이었다. 문무왕 12년(서기 672년) 석문의 전투에서 신라는 당나라에게 크게 패해 장군 효천과 의문을 비롯한 수많은 장수와 병사들을 잃었다. 이때 김유신의 아들 원술 또한 비장(裨將)으로서 나가 싸워 죽으려고 했다. 그러나 부하인 담릉이 말고삐를 잡고 놓아 주지 않는 바람에 목숨을 잃지 않았다. 그 뒤 원술은 몸을 숨기고 몰래 서라벌에 들어왔다. 당시 문무왕은 패전 소식을 듣고 김유신에게 패전의 책임을 어떻게 물어야 할지 의논했다.

"당나라의 계략을 예측하기 힘드니 패전의 책임을 묻기보다는 장수와 병사들로 전략 요충지를 지키게 하십시오. 그리고 제 아들 원술은 왕명을 욕되게 하고 가훈 또한 저버렸으니 처형하십시오."

그러나 문무왕은 원술에게 사면령을 내렸다.

"원술에게만 유독 무거운 형벌을 내릴 수는 없다."

왜 김유신은 장수와 병사들에게 패전의 책임을 묻지 말라고 하면서 아들에게만은 죽음의 형벌을 내리라고 했을까? 아마도 문무왕이 원술에게도 다른 장수들과 마찬가지로 사면령을 내릴 것이라는 사실을 미리 예측하고 한 말이 아니었을까? 더 나아가서 먼저 석문 전투에서 목숨을 건진 모든 사람들에게 사면령을 내리라고 건의한 것은, 아들인 원술에게도 자연스럽게 그 같은 혜택이 돌아갈 수 있도록 한 고도의 전략이 아니었을까? 여하튼 김유신이 원술을 실제로 죽일 마음은 없었던 듯하다. 그렇다면 김유신의 말은 원술에게 전한 일종의 메시지로 해석할 수 있다.

즉, 가문과 명예를 위해서 스스로 목숨을 끊던지 아니면 죽을 각오로 다시 일어나서 큰 공을 세우라는 뜻이었을 것이다. 필자의 생각에는 김유신의 마음이 후자에 있었다고 생각된다. 왜냐하면 그는 누구보다 사람의 심리를 이용한 용병술에 뛰어났기 때문이다. 김유신의 말은 어느 누구도 원술에게 도움을 주거나 의지처가 되어서는 안 된다는 메시지 또한 담고 있었다. 이 때문에 원술은 어느 곳에서도 자기 한 몸 둘 곳을 찾지 못했다. 김유신이 노린 효과가 바로 이것이었다. 즉 그는 원술에게 '無所往則固(무소왕즉고) 不得已則鬪(부득이즉투)', 즉 "물러날 곳이 없으면 강해지고, 죽을 곳에 이르면 목숨을 걸고 싸운다"는 사지의 전략 효과를 기대한 것이다. 아버지 김유신이 문무왕에게 한 말을 들은 원술의 행동을 보면 이 전략의 효과를 또렷하게 확인해 볼 수 있다.

먼저 원술은 한편으로는 부끄러운 마음에, 다른 한편으로는 두려움 때문에 감히 아버지를 뵙지 못하고 시골로 달아나 몸을 숨겼다. 그러나 김유신이 죽고 난 후 원술은 집으로 와서 어머니를 뵙고자 했다. 그러나 원술의 어머니는 그를 만나 주지 않았다.

"여인에게는 세 가지 따라야 할 도리가 있다. 지금 홀로 되었으니 마땅히 아들을 따라야 하지만, 원술은 이미 돌아가신 남편에게서 아들 취급을 받지 못했다. 그런데 내가 어찌 그의 어미 노릇을 하겠는가?"

원술은 통곡하고 가슴을 치면서 자리를 떠나지 못했지만, 그의 어머니는 끝까지 그를 보지 않았다. 원술은 탄식하면서 그 길로 태백산으로 들어갔다.

"담릉의 말을 들었던 내 잘못으로 인해 이 지경에 이르렀구나!"

문무왕 15년(서기 675년) 당나라 군사 20만 명이 신라를 대대적으로 공격해 왔다. 이때 원술은 당나라 군사가 매소천성을 공격한다는 소식을 듣고, 지난날의 치욕을 씻고자 죽음을 각오하고 힘써 싸워 큰 공을 세웠다. 원술 등의 활약으로 신라는 마침내 7년간의 나당 전쟁을 승리로 장식하며 삼국통일의 숙원을 이룰 수 있었다. 필사적으로 싸울 용기를 발휘하려면 절박한 이유가 있어야 한다. 원술은 패전의 치욕뿐만 아니라 부모에게 버림받았다는 이유 때문에, 반드시 명예를 회복해야 한다는 절박함으로 자신을 채찍질했을 것이다. 원술에게는 전쟁터에서 명예롭게 죽든지 아니면 큰 공을 세워 명예를 회복해야 하는 것 이외에 다른 선택의 길이 없었다. 그러한 절박함이 원술에게 필사적으로 싸울 수 있는 동기를 부여한 것이다. 따라서 만약 도저히 어떻게 할 수 없는 궁지에 몰렸다면, 차라리 사지에 자신을 밀어넣어 버려라. 바로 그 순간, 죽음에 대한 공포심과 삶을 향한 절박함이 스스로를 다시 일으켜 세울 것이기 때문이다.

30.

사지에 빠뜨려야 목숨 걸고 싸운다

원문) 凡爲客之道 深入則專 主人不克 掠於饒野 三軍足食 謹養而勿勞 併氣積力
運兵計謀 爲不可測 投之無所往 死且不北 死焉不得 士人盡力 兵士甚陷則不懼 無所往
則固 深入則拘 不得已則鬪 是故其兵不修而戒 不求而得 不約而親 不令而信 禁祥去疑
至死無所之 吾士無餘財 非惡貨也 無餘命 非惡壽也 令發之日 士卒坐者涕霑襟 偃臥者
涕交頤 投之無所往者 諸劌之勇也 故善用兵者 譬如率然 率然者 常山之蛇也 擊其首則
尾至 擊其尾則首至 擊其中則首尾俱至 敢問兵可使如率然乎 曰可 夫吳人與越人 相惡
也 當其同舟而濟遇風 其相救也 如左右手 是故方馬埋輪 未足恃也 齊勇若一 政之道也
剛柔皆得 地之理也 故善用兵者 攜手若使一人 不得已也 將軍之事 靜以幽 正以治 能愚
士卒之耳目 使之無知 易其事 革其謀 使人無識 易其居 迂其途 使人不得慮 帥與之期 如
登高而去其梯 帥與之深入諸侯之地 而發其機 焚舟破釜 若驅群羊而往 驅而來 莫知所
之 聚三軍之衆 投之於險 此謂將軍之事也 九地之變 屈伸之利 人情之理 不可不察也 凡
爲客之道 深則專 淺則散 去國越境而帥者 絶地也 四達者 衢地也 入深者 重地也 入淺者
輕地也 背固前隘者 圍地也 無所往者 死地也 是故散地吾將一其志 輕地吾將使之屬 爭
地吾將趨其後 交地吾將謹其守 衢地吾將固其結 重地吾將繼其食 圮地吾將進其塗 圍地
吾將塞其闕 死地吾將示之以不活 故兵之情 圍則禦 不得已則鬪 過則從 是故不知諸侯
之謀者 不能預交 不知山林阻沮澤之形者 不能行軍 不用鄉導者 不能得地利 四五者不

知一 非霸王之兵也 夫霸王之兵 伐大國則其衆不得聚 威加於敵 則其交不得合 是故不
爭天下之交 不養天下之權 信己之私 威加於敵 故其城可拔 其國可隳

해석) 무릇 적의 땅에 들어간 군대의 용병은, 적진 깊숙이 들어가 싸움에 전념하면
적이 이기지 못한다. 적의 풍요로운 벌판을 약탈해 식량을 조달하면 삼군(三軍)의 양식
이 넉넉해진다. 병사들을 쉬게 해 피로하게 하지 않으면 사기와 더불어 힘을 축적할 수
있다. 병사들을 움직일 때 계책을 잘 써서 예측할 수 없게 하고 도망갈 데가 없는 곳으
로 몰아넣으면, 죽더라도 달아나지 않고 마음대로 죽지도 못하여서 병사들은 전력을
다해 싸우게 된다. 병사들은 막다른 곳에 빠지면 두려움이 없어지고, 도망갈 데가 없으
면 견고해지고, 적지 깊숙이 들어가면 하나가 되어서 부득이하게 싸우게 된다. 이런 까
닭에 병사들은 훈련을 하지 않더라도 경계하고, 요구하지 않아도 임무를 다하고, 약속
하지 않아도 친밀해지고, 명령하지 않아도 믿게 된다. 미신을 금지하고 의심하는 마음
을 제거하면 죽음에 이르더라도 물러나지 않는다. 아군의 병사들이 재물에 욕심을 내
지 않는 것은 재물을 싫어해서가 아니고, 목숨을 돌보지 않는 것은 오래 사는 것을 싫
어해서가 아니다. 전투 명령이 떨어지는 날, 사졸(士卒)들은 앉아서는 눈물로 옷깃을 적
시고, 누워서는 눈물이 온통 얼굴을 적신다. 그러나 도망갈 데가 없는 곳으로 몰아넣으
면 전제(專諸)나 조귀(曹劌)처럼 용맹스러워진다. 그러므로 용병을 잘하는 장수는 비유
하자면 솔연(率然)과 같다. 솔연은 상산(常山)의 뱀이다. 그 뱀은 머리를 공격하면 꼬리
가 덤비고, 꼬리를 공격하면 머리가 덤비며, 가운데를 공격하면 머리와 꼬리가 함께 덤
벼든다. 묻는다. "군대도 솔연과 같이 부릴 수 있는가?" 대답한다. "그렇다. 무릇 오나라
사람과 월나라 사람은 서로 미워하지만 한 배를 타고 강을 건너다가 풍랑을 만나게 되
면 마치 왼손과 오른손처럼 서로 도와 구원하려고 한다." 이런 까닭에 말고삐를 단단히
잡아 묶고 수레바퀴를 땅속에 묻는다 하더라도 족히 승리를 믿을 수가 없다. 병사들의
용맹함을 하나로 결속시키는 것은 군대를 다스리는 도리이다. 강함과 부드러움을 모두

343

얻는 것은 지형의 이치이다. 그러므로 용병을 잘하는 장수가 전군의 병력을 이끌되 마치 한 사람처럼 부리는 것은 그렇게 하지 않을 수 없게 만들기 때문이다. 장수가 해야 할 일은 고요함으로써 침착하게 하고, 올바름으로써 다스리는 것이다. 병사들의 눈과 귀를 어리석게 해서 그들로 하여금 제멋대로 판단할 수 없게 해야 한다. 계획을 고치고 계략을 바꿀 때는 병사들로 하여금 제멋대로 생각할 수 없게 해야 한다. 진영을 옮기거나 행군로를 우회할 때는 병사들로 하여금 생각하지 못하도록 해야 한다. 장수와 더불어 기약할 때는 마치 높은 곳에 오르게 한 다음 사다리를 치워 버리듯 해야 한다. 장수와 더불어 적지 깊숙이 들어갈 때에는 활을 쏘아 배를 불사르고 부수며 마치 양떼를 이리 저리 몰고 가듯이 하되 병사들은 알지 못하게 한다. 삼군의 병사를 모아서 위험한 곳으로 몰아넣으니, 이것이 장군이 해야 할 일이다. 아홉 가지 지형의 변화, 전진과 후퇴의 이로움, 인간 감정의 이치를 살피지 않으면 안 된다. 무릇 적지에 들어간 군대는 깊숙이 들어가면 단결하나, 깊이 들어가지 않고 국경 근처에 머물게 되면 도망가게 마련이다. 나라를 떠나 국경을 넘어 주둔하는 곳을 '절지(絶地)'라고 한다. 사방으로 모두 통하는 곳을 '구지(衢地)'라고 한다. 적지 깊숙이 들어간 곳을 '중지(重地)'라고 한다. 적지 깊숙이 들어가지 못하고 국경 근처에 머무는 곳을 '경지(輕地)'라고 한다. 등 뒤에는 험악한 지형이 있고 앞으로는 좁은 지형이 있는 곳을 '위지(圍地)'라고 한다. 오지도 가지도 못하는 곳을 '사지(死地)'라고 한다. 이런 까닭에 산지(散地)에서 나는 병사들을 한 뜻으로 단결시키고, 경지(輕地)에서는 병사들을 하나로 연결시켜 부리고, 쟁지(爭地)에서는 적의 배후를 공격하고, 교지(交地)에서는 방어를 신중하게 하고, 구지(衢地)에서는 결속력을 단단하게 하고, 중지(重地)에서는 보급품이 계속 이어지게 하고, 비지(圮地)에서는 재빠르게 전진하고, 위지(圍地)에서는 탈출구를 막아 버리고, 사지(死地)에서는 살아 돌아가지 않겠다는 결의를 보여줄 것이다. 병사들의 감정이란 포위당하면 방어하고, 어쩔 수 없게 되면 죽기로 싸우고, 위험이 지나치게 되면 복종한다. 이런 까닭에 적국 제후의 계략을 알지 못하면 미리 외교 관계를 맺을 수 없고, 산림 지대와 험난한 곳과 습지대의 지형을 알지 못하면 군대를 출병시킬 수 없고, 그곳 지형을 잘 아는 안내인을 부릴 수 없다면 지리의 이로움을 얻을 수 없다. 아홉 가지 지형 중에 한 가지라도 알지 못하면 패왕(覇王)의 군대가 될 수 없다. 대저 패왕의 군대란 큰 나라를 정벌할 때에는 그 군대를 모을 수 없도록 하고, 적국에 위엄을 가해 외교 관계를 맺지 못하도록 한다. 이런 까닭에 천하의 여러 나라와 외교 관계를 다투지 않고, 천하의 여러 나라와 권력을 나누지 않으며, 오직 자신의 믿음으로 적에게 위엄을 부린다. 그러므로 적국의 성을 빼앗을 수도 있고, 적국을 무너뜨릴 수도 있다.

31.
말보다 행동으로 하고,
해로움보다는 이로움으로 움직여라
─최영의 살신성인과 묘청의 여론 전략

천 마디의 말보다 먼저 행동으로 보여라

용병술과 용인술의 최고 단계는 사람의 마음을 움직여서 의도와 목표 대로 부리는 것이라고 할 수 있다. 그러나 '어떻게 사람의 마음을 얻고 움직일 수 있는가' 하는 문제는 예부터 전략가들을 괴롭힌 난제 중 난제였다. 특히 강한 적을 만나 부하들이 사기와 싸울 의욕을 크게 상실한 상황에 처한 장수들에게는, 이 난제를 푸느냐 혹은 풀지 못하느냐에 따라 승부와 패배의 명암이 엇갈렸다. 그렇다면 손자는 이 난제에 어떻게 답했을까? 그가 내놓은 답은 '犯之以事(범지이사) 勿告以言(물고이언)'과 '犯之以利(범지이리) 勿告以害(물고이해)'이다. 즉 먼저 "행동으로 보여야지 말로 설득하거나 이해시키려 해서는 안 되고, 승리의 이로움을 말해 사기를 북돋워야지 닥쳐올 위험이나 해로움을 미리 알려 주어서는 안 된다"는 것이다.

고려 말 최고의 명장은 최영이다. 그는 원나라, 홍건적, 왜구 등과 치른 숱한 전장에서 큰 공을 세워 천하에 이름을 날렸다. 그런데 최영이 큰 공을 세운 전쟁의 기록을 살펴보면, 그가 손자가 말한 용병과 용인술에 탁월한 능력을 지닌 장수였다는 사실을 어렵지 않게 발견할 수 있다. 이러한 능력 때문에 최영은 아군에게 크게 불리한 전투의 형세를 단번에 뒤바꾸어 적군에게 치명적인 패배를 안기는 마술을 부리곤 했다.

우왕 2년(1376년) 7월 부여를 침공한 왜구는 공주를 공격해 함락시켰다. 이때 왜구는 연산현의 개태사에 침입해 수많은 사람들을 도륙했다. 개태사는 태조 왕건이 후백제의 신검의 항복을 받고 후삼국 통일을 이룬 기념으로 세운 성스러운 사찰이었다. 이에 양광도 원수 박인태가 군사를 이끌고 가 힘껏 싸웠으나 크게 패배했고, 그 또한 전사했다. 고려의 정규군으로도 당해 낼 수 없을 만큼 왜구의 기세는 강력했다. 왜구는 고려의 백성들을 인질로 잡고 수백의 정예병을 충청도 내륙 깊숙이 침투시켜 약탈을 자행했다. 이처럼 왜구가 제멋대로 살인과 약탈을 저질렀지만 고려군은 속수무책으로 당할 뿐 어찌하지 못했다. 특히 부여 홍산에 이르러서는 어느 누구도 꺾지 못할 정도로 왜구의 기세는 아주 강성해졌다.

당시 최영은 61세의 고령이었지만 참전을 결심했다. 자신이 직접 나서야만 왜구를 토벌할 수 있다고 생각했기 때문이다. 그러나 우왕은 나이가 많다면서 최영이 직접 전투에 나서는 것을 만류했다. 그러나 최영은 뜻을 굽히지 않았다.

"만약 다른 장수를 보내면 승리를 확신할 수 없습니다. 그 휘하의 장병들 또한 평소 훈련이 부족해 부릴 수 없습니다. 신은 비록 몸은 늙었지만 뜻은 꺾이지 않아 종묘와 국가를 편하게 하고 왕실을 보위할 수 있습니다."

결국 최영의 굳은 의지를 확인한 우왕은 더 이상 만류하지 못하고 참전을 허락했다.

최영은 밤낮을 가리지 않고 행군했다. 최영이 여러 장수와 더불어 홍산에 도착해 보니, 왜구는 험하고 좁은 전략 요충지를 먼저 차지하고서 최영이 이끄는 군대를 기다리고 있었다. 그곳은 삼면이 절벽이고 오로지 한 길만으로 통할 수 있었다. 군대의 기세나 지형의 이점 모두 왜구에게 절대적으로 유리한 상황이었다. 이 때문에 최영의 독려에도 불구하고, 모든 장수와 병사들이 겁을 내고 두려움에 떨며 앞으로 나아가지 못했다. 이처럼 불리하고 위급한 상황에서 최영의 용병술이 제대로 빛을 발하기 시작했다.

최영은 자신을 비롯한 최고 지휘관들이 먼저 행동으로 보여주지 않는 한, 장수와 병사들이 절대로 죽음을 무릅쓰고 나아가지 않을 상황이라는 것을 꿰뚫어보았다. 이에 스스로 대열의 최선두에 서서 정예병을 이끌고 돌격했다. 죽음을 각오한 최영의 날카로운 공격 앞에 왜구는 크게 당황했다. 그러나 왜구는 곧바로 반격에 나섰다. 이때 왜구가 쏜 화살이 최영의 입술에 맞아 유혈이 낭자했지만, 최영은 태연하게 자신을 쏜 왜구를 향해 화살을 쏘아 죽인 다음에야 입술의 화살을 뽑았다. 최영이 나이와 직책조차 돌보지 않은 채 죽음을 무릅쓰고 싸우는 모습을 지켜본 고려군은, 마음속 깊숙한 곳에서 끓어오르는 전의를 느꼈다. 이제 최영이 독려하지 않아도, 누가 먼저라고 할 수도 없이 모든 고려의 장수와 병사들이 왜구를 향해 맹렬하게 돌진했다. 결국 고려군은 홍산에 주둔하고 있던 왜구를 모두 포로로 잡거나 죽이는 큰 승리를 거두었다.

홍산 전투의 형세는 분명 고려군은 크게 불리하고 왜구는 유리했다. 더군다나 왜구는 연이은 승전에 사기가 드높았던 반면, 고려군은 왜구에 대한 공포와 두려움 때문에 전투 의욕이 떨어져 있었다. 객관적 형세나 주관적 의지 모두 고려군의 절대 열세였다고 할 수 있다. 최영은 이러한 상황을 근본적으로 뒤집어 놓을 조치를 취하지 않는다면 패배는 불을 보듯 뻔하다고 판단했다. 이에 전장의 최선두에서 적을 향해 돌격하는 특단의 행동을 보인 것이다. 그것은 아군의 전투 의지와 사기를 끌어올리는 반면에, 적군에게는 공포심과 경외감을 갖게 하리라는 계산이 있었기 때문이다. 최영은 천 마디의 말보다 행동 하나가 가져올 심리적 효과가, 아군과 적군 양쪽에서 어떻게 나타날 것인지를 정확히 예측할 수 있을 만큼 탁월한 전략가이자 백전의 노장이었다.

이로움만 보이고 해로움은 감춰라

이로움만 보이고 해로움은 감추는 전략은 민심, 즉 사람의 마음을 움직여 정치적 의도와 목표를 관철하고자 할 때 자주 사용된다. 오늘날 정치나 선거 무대에서 흔하게 사용되는 여론이나 이미지 전략의 원리 역시 이와 비슷하다. 우리 역사 속에서 이로움만 보이고 해로움은 감추는 공격적인 여론 전략을 통해 임금과 백성의 마음을 움직여, 정치적 목표를 실현하고자 한 대표적인 인물로는 고려 시대 묘청을 꼽을 수 있다.

인종이 이자겸과 척준경 같은 권신들 때문에 겪은 고초와 고통에 대해서는 앞서 살펴본 적이 있다. 비록 갖은 어려움 끝에 왕권을 회복했지만 인종은 조정 신하들과 수도인 개경에 마음을 붙이지 못했다. 세상이 어지러우면 대개 사람들은 미래에 대한 희망을 현실이 아닌 미신이나 종교 속에서 찾고자 한다. 당시 인종을 비롯한 고려 백성들의 마음 또한 그랬다. 이 때문인지 풍수지리설과 도참설 등 각종 음양비술이 크게 유행했다. 묘청이 주장한 서경 천도론이 큰 힘을 얻은 배경에는 이러한 시대 상황이 자리하고 있었다. 묘청은 서경 임원역의 땅은 바로 음양가들이 말하는 '대화세(大華勢)'라며 인종과 백성의 마음을 뒤흔들어 놓았다.

"만약 이곳에 궁궐을 짓고 옮겨 앉으면 천하를 아우를 수 있고, 금나라(여진)가 예물을 가져와 스스로 항복할 것이며, 또한 36개국이 모두 신하가 되어 조공을 바칠 것입니다."

풍수지리설과 도참설의 힘을 빌어서, 개경의 운세가 다했기 때문에 태평성세를 이루려면 왕기(王氣)가 있는 서경으로 도읍지를 옮겨야 한다는 것이 묘청이 주장한 핵심 요지였다.

그러나 고려 개국 초부터 개경에 뿌리를 두고 권력을 장악해 온 권문세족들의 입장에서 볼 때, 이 서경 천도론은 다분히 묘청을 비롯한 백수한, 정지상 등 서경 세력이 권력을 차지하려는 정치적 주장으로밖에 보이지 않았다. 그래서 인종의 적극적인 후원에도 불구하고 개경 세력의 반발과 저항 탓에, 묘청의 정치적 계획은 큰 장벽에 부딪쳐야 했다. 개경 세력은 묘청의 주장은 조정을 분열시키고, 백성을 혹사하며, 금나라와 공연한 무력 충돌을 빚을 수 있는 위험천만한 발상이라고 몰아붙였다.

이때 묘청은 인종과 백성의 마음을 움직여 개경 세력의 저항을 제압할 목적으로 아주 공격적인 여론 전략을 시도했다. 먼저 묘청은 자신과 백수한, 정지상이 인종과 더불어 삼한을 태평하게 다스릴 3명의 성인이라는 사실을 조정 안팎에 널리 선전하고 다녔다. 그리고 묘청의 최측근인 정지상은 인종에게 하루라도 빨리 도읍을 서경으로 옮겨가라고 강권했다. 그러나 인종은 개경 세력인 이지저가 적극 만류하자 또다시 결심을 내리지 못하고 주저했다.

"금나라는 강적이므로 경시할 수 없습니다. 더욱이 모든 대신들이 개경에 남아 있는데 한두 사람의 말만 듣고 대사를 결정해서는 안 됩니다."

한편 인종과 백성의 마음이 동요하는 기미가 보이자, 묘청은 좀 더 공격적인 여론 전략을 취하기 시작했다.《고려사 열전》에는 이때 묘청과 백수한이 비밀리에 떡을 크게 빚고 속을 비운 다음 기름을 채워 대동강에 가라앉혔다고 기록하고 있다. 그곳에서 흘러나온 기름이 물에 떠올라 멀리에서 5색으로 보였는데, 이를 두고 "신룡(神龍)이 침을 토해 오색구름을 만들었으니, 이는 천 년에 한 번 내리는 상서로운 조짐"이라면서 모든 조정 관료들에게 축하표를 올리도록 했다는 것이다. 이것은 여론몰이로 개경 세력의 반발을 제압하고 서경 천도의 정당성에 쐐기를 박고자 한 비장의 카드였다. 만약 묘청의 여론 전략이 성공했다면, 개경 세력은 서경 천도를 반대할 명분을 잃었을 것이다.

그러나 숱한 권력 투쟁 속에서 살아남은 개경의 권문세족들은 결코 만만한 세력이 아니었다. 그들은 사람의 마음을 움직여 정치적 목적을 이루려는 묘청의 용인술, 즉 여론 전략의 허점을 찾아 순식간에 상황을 역전시켜 버렸다. 이로움만 보이고 해로움은 감추는 전략을 무너뜨리는 계책은, 바로 이로움 속에 숨은 거짓과 해로움을 밝혀내 폭로하는 것이다. 당시 개경 세력은 묘청의 전략을 무너뜨리기 위해 대동강에 뜬 오색구름의 진위를 가려내는 데 총력을 기울였다. 그들은 평생 기름칠을 업으로 삼은 기술자에게서 "익힌 기름이 물에 뜨면 이상한 빛을 낼 수 있다"는 말을 듣고서, 헤엄 잘 치는 사람을 시켜 묘청이 던진 큰 떡을 찾아냈다. 이로써 묘청의 여론 전략은 실패로 돌아갔고, 이후 서경 천도론은 그 명분과 정당성에 심각한 타격을 입을 수밖에 없었다.

이 사건을 분기점으로 묘청의 주장에 대한 인종과 백성의 호의는 급격하게 의혹으로 돌아서 버렸다. 묘청의 모든 주장이 일종의 사기극처럼 보이기 시작했기 때문이다. 묘청의 실패는 이 사건이 발단이 되었다고 해도 틀리지 않다. 묘청의 사례는 해로움을 감추고 이로움만 보이는 전략은 먹혀들면 크게 사기를 북돋워 유리하지만, 감춰진 해로움이 폭로되면 신뢰에 치명상을 입게 되어 스스로 패배를 부를 수도 있다는 사실을 가르쳐 준다.

31.
말보다 행동으로 하고, 해로움보다는 이로움으로 움직여라

원문) 施無法之賞 懸無政之令 犯三軍之衆 若使一人 犯之以事 勿告以言 犯之以利 勿告以害 投之亡地然後存 陷之死地然後生 夫衆陷於害然後 能爲勝敗 故爲兵之事 在 於順詳敵之意 幷敵一向 千里殺將 此謂巧能成事者也 是故政擧之日 夷關折符 無通其 使 勵於廊廟之上 以誅其事 敵人開闔 必亟入之 先其所愛 微與之期 踐墨隨敵 以決戰事 是故始如處女 敵人開戶 後如脫兔 敵不及拒

해석) 군법에 없는 포상을 하고 정사(政事)를 벗어난 명령을 내리기도 하면 삼군의 병사들을 마치 한 사람처럼 부릴 수 있다. 병사들을 움직일 때는 행동으로 하고 말로 설명하지 않아야 한다. 병사들을 움직일 때는 이로움으로 하고 해로움을 알려 주어서 는 안 된다. 군대란 멸망하는 땅에 던져진 다음에야 보존할 수 있고, 죽을 땅에 빠뜨려 진 다음에야 살아남게 된다. 무릇 군대는 해로움에 빠진 다음에야 승패를 다투게 된다. 그러므로 용병의 일이란, 적의 뜻대로 따르는 듯 보이면서 자세히 살펴 적을 한 방향으 로 몰아넣으면 천 리 밖의 장수라도 죽일 수 있다. 이것이 '교묘한 능력으로 일을 이룬 다'는 것이다. 이런 까닭에 전쟁을 일으키는 날에는 국경의 관문을 막고, 사신의 통행을 없애고, 조정에서는 힘을 기울이고, 전쟁의 책임자를 임명한다. 적국이 관문을 여닫을 때 재빨리 침입하여 요충지를 점령한 다음, 은밀하게 대기하다가 상황에 따라 계획을 밟아 싸울 일을 결정한다. 이런 까닭에 처음에는 처녀처럼 행동하다가 적국이 문을 열었을 때 달아나는 토끼처럼 행동하면, 적은 미처 저항할 수 없게 된다.

제12장

화공의 조건과 방법

32.
피할 수 없는 싸움이라면
차라리 적의 숨통을 끊어 버려라
─화약 무기와 전술의 신개념을 연 최무선

왜 하필 화공인가?

화공(火攻)은 전쟁의 역사에서 가장 오랜 세월 동안 가장 흔하게 사용되어 온 전술 형태 중 하나이다. 손자는 "화공이란 다섯 가지 방법과 다섯 가지 변화를 잘 알고서 활용해야만 한다"고 지적한다. 다섯 가지 방법은 불로 사람을 공격하는 화인(火人), 적의 군량미나 전쟁 물자를 불태우는 화적(火積), 적의 운송 수단을 불태우는 화치(火輜), 적의 군수 창고를 불태우는 화고(火庫), 적의 진영을 불태우는 화대(火隊) 등이다.

다섯 가지 변화란 화공에 따라 병사들이 어떻게 행동해야 하는지를 밝혀 놓은 것이다. 만약 불이 적의 진영 안에서 일어나면 빨리 밖에서 호응해 공격해야 한다. 불이 일어났는데도 적군의 병사들이 여전히 조용하고 침착하게 행동하면 성급하게 공격해서는 안 되고 기다려야 한다. 불길이 가장 높이 치솟아 오를 때는 공격이 가능한 상황이면 공격하되 그렇지 않으면 포기해야 한다. 화공의 때와 조건이 맞으면 적의 진영 안에서 내통자가 불을 지르기를 기다릴 필요 없이 밖에서 불을 지르며 공격해야 한다. 화공은 바람이 불어오는 쪽을 등지고 해야 하며 바람을 안고 해서는 안 된다. 특히 낮에 바람이 오랫동안 불면 반드시 밤에는 바람이 잦게 되어 있다. 이러한 다섯 가지 방법과 다섯 가지 변화는 손자가 고대 전쟁에서 즐겨 사용한 화공을 이론적으로 체계화한 것이라고 할 수 있겠다.

그런데 여기에서 한 가지 의문을 갖게 된다. 앞서 살펴보았듯이, 손자가 말하는 전쟁의 최고 전략이란 적을 온전히 두고서 승리하는 것이다. 그런데 화공은 적의 물자와 장비는 물론 사람의 생명까지 빼앗아 버리는, 이른바 초토화 전술에 가깝다. 적을 온전히 두고서 승리하는 것과 적을 초토화시켜 버리는 것은 결코 양립할 수 없는 전쟁 전략이다. 왜 이런 모순이 생겨났는가? 이 질문에 대한 해답은 이렇다. 싸우지 않고 적을 굴복시키는 것이 최상의 전략이지만, 만약 도저히 피할 수 없는 싸움이라면 모든 수단과 방법을 동원해 적의 숨통을 확실하게 끊어 버리라는 것이다. 적이 이미 싸우기로 각오하고 나섰다면 시간을 끌지 않고 승리하는 것이 상책이다. 더군다나 싸움을 오래 끌수록 아군의 피해가 커질 것이기 때문에 반드시 속전속결해야 한다. 이때 화공은 가장 효과적인 공격 수단이 될 수 있다.

　이러한 화공의 전형적인 사례는 고대 삼국시대부터 조선 시대에 이르기까지 한반도 해안 지역을 끊임없이 노략질하고 살인을 일삼아 온 왜적(일본군 혹은 왜구)에 대한 대응에서 찾아볼 수 있다. 왜적에 맞서 싸운 우리나라의 장수들은 그들이 한반도로 건너오는 주요 수단인 전선에 주로 화공을 가하는 전술을 사용했다. 인마를 불로 공격하는 것은 '화인'의 효과만 거둘 뿐이지만, 적선에 화공을 가하면 전쟁 물자, 지휘 본부, 군수 창고, 운송 수단까지 초토화시키는 효과를 얻을 수 있었기 때문이다. 인마 살상보다는 적의 근거지를 파괴하는 것이 훨씬 더 효과적인 공격 방법임을 일찍부터 깨닫고 있었던 셈이다.

　이러한 화공 전술은 일찍부터 발달한 것으로 보인다. 《삼국사기》에 보면 신라 제11대 조분왕 4년(서기 233년) 동해안에 상륙해 노략질을 자행한 왜적의 전선을 이찬 우로가 바람을 이용한 화공으로 모두 불사르고 병사들을 몰살시켰다는 기록이 있다. 우로가 지휘한 신라군의 화공에 단단히 혼이 나간 왜왕은 이후 한동안 함부로 신라를 공격하지 못했다고 한다. 그런데 고려 말기에 들어서, 왜적과의 전투에서 사용되어 온 화공은 커다란 변화를 겪게 된다. 그 변화의 시초는 우왕 6년(1380년)에 벌어진 진포 해전이었다.

최무선, 화공의 신개념을 열다

진포(오늘날의 전북 군산)는 14세기 중엽부터 왜구의 잦은 노략질과 약탈로 큰 피해를 입었다. 진포가 왜구의 주된 침략 대상이 된 까닭은 이곳이 만경평야나 금강평야 같은 곡창 지대를 끼고서, 세금으로 거둔 곡식을 개성으로 운반하는 주요 수송로였기 때문이다. 왜구는 이곳의 곡식을 약탈했는데, 1350년경부터 14년 동안 무려 380여 차례나 침입을 했다고 한다《역사스페셜6》〈고려시대 우리는 로켓을 쏘았다〉참조). 그러나 고려는 왜구를 격퇴할 뚜렷한 묘책을 찾지 못했다. 전함을 몰고 다니면서 게릴라식으로 이곳저곳 닥치는 대로 약탈하는 왜구의 전법을 감당할 수 없었기 때문이다.

이때 화공의 신개념을 연 화약 개발로, 수십 년 간 고려 전역을 휩쓴 왜구에게 치명타를 가한 인물이 최무선이다. 고려 조정은 일찍부터 왜구를 물리칠 목적으로, 중국으로부터 화약 제조 방법을 입수하려고 무척 애를 썼다. 그러나 중국(명나라)은 최신식 무기인 화약 제조의 비밀을 이웃 나라에 쉽게 넘겨주려고 하지 않았다. 이러한 상황에서 최무선은 화약을 독자적으로 개발하기 위해 노력했고, 숱한 시행착오 끝에 마침내 성공에 이르렀다. 특히 그는 화약의 주재료인 염초를 흙에서 추출하는 방법과 황탄, 목탄, 염초의 배합 비율을 찾아내, 고려군이 자체적으로 화약을 대량생산할 수 있는 길을 텄다. 이후 고려 조정은 공식 화약 및 화기(火器) 제조 기관인 화통도감을 만들었다.《고려사절요》우왕 3년(1377년)에서는 "겨울 10월에 비로소 화통도감을 설치했다. 판사 최무선의 말을 따른 것이다"라고 기록하고 있다.

최무선은 화통도감의 책임자로 임명되어 온갖 화약과 화기 개발을 진두지휘했다.

그로부터 3년 후 왜구는 대규모 약탈을 위해 무려 전함 500척을 이끌고 진포로 들어왔다. 당시 왜적 소탕에 나선 고려 수군의 전함은 고작 100척에 불과했다. 그러나 고려 수군은 이미 독자 개발한 화약과 화기로 무장한 채 새로운 화공 전술을 펼칠 만반의 준비를 갖추고 있었다. 500척의 왜적 전함은 진포 어귀에 들어와 큰 밧줄로 서로 잡아매고 군사를 나누어 지켰다. 그런 다음 해안으로 올라와 각 고을로 흩어져 들어가서는 마음대로 약탈하고 살인을 저질렀다. 나세, 심덕부, 최무선이 지휘하는 고려 수군이 적선을 공격하기 시작한 것은 노략질을 마친 왜적이 약탈한 곡식을 한참 배에 싣고 있을 때였다.《고려사절요》우왕 6년(1380년)에는 당시의 전투 상황이 이렇게 기록되어 있다.

"최무선이 처음으로 만든 화포를 써서 왜적의 전함을 불태웠는데, 그 연기와 화염이 하늘을 뒤덮었다. 왜적이 거의 모두 불에 타죽었고, 바다에 빠져 죽은 자 또한 헤아릴 수 없이 많았다."

먼 거리에서 화포를 쏘는 전혀 새로운 개념의 화공 앞에서, 기세등등했던 왜적의 전함 500척과 수많은 왜병들이 순식간에 잿더미로 변해 버렸다. 이 진포 해전을 분기점으로 해서 왜적의 노략질은 크게 기세가 꺾였다. 여태까지 경험해 보지 못한 화공에 대한 공포와 두려움 때문에 왜적들이 섣불리 대규모 약탈에 나서지 못했기 때문이다.

화약과 화포를 사용한 새로운 개념의 화공 전술은 온전히 최무선 개인의 노력에 의해 탄생했다고 해도 틀린 말이 아니다. 어려서부터 왜구의 약탈과 노략질을 지켜본 최무선은 화약을 개발해 그들을 격퇴하겠다는 일념으로 한평생을 바쳤다. 그러나 그는 단지 화약만을 개발한 것이 아니다. 화통도감의 책임자가 된 이후, 그는 고려 수군의 무기 체계와 전술 개념을 바꾸어 버렸다. 그 이전까지 고려 수군이 사용한 전술은 적의 배에 부딪쳐 싸우는 당파술(撞破術)과 근접전이 중심을 이루고 있었다. 이 전술적인 한계 때문에 고려 수군은 왜적의 침략 앞에서도 속수무책으로 당할 수밖에 없었다. 그런데 최무선은 고려 수군의 무기 체계를 화포와 화약 중심으로 바꾸어서, 당파술과 근접전의 전술 개념에서 벗어나 원거리에서도 적을 격퇴할 수 있는 새로운 개념의 전술을 구사했다. 이 때문에 고려 수군은 진포 해전에서처럼 적은 숫자의 전함과 병사들을 동원하고도 적에게 치명적인 패배를 안길 수 있었던 것이다. 따라서 진포 해전은 새로운 무기인 화약과 화포뿐만 아니라 새롭고 창조적인 개념의 전술에 힘입어 거둔 대승리였다고 평가해야 한다.

피할 수 없는 싸움이거나 온전히 두고서 승리해도 결코 자기편이 될 수 없는 적을 만났다면, 다시는 일어설 수 없도록 숨통을 끊어 버려야 한다. 영원한 승자가 없듯이 영원한 패자도 없는 법이다. 승자와 패자는 수시로 바뀔 수 있기 때문에, 지금 발아래 무릎 꿇은 적은 언제든지 다시 패배를 안길 수 있다. 그러므로 아군에 끝까지 맞설 적이라면, 차라리 철저하게 파괴해 한동안, 아니 영원히 자신을 위협할 수 없도록 만들어 버리는 것이 낫다. 그것은 손자가 말한 화공의 철학이기도 하다.

32.
피할 수 없는 싸움이라면
차라리 적의 숨통을 끊어 버려라

원문) 孫子曰 凡火攻有五 一曰火人 二曰火積 三曰火輜 四曰火庫 五曰火隊 行火 必有因 煙火必素具 發火有時 起火有日 時者 天地燥也 日者 宿在箕壁翼軫也 凡此四宿 者 風起之日也 凡火攻 必因五火之變而應之 火發於內 則早應之於外 火發而其兵靜者 待而勿攻 極其火力 可從而從之 不可從而止 火可發於外 無待於內 以時發之 火發上風 無攻下風 晝風久 夜風止 凡軍必知有五火之變 以數守之 故以火佐攻者明 以水佐攻者 强 水可以絶 不可以奪

해석) 손자가 말했다.

무릇 화공에는 다섯 가지가 있다. 첫째는 사람을 불태워 죽이는 방법이고, 둘째는 식량을 불태우는 방법이고, 셋째는 물자를 수송하는 수레를 불태우는 방법이고, 넷째는 군수 창고를 불태우는 방법이고, 다섯째는 적의 부대를 불태우는 방법이다. 화공을 실시할 때에는 반드시 조건이 있다. 반드시 평소 불을 피울 기구를 갖추어야 한다. 발화(發火)에는 일정한 시기가 있고, 기화(起火)에는 일정한 날이 있다. 일정한 시기란 메마른 날씨이고, 일정한 날이란 28수(宿) 중 기성(箕星)·벽성(壁星)·익성(翼星)·진성(軫星)의 위치에 있을 때이다. 무릇 이 네 별자리는 바람이 일어나는 날이다. 무릇 화공은 반드시 다섯 가지 불의 변화에 따라 대응해야 한다. 불이 적진 안에서 일어나면 즉시 밖에서 호응하여 공격해야 한다. 적진 안에서 불이 일어났는데도 적의 병사들이 안정되어 있다면 대기하되 공격해서는 안 된다. 화력이 가장 치열해졌을 때에는 공격할 수 있다면 공격하나, 공격할 수 없다면 중단해야 한다. 불이 적진 바깥에서 일어났다면 적진 안에서 불이 일어나기를 기다리지 말고 적당한 때에 맞춰 불을 지른다. 불은 상풍(上風)에 놓아야 하며 하풍(下風)에는 공격해서는 안 된다. 낮에 바람이 오래 불면 밤에는 바람이 멈춘다. 무릇 군대는 반드시 다섯 가지 불의 변화를 알아서 그것을 술책으로 지켜야 한다. 그러므로 화공으로써 공격을 보좌하면 승리가 명백하고, 수공(水攻)으로써 공격을 보좌하면 강력해진다. 그러나 수공은 끊을 수는 있지만 빼앗을 수는 없다.

33.
얻는 것이 없다면 움직이지 말고,
위태롭지 않다면 싸우지 마라
ㅡ을파소의 신중한 출사와 성왕의 통제되지 못한 복수심

승리의 확신이 없거나 이롭지 않다면 움직이지 않는다

《손자병법》의 전체를 관통하는 최고의 전략 철학은 무엇일까? 그것은 싸우지 않고 혹은 적을 온전히 보존하고서 승리하는 것과 더불어, 승리의 확신이 없거나 이롭지 않은 싸움은 하지 않는 것이다. 이곳에 등장하는 '非利不動(비리부동) 非得不用(비득불용)', "이롭지 않으면 움직이지 않고, 승리의 확신이 없다면 병사를 부리지 않는다"는 구절을 통해《손자병법》의 이러한 출전(出戰) 철학을 다시 한 번 확인할 수 있다. 손자가 밝힌 출전 철학은 세상에 나아가 자신이 품은 큰 뜻을 펴고자 하는 개혁가의 출사 전략에도 마찬가지로 적용해 볼 수 있다.

최남선은 1918년 잡지 《청춘》 4월호(제40호)에서 우리나라 5,000년 역사 속 인물들을 평가해 최고의 내각을 구성한 글을 발표한 적이 있다. 이때 일인지하 만인지상의 자리에 오른 인물은 다름 아닌 을파소이다. 을파소는 고구려 제9대 임금인 고국천왕 때 재상이 되어서 정치 경제 개혁을 성공시켰을 뿐만 아니라 우리 역사 최초의 빈민 구제 정책이라고 할 수 있는 진대법을 시행한 인물이기도 하다. 을파소의 개혁으로 고구려는 삼국 가운데 가장 먼저 왕권을 중심으로 한 중앙 집권적인 국가 체제를 완성할 수 있었다. 그런데 을파소는 재상이 되기 이전 시골 마을에서 논밭을 갈고 산 은둔지사에 불과했다. 비록 신분은 유리왕 시대 큰 벼슬을 한 을소의 후손으로 미천하지 않았으나, 정치적으로는 완전히 신진 인사였다. 그럼에도 불구하고 을파소는 어떻게 고구려 개국 이후 최대의 정치 경제 개혁을 성공적으로 이끌 수 있었던 것일까? 그 성공의 비결은 자신이 품은 큰 뜻을 펼칠 수 있는 상황과 조건이 될 때, 비로소 세상에 나아가고 나라를 다스릴 수 있다는 을파소의 확고한 출사 철학과 정치 전략에 있었다.

고국천왕은 최대의 정치 위기였던 귀족 세력의 반란, 즉 좌가려의 반란을 평정한 다음, 적극적인 인재 등용을 통한 정치 경제 개혁만이 왕권을 강화하고 민생을 안정시킬 수 있다는 깨달음에 이르렀다. 이에 고국천왕은 고구려 각지에 "현명하고 어질지만 지위가 낮아서 크게 쓰이지 못한 인재를 천거하라"는 포고령을 내렸다. 이때 고구려 4부의 대표들이 모두 뜻을 모아서 임금에게 추천한 인물은 동부 출신의 안류였다. 그런데 안류는 고국천왕에게 자신은 재주와 자질이 하찮고 보잘 것 없어서 한 나라를 다스리는 큰 정치를 펼치기에는 부족하다면서, 서압록곡 좌물촌에 사는 을파소라는 사람을 천거했다. 당시 안류는 을파소를 추천한 이유를 이렇게 밝혔다.

"을파소는 성품이 강직하고 의연할 뿐 아니라 지혜와 사려가 그윽하고 깊지만 세상에서 알아주지 않아 힘써 밭을 갈며 지내고 있습니다. 만약 대왕께서 한 나라를 개혁하려는 큰 정치를 시행하고자 하신다면 이 사람이 아니면 누구도 감당하기 힘들 것입니다."

처음 고국천왕은 사신을 보내 겸손한 말과 두터운 예의로 을파소를 불러들여 중외대부에 임명하고 작위를 더해서 우태(于台)로 삼으려 했다.

"내가 덕이 얕고 재주가 모자라 나라를 잘 다스리지 못했소. 공이 재주를 숨기고 지혜를 감춘 채 외딴 시골 마을에 거처하다가 이제 나의 부름을 거절하지 않고 이렇게 와 주니 얼마나 기쁜지 모르겠소. 나의 기쁨일 뿐만 아니라 이 나라와 백성의 복이오. 기꺼이 가르침을 받겠으니, 공은 마음을 다해 주시오."

아마도 이렇듯 임금의 극진한 환대와 정성스런 마음을 받으면 대부분의 사람들은 황공한 마음에 어찌할 줄 몰랐겠지만, 을파소는 오히려 임금의 제안을 일언지하에 거절했다.

"신은 어리석고 둔해서 감히 엄명을 감당할 수 없습니다. 원하옵건대 대왕께서는 어질고 현명한 인재를 가려 뽑아 높은 관직을 주십시오. 그러면 큰 사업을 이룰 수 있을 것입니다."

이 말 속에는 고국천왕이 하사한 작위와 직책이 귀족 세력과 기득권층의 반발과 저항을 물리치고 마음껏 정치 경제 개혁에 관한 포부를 펼치기에는 부족하다는 뜻이 담겨져 있었다. 그럴 바에는 차라리 몸과 뜻을 숨긴채 궁벽한 시골 마을에서 한가롭게 지내는 것이 더 낫다는 것이 을파소의 생각이었다.

고국천왕은 현명한 임금이었기 때문에 을파소의 말속에 담긴 뜻을 즉각 알아차렸다. 그래서 그 자리에서 일인지하 만인지상의 자리인 국상(國相)에 을파소를 임명하고 나라의 정치를 전적으로 맡겼다. 그러나 갑작스럽게 나타난 을파소에게 나라의 최고 관직을 빼앗긴 왕족과 신하들은 벌떼처럼 일어나 "신참내기가 나라와 조정의 오래된 충신들을 임금에게서 멀리 떼어놓으려 한다"면서 을파소를 헐뜯고 모함하기 시작했다. 이에 고국천왕은 엄한 명령을 내려서 을파소에게 더욱 힘을 실어 주었다.

"신분의 귀천과 지위의 고하를 막론하고 국상에게 복종하지 않는 자에게는 죽음을 내릴 것이다!"

그 후 고구려를 다스린 을파소의 업적에 대해《삼국사기》고국천왕편에서는 이렇게 기록하고 있다.

"지극한 정성으로 나라를 받들어 정사와 교령(教令)을 밝히고 상벌을 신중하게 했다. 이에 백성은 편안하고 나라 안팎은 태평했다."

을파소가 자신을 중외대부와 우태로 삼아 중용하겠다는 고국천왕의 뜻을 딱 잘라 거절한 까닭은 "이롭지 않으면 움직이지 않고, 승리의 확신이 없다면 병사를 부리지 않는다"는 손자의 전략과 정확하게 일치한다. 을파소는 이러한 출사의 전략을 "때를 만나지 못하면 은둔하고, 때를 만나면 벼슬하는 것이 선비의 떳떳한 일이다"라고 표현했다. 을파소의 출사는 앞서 소개한 적이 있는 최치원의 출사와 좋은 대조를 이룬다. 최치원은 실권 없는 6두품이라는 정치적 한계를 무릅쓰고 개혁을 추진했다.

비록 임금(진성여왕)은 그 뜻을 좋게 받아 들여 최치원을 힘껏 후원했지만, 낮은 신분과 직위의 한계 때문에 스스로 개혁을 강력하게 추진할 수 있는 정치적 힘이나 영향력을 전혀 갖출 수 없었다. 이 때문에 최치원은 "처신하기 어렵고 고단하여 움직이면, 곧잘 허물을 입는 신세"를 면치 못했다. 오히려 최치원의 개혁은 궁예나 견훤 등 반란 세력들에게 신라 사회의 구조적 취약함과 더불어 그 몰락이 얼마 남지 않았다는 사실만을 확인시켜 준 꼴이 되고 말았다. 을파소와 최치원의 사례를 보면, 전략적으로 승리할 조건과 계책을 준비해 두고서 움직이는 개혁가와 선한 의도만을 품은 채 무모하고 섣부르게 행동하는 개혁가가 초래하는 성공과 패배의 차이를 분명하게 알 수 있다. 개혁가들이 장수들 못지않게 병법과 전략의 지혜를 익히고 활용해야 할 이유를 여기에서 찾을 수 있다.

위태롭지 않다면 싸우지 않는다

'非危不戰(비위부전)', 즉 "위태롭지 않다면 싸우지 않는다"는 사상은 손자의 또 다른 출전 철학이라고 할 수 있다. 이 말은 도저히 싸움을 피할 수 없는 부득이한 경우가 아니라면 싸우지 말라는 뜻을 담고 있다. 특히 개인적인 감정이나 분노 때문에 싸움에 나서는 행동을 강력하게 경고하는 문구이기도 하다. 백제의 영주로 불린 성왕은 삼국시대의 임금 가운데 전투 현장에서 죽은 마지막 임금이라는 치욕을 당했다. 그 이유는 다름 아닌 신라에 대한 개인적인 감정과 분노에 치우쳐서 전투에 나섰기 때문이다.

무령왕 이전 백제는 귀족 세력의 반란과 왕의 피살 등 권력을 둘러싼 암투로 큰 혼란을 겪었다. 이러한 정치적 혼란은 무령왕에 이르러 평정되었고, 백제는 근초고왕 이후 최고의 전성기를 구가했다. 특히 무령왕의 뒤를 이은 성왕은 복구된 백제의 국력을 바탕으로 대륙과 해양을 아우르는 패권 국가를 일으키겠다는 원대한 꿈을 꾸었다. 이를 위해서 성왕은 좁고 답답한 웅진성을 벗어나 넓은 평야에 자리한 사비성으로 도읍지를 옮기고 나라 이름까지 남부여로 고쳤다. 그리고 중앙 행정 조직은 물론 수도와 지방 체제를 개편하는 대대적인 정치 개혁을 단행했다. 이것은 왕권을 강화해 부국강병을 이루려는 조치였다. 또한 성왕은 중국 양나라로부터 학자와 기술자를 초청해 선진 학문과 기술을 수입했다. 이렇듯 성왕은 정치 개혁과 선진 학문 및 기술의 도입을 통해 내실 있게 백제의 국력을 다져 나갔다.

성왕의 정치 개혁과 부국강병책은 마침내 서기 551년 큰 결실을 맺게 된다. 76년 전 장수왕의 공격으로 빼앗겼던 한강 유역의 영토를 되찾았던 것이다. 한강 유역의 전략적 중요성은 앞서 여러 차례 언급한 적이 있다. 한강의 고토를 되찾았다는 사실은 성왕이 꿈꾼 패권 국가의 전략적 교두보를 확보한 셈이나 다름없었다. 성왕의 기쁨이 얼마나 컸겠는가? 그러나 그 기뻠은 오래가지 못했다. 신라의 진흥왕이 백제와 맺은 군사 동맹을 배반하고 기습 공격을 가해 한강 유역을 점령해 버렸기 때문이다. 더욱이 신라와 고구려에게 협공을 당하는 위기 상황에 빠진 성왕은 딸을 진흥왕에게 시집보내면서 화친을 청하는 굴욕까지 감내해야 했다. 당시 성왕이 느꼈을 수치심과 분노는 어렵지 않게 짐작해 볼 수 있다.

성왕은 신라를 향한 복수심에 불타올랐다. 결국 서기 554년 성왕은 왜국과 연합군을 형성해 신라에 대한 보복 전쟁에 나섰다. 당시 성왕이 목표로 삼은 첫 공격 대상은 신라의 관산성(오늘날의 충북 옥천 지방)이었다. 관산성은 백제의 수도인 사비성까지 한나절이면 이를 수 있는 곳에 위치하고 있었기 때문에 전략적으로 큰 위협이 되고 있었다.

관산성 전투의 초반 상황은 백제군이 우세했다. 그러나 장수 김무력이 이끄는 지원군이 당도하면서 전열을 재정비한 신라군은 백제군을 거세게 밀어붙였다. 김무력이 오히려 백제의 선봉 부대를 지휘하는 태자 창(훗날의 위덕왕)을 공격하면서 전세는 한 치 앞을 분간하기 힘들게 되었다. 이때 성왕은 전투가 호각지세를 이루고 있다는 소식을 듣고 직접 전투 현장을 지휘하기 위해 한밤중에 측근의 장수와 호위병 50여 명만을 이끌고 관산성으로 향했다. 그러나 신라에게 하루라도 빨리 복수하겠다는 오로지 한 가지 생각에 사로잡힌 채 전투에 나선 성왕의 행동은, 곧 참담한 결과로 나타나고 만다. 매복해 있던 신라의 하급 군관 도도의 군사에게 사로잡혀 목숨을 잃었기 때문이다. 성왕의 죽음으로 한껏 기세가 오른 신라군은 관산성을 공격한 백제군에게 큰 패배를 안겼는데, 이곳에서 백제는 좌평 네 사람과 병사 2만 9,600명을 잃었다. 더욱이 신라군은 성왕의 시신 중 몸은 백제에 돌려주고, 머리는 북청(北廳)이라고 불린 신라의 관청 계단 밑에 묻는 수모까지 가했다.

《삼국사기》에서 김부식이 "지혜와 식견이 뛰어났고 결단력이 출중했다"고 평가할 만큼 영웅의 면모와 기개를 지녔던 성왕이 그토록 허무하고 비참하게 최후를 맞은 이유는 단 한 가지, 신라에 대한 개인적인 분노와 복수의 감정에 휩싸여 전쟁을 일으켰기 때문이다. 분노와 복수의 감정이 지나치다 보니까 평소의 신중함과 자제력을 모두 잃고 무모하고 서툰 행동을 하게 된 것이다. 전략을 앞세운 싸움은 승리할 수 있지만, 감정을 앞세운 싸움은 절대로 승리할 수 없다. 따라서 전략으로 감정을 통제할 수 없다면, 차라리 그 싸움은 하지 않는 쪽이 훨씬 더 유익할 것이다.

33.

얻는 것이 없다면 움직이지 말고,
위태롭지 않다면 싸우지 마라

원문) 夫戰勝攻取 而不修其功者凶 命曰費留 故曰 明主慮之 良將修之 非利不動
非得不用 非危不戰 主不可以怒而興師 將不可以慍而致戰 合於利而動 不合於利而止
怒可以復喜 慍可以復悅 亡國不可以復存 死者不可以復生 故明君愼之 良將警之 此安
國全軍之道也

해석) 대저 전쟁에서 승리하고 공격해 적의 영토를 빼앗고서도 그 결과를 닦지 않
는 자는 흉하다. 이를 두고 "쓸데없이 비용을 낭비하면서 적지에 머물러 있다"고 한다.
그러므로 말하기를 "현명한 군주는 전쟁의 결과를 깊게 생각하고, 훌륭한 장수는 전쟁
의 결과를 닦는다"고 한다. 이롭지 않다면 움직이지 않고, 얻는 것이 없다면 군사를 부
리지 않고, 위태롭지 않다면 싸우지 않는다. 군주는 노여움 때문에 군사를 일으켜서는
안 되고, 장수는 분노 때문에 전쟁을 치러서는 안 된다. 이로우면 움직이고, 이롭지 않
으면 중단한다. 노여움은 다시 즐거움으로 바뀌고 분노는 다시 기쁨으로 바뀌지만, 멸
망한 나라는 다시 보존할 수 없고 죽은 자는 다시 살아날 수 없다. 따라서 현명한 군주
는 신중하고, 훌륭한 장수는 경계한다. 이것이 나라의 안전과 군대를 온전하게 하는 길
이다.

제13장

간첩의 이용과 반간책

34.
적의 정세와 실정을 먼저 아는 자가 승리한다
-김춘추의 용간책과 연개소문의 정보전

정보전의 전략 : 간첩을 쓰는 다섯 가지 방법

정보의 중요성은 아무리 강조해도 지나치지 않다. 정보를 선점하거나
장악하는 것, 이것은 전쟁과 경쟁의 세계에서 승리할 수 있는 최고의 보증
수표라고 할 수 있다. 손자는 일단 싸움에 나서면 반드시 이기는 장수나 전
략가의 탁월함은 미리 적의 정세와 실정을 정확하게 파악하는 데서 나온다
고 단언한다. 또한 적의 정세와 실정을 미리 알 수 있는 까닭은 오로지 사람
을 취해서 정보를 얻기 때문이라고 하면서, 용간(用間), 즉 간첩을 부리는 일
의 중요성을 강조한다. 따라서 정보전의 전략에서는 용간이 그 절반을 차지

하고 있다고 해도 틀린 말이 아니다.

손자는 간첩은 그 활용 방법과 임무에 따라 다섯 가지로 나눌 수 있다고 했다. 첫째, 인간(因間)이란 '향간(鄕間)'이라고도 부르는데, 적국의 평범한 백성을 포섭해 정보를 제공하도록 하는 것이다. 둘째, 내간(內間)이란 적국의 벼슬아치나 관리를 포섭해 정보를 제공하게 하는 것이다. 셋째, 반간(反間)이란 적국의 간첩을 역이용하거나 혹은 매수해 이중간첩의 역할을 하도록 하는 것이다. 넷째, 사간(死間)이란 아군의 간첩이 죽음을 각오하고 적국에 들어가서 허위 정보를 전달해 적을 속이는 것이다. 만약 허위 정보라는 사실이 드러나면 죽음을 당할 수 있기 때문에 '사간'이라고 한 것이다. 다섯째, 생간(生間)이란 아군의 간첩이 적국에 침투해 정탐한 다음 반드시 살아 돌아와서 정보를 보고하게 하는 것이다. 이러한 다섯 가지의 간첩 활용 방법을 통해 미리 적국의 정보를 취한 다음 전략을 세워 공격한다면 백 번을 싸워도 전혀 위태롭지 않을 것이다.

내간과 반간 : 김춘추와 김유신의 용간책

김춘추가 대야성 전투에서 백제군에게 사위와 딸을 잃은 원한을 갚으려고 연개소문을 찾아가, 고구려 신라 군사 동맹을 제안한 사실은 앞서 간단하게 언급한 적이 있다. 이때 김춘추는 자신보다 앞서 고구려에 들어가 있던 성충의 지략으로 죽음의 위기에 빠졌다. 당시 성충은 성사 직전이던 고구려 · 백제 동맹이 여러 달 동안 지연되는 데다가 연개소문마저 자신을 만나 주지 않자 이상한 낌새를 감지했다. 성충이 이러한 모든 사태의 원인이 신라에서 온 김춘추 때문임을 알 수 있었던 것 역시 고구려 내부에 깊숙이 침투해 있는 백제의 첩보망 덕분이었다. 상황을 파악한 성충은 즉시 조치를 취했다. 그는 신라와 동맹을 맺는 것보다 백제와 동맹을 맺는 것이 고구려에 훨씬 이로움이 많다는 구체적인 이유를 들어 연개소문을 설득했다. 결국 성충의 논리에 넘어간 연개소문은 김춘추를 가둔 후, 신라가 마목현과 죽령 일대의 땅을 고구려에 반환하지 않으면 죽이겠다고 협박했다.

그러나 김춘추는 나라의 토지는 신하된 자가 함부로 할 수 없다면서 고구려의 요구를 거절했다. 이에 크게 분노한 연개소문은 날짜를 가려서 김춘추를 죽이려고 했다. 그렇다면 김춘추는 죽음의 목전에서 어떻게 살아날 수 있었을까? 그 비결은 내간, 즉 적국의 벼슬아치나 관리를 포섭해 정보를 제공하게 하는 계략에 있었다. 먼저 김춘추는 자신을 따라온 신라 사람에게 일러, 고구려 임금에게 총애를 받고 있는 신하들 중 포섭할 수 있는 인물을 물색하라고 지시했다. 신라 사람이 선도해라는 인물이 마땅하다고 하자, 김춘추는 즉시 값진 선물을 은밀히 선도해에게 보냈다. 그 후 선도해는 음식을 갖추고 김춘추를 찾아와서는 술을 마시다가 은근히 말했다.

"내가 공을 살릴 수는 없지만, 공이 살아 돌아갈 수 있는 방법은 일러 줄 수 있습니다."

그는 당시 고구려에서 유행하고 있던 귀토담(龜兎談) 이야기를 들려주었다. 이 이야기는 오늘날 우리가 알고 있는 별주부전과 비슷한 내용으로,

선도해는 용왕과 거북이를 속여 목숨을 구한 토끼의 고사를 이용해 김춘추에게 살아서 돌아갈 수 있는 방도를 알려 주고자 한 것이다.

김춘추는 선도해의 뜻을 즉시 알아채고 보장왕과 연개소문에게 거짓 글을 올렸다.

"마목현과 죽령은 본래 고구려의 땅이니, 신이 귀국하면 우리 임금께 청해 반환하도록 하겠습니다."

이때 연개소문은 김춘추를 가두고 압박하는 한편, 신라의 내부 동정을 정탐하는 첩보 활동을 벌이고 있었다. 그런데 고구려의 첩자인 승려 덕창으로부터 신라의 김유신이 결사대 1만 명을 선발해 김춘추를 구출하러 나섰다는 정보가 들어왔다. 김춘추는 고구려로 떠나기 전 김유신과 더불어 60일이 지나도 자신이 돌아오지 않으면 고구려를 공격하자는 약속을 한 적이 있었다. 보장왕과 연개소문은 김춘추의 말과 첩자 덕창이 보낸 정보를 두고, 김춘추를 돌려보내는 것이 이로운지 아니면 김유신이 이끄는 신라군과 전쟁을 벌이는 것이 이로운지를 따져보았다. 그리고 더 이상 김춘추를 억류해 보았자 이로울 것이 없다는 판단을 하고서는, 일단 마목현과 죽령의 땅을 반환하겠다는 말을 믿고 되돌려 보내기로 결정했다. 그 뒤 고구려의 국경을 벗어난 김춘추는 자신을 호송하던 고구려 신하에게 이렇게 말하고 신라로 돌아가 버렸다.

"내가 백제에게 분풀이를 하려고 군대를 청하러 왔는데, 고구려의 왕은 허락하지 않을 뿐 아니라 오히려 신라의 땅까지 요구했다. 이것은 신하된 자가 마음대로 할 수 있는 일이 아니다. 지난 번 고구려의 왕에게 올린 글은 죽음을 모면하기 위한 술책이었을 뿐이다."

죽음의 위기 앞에 놓인 김춘추가 내간의 방법을 활용해 살길을 찾았다면, 김춘추를 구출하기 위해 김유신은 반간, 즉 적국의 간첩을 역이용했다고 할 수 있다. 당시 김유신은 출병한다고 해도 김춘추를 구출하는 일은 불가능하다는 사실을 잘 알고 있었다. 따라서 김유신의 목적은 실제 고구려 공격에 있었다기보다는 신라에 침투한 고구려의 간첩들을 이용해, 신라가 고구려를 공격하려 한다는 정보를 흘려서 보장왕과 연개소문을 심리적으로 압박하려는 데 있었다고 볼 수 있다. 결국 내간과 반간을 교묘하게 활용한 계략 덕분에 김춘추는 죽음의 위기를 모면할 수 있었던 셈이다.

적보다 먼저 첩보를 입수하라

연개소문이 태어난 연씨 집안 사람들은 대대로 중리(中裏)에서 핵심적인 역할을 했는데, 중리는 고구려의 주요 정보와 기밀을 장악하고 통제하는 부서였다. 이 때문에 연개소문 역시 일찍부터 용간과 첩자 조직을 활용하는 데 탁월한 능력을 갖출 수 있었다. 이러한 능력은 특히 연개소문이 정치적 반대파들을 숙청하고 고구려의 권력을 거머쥘 때 결정적인 힘이 되었다.

연개소문의 아버지인 동부대인 연태조가 죽은 후, 마땅히 그 지위와 신분은 연개소문이 물려받아야 했다. 그러나 영류왕과 귀족 대신들은 모두 연개소문이 당나라와 고구려 간의 평화를 파괴할 인물이라면서 그를 반대하고 도리어 정치 생명까지 끊어 버리려고 했다. 이때 연개소문은 임금과 귀족대신들을 일일이 찾아다니면서 스스로 머리를 조아리고 간청했다.

"제게 직책을 맡겼다가 만약 옳지 못한 일이 있을 경우 직위에서 내쫓더라도 기꺼이 받아들이겠습니다."

연개소문은 자신감과 포부가 대단한 인물이었지만, 이처럼 굽혀야 할 곳에서는 굽힐 줄 아는 전략가였다. 결국 연개소문은 정적들로부터 동정심을 일으켜 동부대인의 직위를 계승할 수 있었다.

그러나 동부대인의 직위를 이어받자 연개소문은 민심을 모아서 평소 자신이 신념으로 삼아온 대당 강경책을 밀어붙이며 강력한 세력을 형성했다. 이에 영류왕과 귀족 대신들은 비밀리에 어전 회의를 열어 연개소문의 군사력과 정치적 힘이 더 강력해지기 전에 죽이기로 결정한다. 그리고 연개소문에게 새로이 장성을 쌓는 공사를 감독하라는 임무를 주어 임금에게 하직 인사를 하러 궁궐에 들어오는 날, 반역죄를 선포하고 체포해 죽이는 계획을 세웠다. 그러나 연개소문은 용간의 대가답게 궁궐 곳곳에 첩보 조직을 두고 있었다. 임금과 최고위 귀족 대신들만이 참석한 비밀 어전 회의 역시 연개소문의 첩보망을 비켜가지 못했다. 정적들이 거사일만 기다리고 있는 동안, 이미 연개소문은 자신을 제거할 계획에 관한 첩보를 입수하고 대대적인 반격을 준비했다. 당시 연개소문은 부하들에게 '先發制人(선발제인)', 즉 "먼저 적을 공격하는 자가 상대를 제압할 수 있다"고 하면서, 자신을 죽이기로 한 날짜보다 앞서 임금과 귀족 대신들을 불러들여 제거할 계책을 밝혔다. 연개소문은 장성 공사의 감독 임무를 수행하러 떠나기 전 평양성 남쪽에서 열병식을 거행한다고 선언하고 영류왕과 귀족 대신들에게 친히 찾아 주기를 간청했다. 귀족 대신들은 연개소문의 초청에 응하기 싫었지만, 만약 가지 않는다고 하면 공연히 연개소문의 의심을 사 거사에 불리하다고 판단했다. 그래서 영류왕이 궁궐을 지키고 있는 한 연개소문이 감히 자신들을 어떻게 하지 못할 것이라는 생각에, 임금을 제외하고 모두 참석하기로 결정했다. 열병식이 열리던 날 식장에 도착한 모든 귀족대신들은 경쾌한 군악 소리에 이끌려 군막 안으로 들어갔다. 술이 서너 잔 돌아갔을 무렵 연개소문이 갑자기 "반역의 무리를 죽여라!"고 외치자, 사방에서 대기하고 있던 병사들이 일제히 달려들어 귀족 대신들을 도륙하기 시작했다. 이 자리에서 죽은 귀족 대신들만도 수백 여 명에 달했다.

열병식장에서 피의 잔치를 마친 연개소문은 휘하 장수와 병사들을 거느리고 성문을 돌파해 궁궐로 쳐들어갔다. 그리고 영류왕을 찾아서 친히 칼로 찔러 넘어뜨리고 다시 그 시신을 두 토막 내어 수챗구멍에 던져 버렸다. 임금마저 거리낌 없이 죽이는 연개소문의 행동에 궁궐의 호위대는 기가 질려 감히 덤비지 못했다. 영류왕을 시해한 연개소문이 즉시 임금의 조카인 장을 임금으로 삼으니, 그가 바로 고구려의 마지막 임금 보장왕이다. 그리고 연개소문은 스스로 막리지가 되어서, 모든 권력을 거머쥔 채 천하를 호령하고 나랏일을 마음먹은 대로 처리했다. 신채호는 《조선상고사》에서 당시 연개소문의 권력을 이렇게 표현했다.

"연개소문은 고구려 900년 동안 귀족과 대신들뿐만 아니라 그 어떤 제왕도 갖지 못한 절대 권력을 가지게 되었다."

연개소문과 영류왕 및 귀족 대신 간의 권력 투쟁은 정보전의 중요성을 깊이 이해한 세력과 권력만 믿고 정보전을 소홀히 다룬 세력의 대결이었다고 할 수 있다. 연개소문은 정적의 일거수일투족을 정확하게 파악한 다음 계획을 세우고 행동에 옮긴 반면, 영류왕과 귀족 대신들은 상대방의 실정도 제대로 살피지 않은 채 오로지 힘만 믿고 일을 도모했다. 따라서 본격적인 싸움에 돌입하기도 전에 이미 영류왕과 귀족 대신들의 참혹한 패배는 예고되어 있었다고 할 수 있다. "먼저 첩보를 입수하는 자가 상대를 제압할 수 있다"는 말은 전쟁과 권력 투쟁의 역사가 사라지지 않는 한 결코 변할 수 없는 진리이다.

34.
적의 정세와 실정을 먼저 아는 자가 승리한다

원문) 孫子曰 凡興師十萬 出兵千里 百姓之費 公家之奉 日費千金 內外騷動 怠於
道路 不得操事者七十萬家 相守數年 以爭一日之勝 而愛爵祿百金 不知敵之情者 不仁
之至也 非人之將也 非主之佐也 非勝之主也 故明君賢將 所以動而勝人 成功出於衆者
先知也 先知者 不可取於鬼神 不可象於事 不可驗於度 必取於人 知敵之情者也 故用間
有五 有因間 有內間 有反間 有死間 有生間 五間俱起 莫知其道 是爲神紀 人君之寶也
因間者 因其鄕人而用之 內間者 因其官人而用之 反間者 因其敵間而用之 死間者 爲誑
事於外 令吾間知之 而傳於敵 生間者 反報也

해석) 손자가 말했다.

무릇 10만 군사와 더불어 천 리를 나아가려면, 백성들이 부담하고 나라에서 지출
하는 비용이 하루에 천 금이나 된다. 나라 안팎은 소란하게 움직이고, 군사들은 도로를
가득 메우고, 자기 일에 종사하지 못하는 백성이 70만 가구나 된다. 아군과 적군이 서로
수 년 동안 대치하는 이유는 하루의 승리를 다투기 때문이다. 그런데 작위와 봉록과 재
물을 아끼느라 적의 상황을 잘 알지 못하는 자는 지극히 어질지 못한 것이다. 그는 백
성을 위한 장수가 아니요, 군주를 보좌하는 자가 아니며, 승리의 주인이 될 수 없다. 그
러므로 현명한 군주와 훌륭한 장수는 움직이면 적에게 승리해 공적을 이루는 것이 남

보다 뛰어나다. 그 까닭은 적의 상황을 남보다 먼저 파악하기 때문이다. 적의 상황을 남보다 먼저 아는 것은 귀신에게서 취할 수 없고, 지난 전쟁 경험을 본받을 수도 없고, 어떤 법도를 통해 증험할 수도 없다. 그것은 반드시 사람에게서 취해야 적의 상황을 알 수 있다. 그러므로 간첩을 부리는 일에는 다섯 가지가 있다. 인간(因間), 내간(內間), 반간(反間), 사간(死間), 생간(生間)이 그것이다. 이 다섯 가지 간첩을 동시에 이용하되 그 방법을 알지 못하게 해야 한다. 이를 '신기(神紀)'라고 이르며 군주의 보배인 것이다.

'인간'이란 적국의 고을 사람을 간첩으로 이용하는 것이다. '내간'이란 적국의 벼슬아치를 간첩으로 이용하는 것이다. '반간'이란 적국의 간첩을 포섭하거나 역으로 이용하는 것이다. '사간'이란 바깥에서 거짓으로 일을 꾸미고 아군의 간첩이 알게 하여 적국에 거짓 정보를 전달하는 것이다. '생간'이란 적국에서 살아 돌아와 정탐한 내용을 보고하는 것이다.

35.
적의 내부 깊숙이 간첩을 심어라
―삼국 최고의 첩자 도림, 금화와 성충의 내간책

적의 핵심 부위에 침투하라

고구려, 백제, 신라가 수백 년 간 패권을 다툰 삼국시대는 우리 역사에서 그 어느 때보다 첩자들의 활동이 활발했던 때였다. 그렇다면 이 시대 최고의 간첩 사건을 꼽는다면 무엇일까? 그것은 고구려의 첩자 도림과 신라의 여간첩 금화 사건이라고 할 수 있다. 도림은 백제 개로왕을 죽음으로 몰아넣었고, 금화는 백제를 멸망의 구렁텅이로 밀어 넣었기 때문이다. 특히 이 두 사건은 적의 핵심 부위에 침투해 내부적으로 혼란과 분열을 부추기는 첩자의 위력을 극명하게 보여주고 있다.

장수왕은 서기 475년 9월 군사 3만 명을 거느리고 백제의 수도 한성을 포위 공격해 백제의 개로왕을 죽이는 대승리를 거두었다. 이때 결정적인 역할을 한 사람은 백제 왕실에 침투한 고구려 첩자, 승려 도림이었다. 장수왕은 백제를 공격하기 2년 여 전에 은밀하게 첩자를 보내 개로왕을 현혹시키고 백제를 혼란에 빠뜨릴 계략을 꾸몄다. 그래서 목숨을 내걸고 자신과 고구려를 위해 간첩 활동을 할 만한 사람을 구했는데, 때마침 승려 도림이 자청하고 나섰다. 도림은 장수왕에게 임금과 나라의 은혜를 갚을 길을 달라고 했다. 손자는 적국으로 침투해 들어가는 첩자, 특히 목숨을 부지하면서 간첩 활동을 하는 '생간'은 자칫 적국에 매수되거나 역이용당하면 아군에게 치명상을 입힐 수 있기 때문에 신중에 신중을 거듭해 가려 뽑아야 한다고 했다. 그래서 "가장 믿을 수 있는 사람을 첩자로 삼아야 하고, 지혜롭고 뛰어난 자질을 갖추지 않으면 첩자로 삼지 않고, 강한 의지와 충성심을 갖고 있지 않으면 첩자로 부리지 않고, 진실로 가치 있는 정보를 얻으려면 세심하고 치밀한 사람을 첩자로 써야 한다"고 했다. 장수왕이 볼 때 승려 도림은 이러한 생간의 조건과 자질을 완벽하게 갖춘 인물이었다.

도림은 먼저 고구려에 큰 죄를 지어서 도망친 것처럼 꾸며 백제에 침투했다. 그리고 과감하게도 개로왕의 환심을 사 백제의 권력 핵심부에 침투하는 공작을 폈다. 장수왕과 도림은 백제에 침투하기 이전에 개로왕이 장기와 바둑에 반쯤 미쳐 있다는 정보를 입수했다. 도림은 이 바둑을 수단 삼아 개로왕에게 접근했다. 개로왕의 측근 신하를 통해 바둑 실력을 보여준 도림은 마침내 임금의 부름을 받고 백제 궁궐로 들어갈 수 있었다. 도림과 바둑 실력을 겨룬 개로왕은 완전히 그에게 반해 버렸다. 그래서 항상 임금의 빈객으로 우대하고 가까이에 두고 아끼면서 오히려 늦게 만난 것을 한탄했다. 개로왕의 환심과 총애가 충분하다고 판단한 도림은 서서히 백제의 혼란과 분열을 부추기는 공작을 펴기 시작했다.

어느 날 도림은 개로왕을 마주하고 앉아서 은밀하게 말했다.

"제가 고구려 사람임에도 대왕께서는 저를 멀리하지 않으시고 분에 넘친 은혜를 베풀어 주고 계십니다. 그러나 저는 바둑 두는 한 가지 재주만 보였을 뿐 대왕을 위한 털끝만큼의 이로움도 드리지 못했습니다. 이제 한 말씀 올리고자 하는데, 대왕께서 어떻게 생각할지 모르겠습니다."

"나라에 이로움이 있다면, 내가 선생에게 청해야 할 것이오."

"대왕의 나라는 사방이 모두 산과 구릉, 그리고 강과 바다입니다. 이것은 사람의 능력으로 어찌할 수 없는 하늘이 내려 준 천혜의 요새입니다. 이 때문에 이웃 나라들이 감히 백제를 넘보지 못하고 다만 받들어 섬기는 것입니다. 따라서 대왕께서는 마땅히 드높은 기세와 웅장한 사업을 펼쳐서 사방에 위엄을 떨쳐야 할 것입니다. 그런데 지금 성곽은 정비되어 있지 않고, 궁실은 허물어져 있고, 선왕의 유골은 그냥 땅 위에 임시로 묻혀 있고, 백성들의 집은 번번이 강물에 휩쓸려 허물어지고 있습니다. 저는 대왕께서 이를 그대로 두어서는 안 된다고 생각합니다."

도림의 말이 뜻과 세상의 이치에 합당하다고 생각한 개로왕은 백제의 위신과 체면을 천하에 드높인다는 명분을 앞세워, 온 나라의 재정과 인력을 총동원한 대규모의 토목 공사를 일으켰다.

그러나 도림의 간언은 그가 고구려를 떠나기 전 이미 장수왕과 치밀하게 준비한 공작 계획이었다. 즉 개로왕이 대공사를 일으켜 국력을 낭비하고 민심을 잃게 되면, 그 틈을 이용해 백제를 공격하려고 한 것이다. 개로왕은 나라의 재정을 소비하고 온 나라 사람을 징발해, 웅장하게 성을 쌓고 화려하게 궁궐을 치장했다. 또한 선왕의 무덤을 보수해 거창하게 장사 지내고, 거대한 둑까지 쌓았다. 이렇게 되자 "창고는 텅텅 비고 백성들은 곤궁해져서, 온 나라가 붕괴 직전의 위기 상황에 이르게 되었다." 백제가 심각한 위기 상황에 이르자, 도림은 즉시 도망쳐 고구려로 돌아갔고 장수왕에게 백제의 실정을 알렸다. 장수왕은 매우 기뻐하며 장수들을 불러서 백제 공격을 명령했다. 고구려의 공격 소식을 들은 개로왕은 뒤늦게 실정(失政)을 깨달았다. 그러나 상황을 돌이킬 수는 없었다. 결국 고구려 군사에게 참패를 당한 개로왕은 탈출해 달아나다가 고구려 장수 걸루 등에게 사로잡혀 오랏줄에 묶인 채 수모를 당하고 목이 잘리고 말았다.

백제에 침투한 도림이 대규모 토목 공사를 일으키도록 개로왕을 부추겨 국력을 고갈시키고 민심을 이탈시키는 간첩 활동을 했다면, 신라의 여간첩 금화는 참소와 이간질로 내부 분열과 혼란을 조장하고 충신들을 제거하는 간첩 활동을 벌였다.

김유신은 자신이 포섭한 백제의 좌평 임자를 통해 금화라는 무녀(巫女)를 의자왕에게 소개하도록 했다. 임자는 나라의 운명과 미래의 길흉화복을 미리 아는 능력을 가진 선녀(仙女)라고 의자왕을 속이고 금화를 천거했다. 금화는 미모와 무술(巫術)을 이용해 의자왕의 총기를 흐렸다. 어느 날 의자왕이 자신과 백제의 앞날이 길한지 흉한지를 묻자, 금화는 신의 말을 전한다면서 성충과 윤충 형제를 제거해야 한다는 암시를 던졌다. 그것은 성충과 윤충을 참소해서 의자왕과 백제 조정의 충신 그룹을 이간질하려는 무서운 음모였다. 금화의 불길한 예언과 더불어 임자까지 나서서 성충 세력이 백제의 왕위를 차지할지도 모른다고 참소하자, 의자왕은 결국 성충과 윤충을 조정에서 내쫓게 된다. 벼슬에서 쫓겨난 윤충이 나라에 대한 걱정과 울분 속에 죽음을 맞고 성충이 더 이상 의자왕을 만날 수 없게 되자, 금화는 아무런 거리낌 없이 의자왕을 폭정과 환락의 구렁텅이로 밀어 넣었다. 보다 못한 성충이 상소를 올려 임자와 금화의 죄상을 밝혔지만, 오히려 임자와 금화에게 매수당한 조정의 신하들은 성충을 옥에 가두고 죽이라고 했다. 이에 의자왕은 성충을 감옥에 가두고 흥수, 복신 등 그를 따르는 충신 그룹을 모두 조정에서 내쫓아 버렸다. 이로써 백제의 중앙 조정에는 김유신의 첩자이자 충견 노릇을 한 임자와 금화, 그리고 그들에게 매수당한 신하들만 남게 되었다. 김유신의 공작과 금화의 간첩 활동으로 백제의 권력 핵심부는 이미 회복 불가능할 정도로 붕괴되고 만 셈이다.

적의 내부에 협력자를 키워라

첩자 도림과 금화의 사례만 보면 백제가 간첩 활동의 일방적인 피해자인 것처럼 보이지만, 실제 백제 역시 고구려와 신라 못지않은 첩보 강국이었다. 백제의 첩보 역사에서 가장 빛나는 사건은 의자왕과 성충이 신라와 백제 사이의 전략 요충지인 대야성을 함락할 때 사용한 용간책이라고 할 수 있다.

대야성(지금의 경남 합천)은 신라와 백제로 통하는 관문에 위치하고 있을 뿐만 아니라 관할하는 고을만도 40여 개에 이르는 요충지였다. 이에 김춘추는 사위인 김품석을 대야성주로 삼아 이곳을 다스리도록 했다. 의자왕은 신라를 제압하려면 반드시 대야성을 빼앗아 전초 기지로 삼아야 한다고 여겼기 때문에 즉위하자마자 성충에게 대야성 정벌 계획을 의논했다. 이때 성충은 내간책을 써서 대야성을 무너뜨릴 계책을 내놓았다.

대야성주 김품석은 장인의 권세만을 믿고 백성들에게 포악무도한 짓을 거리낌 없이 저질렀고 심지어 부하들의 처와 딸을 강제로 빼앗아 첩이나 노리개로 삼기까지 했다. 김품석의 막료(幕僚)였던 검일 또한 사랑하는 아내를 빼앗기고 항상 보복할 기회만을 엿보고 있었다. 따라서 검일은 성충이 물색한 내간에 꼭 들어맞는 인물이었다. 결국 성충의 첩보망에 의해 포섭된 검일은 백제군이 대야성을 공격할 때 성 안에서 즉시 호응하기로 약속했다.

의자왕 2년(서기 642년), 성충은 마침내 장군 윤충에게 정예병 1만 여 명을 이끌고 가서 대야성을 공격하라는 명령을 내렸다. 백제군이 성 아래에 이르자, 검일은 즉시 성 안 창고에 쌓아둔 군량미에 불을 질러 버렸다. 이 때문에 내부에 백제의 첩자가 있다고 느낀 대야성의 군사와 백성들은 모두 두려움에 떨며 싸울 의욕을 잃어버렸다.

사면초가의 위기에 몰린 김품석은 목숨이라도 건지기 위해 막료인 서

천을 시켜 윤충에게 목숨만 살려 주면 성을 전부 내어 주겠다고 간청하도록
했다. 윤충은 김품석의 항복을 거짓으로 허락해 사로잡기로 하고, "그대 부
부의 목숨을 살려서 서라벌로 돌아갈 수 있도록 해 주겠다"고 말했다. 그리
고 일부 군사를 몰래 숨겨 두고 거짓으로 군대를 후퇴시켰다. 김품석은 먼
저 휘하 장수와 병사들을 성 밖으로 내보냈다. 이때 백제의 복병들이 뛰쳐
나와 그들을 모두 몰살해 버렸다. 이 모습을 지켜본 김품석은 차마 두려워
성 밖으로 나오지 못했는데, 이 틈을 놓치지 않고 검일이 김품석과 그 아내
고타소랑을 죽였다. 이에 백제 군사들이 일제히 입성해 마침내 대야성은 함
락되고 말았다. 대야성 함락을 시작으로 백제군은 연전연승을 거둬 한 달도
지나지 않아 주변 40여 성을 백제의 영토로 만들었다. 김품석의 폭정이 아
무리 극심했다고 해도 검일의 내응이 없었다면, 백제군이 그토록 쉽사리 대
야성과 주변 40여 개 성을 차지하기는 힘들었을 것이다. 결국 대야성의 승
리는 군사력보다는 내간책을 사용한 성충의 계략 때문에 얻을 수 있었다고
할 수 있다.

　도림이나 금화, 그리고 검일의 사례에서 보듯이, 적의 핵심 부위에 침투
해 실정을 정탐하고 내부 혼란과 분열을 조장하는 간첩 활동은 공격에 앞
서 승리를 보증하는 가장 확실한 방책이라고 할 수 있다. 이 경우 아군이 공
격에 나설 때쯤이면 적은 이미 방어할 준비도, 능력도, 의욕도 모두 상실한
상태에 놓여 있기 마련이다. 따라서 적의 핵심 부위에 침투하는 생간와 내
간은, 그 어려움만큼 성공할 경우 가장 강력한 힘을 발휘하는 용간책이라고
할 수 있다.

35.

적의 내부 깊숙이 간첩을 심어라

원문) 故三軍之事 莫親於間 賞莫厚於間 事莫密於間 非聖智不能用間 非仁義不能使間 非微妙不能得間之實 微哉微哉 無所不用間也 間事未發而先聞者 間與所告者皆死 凡軍之所欲擊城之所欲攻人之所欲殺 必先知其守將左右謁者門者舍人之姓名 令吾間 必索知之

해석) 그러므로 삼군 가운데 친밀함은 간첩보다 더한 것이 없고, 상은 간첩보다 더 두터운 것이 없고, 일은 간첩보다 더 은밀한 것이 없다. 뛰어난 지혜를 갖추지 않으면 간첩을 이용할 수 없고, 인의(仁義)를 갖추지 않으면 간첩을 부릴 수 없고, 미묘함이 아니면 간첩의 결과를 얻을 수 없다. 미묘하고도 미묘하구나! 전쟁에서는 간첩을 이용하지 않는 곳이 없다. 간첩이 일을 보고하기 전에 먼저 새어 나가면 간첩과 정보원은 모두 죽게 된다. 무릇 적의 군대를 공격하려고 하거나, 적의 성을 공략하려고 하거나, 적의 요인을 죽이려고 할 때는, 반드시 먼저 그 수비하는 장수와 좌우 보좌관, 심부름꾼, 문지기, 그리고 사인(舍人)의 성명을 알아야 한다. 아군의 간첩으로 하여금 반드시 찾아 알아내게 해야 한다.

36.
상대방의 간첩을 역이용하라

― 도살성 전투와 송유진 반란 사건

적의 간첩에게 거짓 정보를 흘려라

반간책은 적국의 간첩을 역으로 이용해 아군에게 유리하게 하는 계략이다. 적을 속이고 유인하는 술책으로는 이 반간책만한 것이 없다. 신채호가 《조선상고사》에서 지적한 것처럼 김유신은 음모와 모략으로 적을 혼란에 빠뜨리는 데 있어서 특이할 만한 장점을 지닌 인물이었다. 신채호는 이러한 김유신의 장점을 부정적으로 묘사했지만, 실제 진시황이 중국을 최초로 통일할 수 있었던 비결 역시 용간과 모략에 있었다고 한다면, 먹느냐 아니면 먹히느냐를 선택해야 하는 전쟁과 승부의 세계에서 그러한 도덕적 잣대가 합당한가 하는 의문을 갖지 않을 수 없다. 여하튼 김유신은 간첩을 활용한 음모와 모략의 대가답게 반간책 역시 능숙하게 다루었다.

아군의 진영에 침투한 적의 간첩에게 거짓 정보를 흘려서 적군을 유인하는 김유신의 반간책이 가장 두드러지게 나타난 사례는, 서기 649년(진덕여왕 3년)에 벌어진 도살성 전투에서였다. 그해 8월에 백제의 장군 은상이 신라의 석토성 등 7곳을 공격해 왔다. 진덕여왕은 김유신과 죽지, 진춘, 천존 등 장수들에게 백제군을 맞아 싸우도록 명령했다. 김유신은 신라군을 3군으로 나누어 다섯 갈래 길을 공격했지만, 열흘이 지나도록 승부를 가리지 못했다. 당시 전투 상황은 시체가 들판을 뒤덮고 방패가 병사들이 흘린 피에 떠내려갈 정도로 치열했다. 백제군과 신라군 모두 국운을 걸고 전력을 투입한 전쟁이었기 때문이다. 잠시 전투가 소강상태로 접어들자, 김유신은 도살성 아래에 주둔하면서 병사들과 말에게 음식을 제공하고 휴식을 취하도록 했다.

이때 새 한 마리가 김유신의 군막을 지나 동쪽에 자리하고 있는 백제군의 진영으로 날아갔다. 이 모습을 지켜본 장수와 병사들이 상서롭지 못한 일이라고 수군거리면서 불안과 두려움에 떨었다. 그러나 김유신은 그것이 신라에 침투한 간첩이 새를 이용해 백제군에게 보낸 첩보라는 사실을 감지했다.

"괴상하게 여길 일이 아니다. 오늘 틀림없이 백제 사람이 와서 우리를 정탐할 것이다. 너희들은 짐짓 모른 척하고 함부로 누구냐고 묻지 말라."

또한 휘하 장수들을 시켜 신라군 사이를 돌아다니면서 "방어벽을 견고히

할 뿐 절대로 섣불리 움직이지 말라. 내일 아침 지원군이 도착하면 그때 백제와 결판을 낼 것이다"라는 말을 은밀히 전하도록 지시했다. 이것은 백제의 간첩에게 거짓 정보를 흘려서 적군을 혼란에 빠뜨리려는 김유신의 계략이었다.

김유신의 예상대로 신라의 진영에 침투한 백제의 간첩은 즉시 은상에게 다음 날 신라 지원군이 도착할 것이라는 사실을 알렸다. 첩자의 말을 들은 은상과 장수들은 당장 공격하자니 신라군의 방어벽이 너무 견고하고, 내일 신라군과 전투를 벌이면 전력의 약세 때문에 틀림없이 패배할 것이라는 생각에 큰 혼란에 빠졌다. 장수들이 이처럼 동요하자, 백제 병사 전체가 순식간에 공포와 두려움에 휩싸여 버렸다. 김유신은 자신이 백제군 진영에 침투시켜 놓은 첩보망을 통해 이러한 적의 상황을 탐지할 수 있었다. 이에 김유신은 이 기회를 놓쳐서는 안 된다고 판단하고 마침내 전군에 일제히 공격 명령을 내렸다. 갑작스러운 김유신의 공격 앞에 은상은 전열을 정비할 틈도 얻지 못하고 무참하게 패배하고 만다. 이 전투에서 김유신은 은상과 자견 등 백제의 장수 10여 명과 병사 8,980명의 목을 베고, 장수 정중과 병사 100여 명을 사로잡았다. 또한 군마 1만 필을 노획하고 갑옷 1,800벌을 빼앗았다. 그 밖의 백제군으로부터 취한 전투 장비도 그 정도 규모였다. 더욱이 서라벌로 돌아오는 길에 백제의 좌평 정복과 병사 1,000여 명이 항복해 오기까지 했다. 이렇듯 도살성 전투는 반간의 계략으로 적군을 혼란에 빠뜨린 김유신의 대승으로 끝났다.

손자는 첩자의 운용 중에서 반간을 무엇보다 중요하게 여겼다. 그는 적이 침투시킨 간첩은 반드시 찾아내, 후한 뇌물로 매수하거나 두터운 대접으로 회유해 포섭한 다음 돌려보내, 아군을 위해 간첩 활동을 하게 해야 한다고 했다. 이때 무엇보다 중요한 것은 매수한 간첩이 다른 마음을 먹지 않도록 해야 하는데, 이 때문에 손자는 반간에 대해서는 두터운 이익과 후한 예우를 하지 않을 수 없다고 했다. 배신한 마음을 되돌리지 못하도록 상응하는(혹은 그것을 초과하는) 대가를 충분히 지불하라는 얘기다.

잘 알려져 있지 않지만, 임진왜란이 한창 진행 중일 때 조선에서는 어느 때보다 크고 작은 반란 사건이 많이 일어났다. 왜적의 침략 앞에 백성을 내팽개치고 자기 살 길을 찾아 도망치는 임금과 양반 사대부에 대한 반감과 분노가 폭발했기 때문이다. 이러한 반란 사건 중 가장 규모가 크고 직접 왕조 체제를 위협했던 사건은 1593년 송유진의 반란과 1596년 이몽학의 반란이라고 할 수 있다. 이 가운데 송유진의 반란은 임진왜란 개전 이후 최초로 왕조의 타도를 직접적으로 겨냥한 충격적인 사건이었다. 송유진은 1594년 정월 보름에 거사를 도모할 계획이었지만, 사전에 거사 계획이 누설되는 바람에 실패하고 말았다(송유진의 반란 사건에 관한 기록은 고성훈 외 《민란의 시대》 참조).

애초 송유진은 충청도 일대에 2,000여 명 규모의 병력을 준비하고 많은 양의 무기와 군량미까지 비축해 놓은 다음, 거사 당일 각처의 반란 세력과 연합해 아산과 평택의 무기를 탈취하고 서울을 공략할 계획이었다. 송유진의 반란 움직임을 포착한 조정에서는 전국 각지에 포고문을 하달했다.

"사려가 깊고 담력이 있는 자를 가려 반란 세력에 침투시키고 적의 동태를 자세히 살피며, 반란 세력 중에 귀순하는 자는 죄를 면해 주고 그 두목을 체포하거나 목을 베는 사람에게는 후한 상을 내린다."

그러나 조정에서는 반란 세력의 움직임은 물론 주모자가 누구인지조차 알지 못했다. 그렇다면 송유진의 반란 계획은 어떻게 사전에 누설되었을까?

그것은 진천의 무사 김응룡의 반간책 때문이었다. 김응룡은 조카뻘 되는 홍각이라는 자가 반란 주모자의 심복이 되어서 간첩 활동을 하고 있다는 사실을 알았다. 그는 홍각을 집으로 불러들인 다음, 한편으로 위협을 가하고 다른 한편으로는 이해득실과 포상으로 설득했다. 이에 홍각은 반간이 되기로 결심하고 반란 세력의 전모를 남김없이 밝혔다. 김응룡은 홍각을 이용해 송유진을 거짓으로 불러낸 다음 관청에 넘기기로 모의했다. 결국 홍각의 거짓 초청에 감쪽같이 속은 송유진은 부하 10여 명을 이끌고 그의 집을 찾아왔다. 김응룡은 그 틈을 놓치지 않고 송유진과 그 부하들을 체포했다. 김응룡의 반간책과 홍각의 배신으로 이씨 왕조의 전복을 꿈꾼 송유진의 반란은 허무하게 끝나고 말았다.

이후 송유진 반란 사건의 처리 과정을 보면, 처음 홍각은 반간의 공로를 인정받아 큰 포상과 더불어 관직까지 받았다.《선조실록》27년(1594년) 1월 12일자를 보면, "반란의 두목 송유진 등 10여 명을 체포한 홍응개, 홍난생, 홍후, 신계축, 홍찬, 김응추, 홍각 등에게 차등 있게 상직(常職)했다"는 기록이 있다. 그러나 홍각의 행복은 한 해를 넘기지 못했다. 그 해 12월 다시 반란 세력으로 지목되어서 삭탈관직되고 노비와 전택을 몰수당했던 것이다. 더욱이 의금부에 끌려가 심문을 받다가 형장을 맞고 끝내 목숨까지 잃었다.

《삼국사기》백제 근구수왕에 관한 기록에 등장하는 고구려 사람 사기 또한 삼국시대의 대표적인 반간으로 짐작된다. 그는 원래 백제 사람이었는데, 실수로 국마(國馬)의 발굽을 다치게 하자 죄를 받을까 두려워 고구려로 달아났다. 백제에 큰 죄를 지어서 도망쳤던 사기는 고구려와 백제의 전쟁 한복판인 반걸양에 다시 나타난 것으로 보면, 그는 분명 고구려의 첩자로 활동했던 듯하다. 사기는 당시 태자의 신분으로 전장에 나간 근구수왕을 찾아와 이렇게 고했다.

"고구려의 군사가 비록 많기는 하지만 모두 숫자를 채운 허깨비에 불과합니다. 다만 그 중 붉은 깃발 휘하의 부대만은 날쌔고 용맹합니다. 만약 이 부대를 먼저 쳐서 깨뜨린다면, 나머지 고구려 군사들은 기가 꺾여 제풀에 무너질 것입니다."

사기는 왜 근구수왕을 찾아왔고 또 어떻게 그토록 고구려 군대에 관해 잘 알고 있었을까? 추측해 보건대, 사기는 고구려 첩자로 활동하다가 백제의 첩보망에 걸려들어 반간으로 포섭된 듯하다. 만약 사기가 고구려의 첩자가 아니었다면, 일급 정보에 해당할 만한 고구려 군대의 전력 배치 상황을 그토록 정확히 알고 있지는 못했을 것이다.

사기를 통해 고구려 군대의 취약점과 핵심 공격 포인트를 알게 된 근구수왕은 즉시 백제군을 진격시켜 대승을 거두었다. 당시 근구수왕은 달아나는 고구려 군사를 추격해 수곡성의 서북쪽까지 이르러 더 나아가려고 했으나, 휘하 장수 막고해가 "만족할 줄 알면 곤욕을 당하지 않고, 그칠 줄 알면 위태롭지 않습니다"고 만류하자 진격을 멈추었다. 그리고 그 곳에 돌을 쌓아 표적을 만든 다음 "오늘 이후 누가 다시 이곳까지 올 수 있겠는가?"라면서 자신이 거둔 큰 승리에 기쁨을 감추지 못했다. 근구수왕의 대승은 먼저 적의 간첩을 포섭해 일급 정보를 얻은 다음, 영토를 침입한 적에게 반격을 가해 얻은 것이라고 할 수 있다.

이렇듯 용간의 효과와 위력이 컸던 만큼, 손자는 첩자의 활용이 전략과 용병술의 가장 중요한 부분 중 하나이며 현명한 군주와 유능한 장수는 반드시 용간책으로 전쟁의 큰 공적을 이루었다고 밝혔다. 따라서 탁월한 전략가라면 먼저 첩자의 활용으로 얻은 정보에 근거해 전략과 구체적인 행동 방침을 결정해야 한다.

36.

상대방의 간첩을 역이용하라

원문) 必索敵人之間來間我者 因而利之 導而舍之 故反間可得而用也 因是而知之 故鄕間內間可得而使也 因是而知之 故死間爲誑事 可使告敵 因是而知之 故生間有使如 期五間之事 主必知之 知之必在於反間 故反間不可不厚也 昔殷之興也 伊摯在夏 周之 興也 呂牙在殷 故惟明君賢將 能以上智爲間者 必成大功 此兵之要 三軍之所恃而動也

해석) 반드시 적군의 간첩으로 우리에게 침투해 온 자를 찾아내어 이로움으로 포섭한 다음 인도하여 놓아 보낸다. 그러므로 반간을 얻어 이용할 수 있게 된다. 이로 인하여 적의 상황을 알 수 있게 되기 때문에 향간과 내간을 얻어 부릴 수 있게 된다. 또한 이로 인하여 적의 상황을 알 수 있게 되기 때문에 사간이 거짓 정보를 적에게 퍼뜨릴 수 있게 된다. 또 이로 인하여 적의 상황을 알 수 있게 되기 때문에 생간을 마치 기약한 것처럼 부릴 수 있게 된다. 다섯 가지 간첩의 일은 군주가 반드시 알아야 한다. 그 중에서도 가장 중요한 것은 '반간'에 있다는 사실을 알아야 한다. 따라서 반간에 대해서는 후한 대우를 하지 않을 수 없다. 옛날 은나라가 하나라를 멸망시키고 일어날 때 하나라에는 이지(伊摯)가 있었고, 주나라가 은나라를 멸망시키고 일어날 때 은나라에는 여아(呂牙)가 있었다. 그러므로 총명한 군주와 현명한 장수는 가장 지혜로운 사람으로 간첩을 삼아서 반드시 큰 공적을 이룬다. 이것은 병법의 요체요, 삼군이 믿고 움직이는 바이다.